6-12 ans,
l'âge incertain

DANS LA MÊME SÉRIE

Hélène Brunschwig, *N'ayons pas peur de la psychothérapie*

Harry Ifergan, Rica Etienne, *Mais qu'est-ce qu'il a dans la tête ? 1 000 astuces pour mieux comprendre votre enfant, de 0 à 7 ans*

Isabelle Jalenques, *La Maladie d'Alzheimer. Repérer - Expliquer - Soigner*

Danièle Pomey-Rey, *La Peau et ses états d'âme. Comprendre les maladies de la peau pour mieux les soigner*

Harry IFERGAN Rica ETIENNE

6-12 ans, l'âge incertain

Mais qu'est-ce qu'il a dans la tête ?

Préface de J.-D. Nasio

HACHETTE
Littératures

Sommaire

Préface

Elles sont toutes simples, pratiques, et reviennent sans cesse. Presque quotidiennement, les parents des 6-12 ans se posent les mêmes questions : Les enfants peuvent-ils prendre seuls le bus pour l'école ? Comment parler avec ma fille de ses premières règles et, avec mon fils, aborder la masturbation ? Faut-il les aider à faire leurs devoirs ? Comment à la fois les faire obéir et les rendre responsables ? Faut-il les punir et de quelle manière ? Toutes ces questions et beaucoup d'autres trouvent une réponse dans ce livre étonnant de clarté et de justesse. Voilà en effet un guide bien utile aux parents pour résoudre les problèmes de chaque instant.

Mais, au-delà de son caractère pratique, cet ouvrage d'Harry Ifergan et de Rica Etienne nous permet surtout d'appréhender l'enfant dans son vécu intime et de ressentir ce qu'il éprouve. *6-12 ans, l'âge incertain* essaie précisément de décrire les réactions d'un enfant à l'âge scolaire et ce qui se passe dans sa tête. C'est absolument passionnant de voir son enfant se transformer et, en lisant ces pages, de comprendre comment il cesse d'être « le petit enfant » de ses parents pour devenir un adolescent tourné vers le monde.

Les années d'école primaire représentent une phase critique dans la maturation physique et psychique. L'enfant, qui était jusque-là tout émotion et désir, aimant et délicieux, devient un être logique, capable de raisonner et de contrôler ses impulsions. Son univers ne se borne plus à la famille, mais s'ouvre sur le monde. Il fait siennes les valeurs morales des adultes et se forge une conscience. Il apprend à se faire des amis, à respecter les règles de la vie collective et à admirer (parfois à craindre) les enseignants auxquels il s'identifie ; il découvre aussi ses premières idoles.

Lorsque l'enfant sort, entre 5 et 7 ans, de la crise œdipienne, ses pulsions sexuelles se détachent des parents pour se réorienter activement vers un grand nombre d'activités sociales, motrices, intellectuelles et imaginaires. Freud et d'autres psychanalystes après lui ont souligné combien durant cette période, entre prime enfance et adolescence, les pulsions sexuelles ne perdent rien de leur intensité, mais se manifestent seulement de façon différente. A l'opposé de la petite enfance pendant laquelle les comportements et les fantasmes sexuels – éminemment polarisés sur les parents – étaient flagrants, dans cette phase transitoire, les pulsions s'expriment par le désir d'appartenir à la fois à une famille et d'apprendre à vivre en communauté (école et amitiés) ; de prendre plaisir à se dépenser physiquement, à danser ou à faire du sport ; d'exercer ses facultés symboliques et son pouvoir d'abstraction, c'est-à-dire de travailler avec les substituts de la réalité comme s'il s'agissait de la réalité elle-même. Et enfin, désir de s'abandonner à de multiples fantaisies et rêves où l'enfant s'identifie à des personnages imaginaires. Or, que ce soit l'apprentissage de la vie en société, l'épanouissement du corps, l'exercice des capacités symboliques ou la richesse de la puissance imaginaire, il s'agit toujours de l'expression de cette pulsion qui, hors du temps et de l'âge, ne cesse de scander notre rapport à la vie et à la mort.

Voilà en quelques mots l'esprit psychanalytique qui anime ce livre et donne aux parents les moyens d'écouter et d'entendre leurs enfants en étant ouverts à la complexité de leur monde intérieur.

J.-D. Nasio

A Ilan, Kevin, François et Loïc.
R. E.

A tous mes patients.
H. I.

Introduction

6-12 ans : l'âge incertain

Après les « 0-7 ans », voici les « 6-12 ans ». Cet ouvrage est la suite logique de *Qu'est-ce qu'il a dans la tête ? 1 000 astuces pour mieux comprendre votre enfant, de 0 à 7 ans.* Il a pour objectif d'accompagner les parents confrontés aux interrogations et soucis quotidiens posés par leur enfant qui grandit. Comme dans le précédent volume, chaque question est abordée sous trois angles : *le point de vue des parents,* quelquefois désemparés face aux attitudes incompréhensibles de leur enfant, *le point de vue de l'enfant,* qui ne sait exprimer ses tourments intérieurs, et qui, d'ailleurs, n'a guère conscience de ce qui se trame vraiment en lui et, enfin, *l'avis du psychologue,* qui fait converger parents et enfants vers une solution optimale ou un compromis acceptable. Des réponses sont ensuite proposées : conseils pratiques, attitudes à adopter, pièges à éviter. Ces éléments sont autant de clés pour désamorcer les conflits aussi rapidement que possible, surmonter les crises et préserver le dialogue.

Rares sont les ouvrages qui évoquent cette période de la vie de l'enfant. Quelle est donc la spécificité des 6-12 ans, autrement dit, quelle différence existe-t-il entre la petite enfance et la grande enfance, voire la préadolescence ?

Une évidence, l'enfant n'est plus un bébé ! Il étonne par la finesse de certains raisonnements, par ses interrogations existentielles, par la profondeur de ses doutes. Il inquiète aussi par ses retranchements solitaires ou, à l'inverse, par son besoin incessant d'amis. Son autonomie grandissante le pousse vers l'extérieur. Débute alors la période des copains, des secrets et des confidences. L'enfant existe par lui-même, il ose ne pas toujours obéir à ses parents ou se conformer à leurs désirs. Parfois, il préfigure l'adolescent qu'il va devenir. Il prétend choisir ses fréquentations, sa musique, son vocabulaire ou bien s'habiller comme il l'entend.

Voilà pour la partie émergée de l'iceberg. Mais, en filigrane, un travail souterrain de structuration de sa personne s'accomplit, à l'insu de ses parents comme de lui-même. Pendant cette période de profonde métamorphose, l'enfant, puis le préadolescent, se pose des questions sur son avenir : « Vais-je devenir comme mon père (ou ma mère) ? » « Suis-je obligé(e), moi aussi, de me marier et d'avoir des enfants ? » « Comment me faire accepter par le clan des copains ? » « Comment devenir jolie, séduisant(e) ou bien fort(e) et capable de me défendre tout(e) seul(e) ? » etc.

Ses préoccupations sont sous-tendues par des pulsions essentielles : la pulsion de vie et la pulsion de mort. La première le porte à aller de l'avant, à se montrer positif, défendant ses avantages et acquis, voire agressif ; la seconde l'inquiète, le fait douter, et même revenir en arrière, car l'avenir lui paraît incertain et difficile à échafauder.

Dans ce tourbillon qui sème parfois la panique, l'enfant joue souvent à l'autruche et enfouit la tête dans le sable pour échapper aux questions qui le tourmentent. C'est ce que les psychologues ont appelé la période de latence, qui est aussi la période de... l'attente.

Comme Freud l'a montré le premier, entre 6 et 12 ans, la sexualité de l'enfant est comme « mise en veilleuse ». Toute l'énergie sexuelle qui était autrefois consacrée à aduler le parent de sexe opposé (la petite fille amoureuse de son papa, et le petit garçon de sa maman) va être dépassée ou, mieux, sublimée, comme libérée par ce renoncement.

L'enfant s'intéresse alors à découvrir le monde (hors de la maison) et ses mystères. Il prend conscience de son environnement tel qu'il est, et non tel qu'il le rêvait, il y a quelques mois encore. Plus le temps passe, plus la réalité s'impose à lui, et moins il reste de place pour la pensée magique qui l'aidait tant à supporter les frustrations des contraintes familiales, scolaires et relationnelles (un bâton devenait une épée, vêtu d'une cape, il se transformait en vengeur infatigable...). Bien sûr, tout cela ne se fait pas sans difficultés ni étincelles. Parfois, il régressera pour se protéger des obligations qui l'attendent et se maintenir, encore un peu, dans l'illusion des années tendres. Parfois, au contraire, il préférera grandir plus vite, pour basculer directement dans l'adolescence et finalement abandonner cette période si incertaine.

Tous les conflits psychiques se déroulent dans une arrière-scène, en sourdine, dans l'inconscient de l'enfant. Ceux-ci n'éclateront au grand jour qu'à l'adolescence, avec ses extravagances manifestes. Sa personnalité se scelle pourtant durant cette période sensible, à l'orée de ses 13 ans. Voilà pourquoi les parents doivent y prêter attention avant que, malgré eux, ne se mettent en place des mécanismes relationnels difficiles et irréversibles.

Cet ouvrage, dans le sillage du précédent, aimerait traduire le sentiment de l'enfant et le faire parvenir au cœur des parents. Il entend préserver le fil ténu de la relation et du dialogue, un luxe qui n'est pas superflu à la période la plus critique qui va bientôt débuter, celle de l'adolescence.

Rica ETIENNE et Harry IFERGAN

Chapitre 1

Les derniers délices de l'enfance

Un enfant n'a pas nécessairement envie de grandir. Il peut redouter de voler de ses propres ailes et préférer, encore un temps, les derniers délices de l'enfance. Il faut dire qu'on lui demande beaucoup : avoir de bons résultats scolaires, être poli, ranger sa chambre, rester seul. Alors, comme pour retarder le mouvement, le voilà qui oublie de progresser. Il se remet à sucer son pouce, fait pipi au lit, a du mal à s'endormir, tout cela pour retenir un peu ses parents auprès de lui. C'est aussi par crainte de quitter le giron maternel qu'il refusera obstinément de partir en colonie de vacances, par exemple.

La vie avance par paliers et l'enfant fait de même. Lorsqu'il estime certains caps de son évolution trop délicats à franchir, il préfère revenir à une phase antérieure qu'il connaît déjà. Ces « marches arrière » le rassurent et lui servent de tremplin pour s'engager plus avant dans son développement.

Entraîné dans le tourbillon de ses acquisitions et face aux exigences des adultes, il dévoile son ambivalence : envie de devenir indépendant, mais aussi crainte de ne pas « être à la hauteur » et de décevoir son entourage.

Les parents doivent à leur tour s'interroger sur le comportement régressif de leur enfant : peut-être attendent-ils trop de lui sans même s'en apercevoir ? Peut-être lui demandent-ils des choses qui dépassent ses capacités actuelles ? Voilà pourquoi l'enfant freine le mouvement en continuant d'adopter des attitudes de bébé. A moins que les parents n'adoptent des attitudes ambiguës ? Avoir un bébé de 8 ou 10 ans, ce n'est pas si mal. L'enfant perçoit ce paradoxe et se demande pourquoi il presserait le pas, puisque ses parents l'aiment ainsi.

Elle suce toujours son pouce

Côté parents

Pourquoi votre grande fille suce-t-elle toujours son pouce alors que ses cousines, plus jeunes, s'en passent très bien et n'ont même plus de doudou ? Est-ce un signe d'immaturité ou bien un réel problème d'anxiété ? A 10 ans, faut-il encore la laisser faire ou bien la contraindre à abandonner cette manie, quitte à consulter un spécialiste ?

Côté enfant

Lorsque Hélène se détend, se laisse aller à ses rêveries ou s'allonge un instant sur son lit, elle porte naturellement son pouce à sa bouche. Depuis sa plus tendre enfance, elle se tranquillise ainsi. Ses parents peuvent bien lui faire la guerre ou se moquer d'elle, elle demeure persuadée qu'elle n'y peut rien.

L'avis du psy

Pour grandir, l'enfant a besoin de sécurité, d'autonomie et de beaucoup d'affection. Ce cocktail apaisant favorise la constitution d'un *moi* stable et équilibré. Quand ses bases affectives sont ainsi bien assurées, il peut aller de l'avant et progresser. Si elles demeurent hésitantes, et légèrement carencées, le suçotement du pouce viendra momentanément les combler.

Dès 6 ans, c'est-à-dire avec l'entrée en CP, les enfants les plus mûrs et les plus sûrs d'eux n'ont plus autant besoin de sucer leur pouce, ni de se remettre au biberon, de jouer avec des peluches ou de rester dans les jupes de leur mère. A 8 ou 9 ans, au contraire, les plus anxieux peuvent encore venir puiser à la source la sécurité qui leur manque.

Pour eux, sucer le pouce est un acte important : il demeure un moyen efficace non seulement de se calmer, mais aussi de se faire du bien, à tel point que les psychanalystes considèrent que le suçotement est la première manifestation autoérotique de l'enfant. Par définition, ce terme signifie qu'il s'agit d'un comportement répétitif, déclenché par soi-même pour se procurer un certain plaisir.

Est-ce un réel problème de sucer son pouce à cet âge ? Pas nécessairement ! L'évolution des enfants est loin d'être uniforme ; il est même habituel de voir se chevaucher les différents stades de développement psycho-affectifs. Ainsi le petit Jules est-il toujours le premier de sa classe mais, à la maison, conserve ses jeux d'autrefois, suce son pouce par moments, ou réclame son vieux doudou avant de s'endormir. Instinctivement, ses parents autorisent ces habitudes infantiles car Jules est par ailleurs autonome et épanoui.

En revanche, si l'enfant reste « bébé » sur tous les plans et de manière plus constante, sa maturité peut en être réellement ralentie. A force de repli et d'isolement, il s'éloigne des autres et renonce à verbaliser ce qu'il ressent. A l'extrême, il peut souffrir de troubles de la parole ou du langage (zozotement, cheveu sur la langue, etc.), puisque la bouche qui sert normalement à parler est occupée par le pouce, voire la tétine. De plus, des malpositions dentaires peuvent s'ajouter. Les orthodontistes sont familiers de cet état de fait.

Certaines situations favorisent ces comportements infantiles

La jalousie entre frères et sœurs est souvent l'occasion de régressions momentanées. L'enfant cherche refuge en lui-même avec les moyens qu'il sait rassurants et efficaces pour les avoir expérimentés plus tôt.

De leur côté, certains parents peuvent entretenir cette situation sans même s'en apercevoir. Ils exigent peut-être trop de cet enfant : avoir de bons résultats scolaires, ranger sa chambre, rendre d'incessants services à la maison, etc. Le pouce rivé à la bouche signifie : « Je veux grandir à *mon rythme.* »

Il pourrait tout aussi bien régresser en faisant pipi au lit, en ayant du mal à se lever le matin pour affronter les responsabilités scolaires ou encore en « parlant bébé ».

Les parents les moins disponibles ou les plus démissionnaires laissent leur enfant trouver en lui-même la réassurance dont il a besoin. Ils vont même jusqu'à proposer à leur « petit » pouce ou doudou pour éponger ses frustrations ou lui faire oublier la cause de ses caprices.

Ceux qui ont eu plusieurs enfants sont parfois ambivalents et paradoxaux avec le dernier. Ils veulent, bien sûr, pousser leur « bébé » à grandir, donc à abandonner son pouce, mais, dans le même temps, ils s'aperçoivent que lui donner ainsi des ailes est une façon de ne plus avoir accès à ces délicieux moments de tendresse si réconfortants pour tout le monde ; il leur faut aussi admettre que le temps passe. Le problème est souvent accru avec les mères qui vivent seules, préoccupées par une situation matérielle ou affective difficile.

Ce que vous pouvez faire

Avant de demander à votre enfant de cesser de sucer son pouce, anticipez les conséquences d'un tel arrêt : son sommeil pourra en être perturbé, il remplacera peut-être cette habitude par une autre, il aura sans doute besoin de davantage de disponibilité de votre part. Il pourra intérioriser ce qu'il vit ou bien l'extérioriser. Dans le premier cas, il réclamera davantage de bonbons ou bien de douceurs et de câlins ; dans le second, il parlera sans fin, s'agitera ou adoptera des comportements agressifs, révélant, au passage, le pouvoir anesthésiant du pouce.

Si votre enfant est d'accord pour arrêter, assurez-le que vous êtes là pour l'aider, car il peut en avoir besoin. Il se trouve un peu dans la situation d'un adulte qui désirerait cesser de fumer. C'est une décision difficile qui demande le soutien et la compréhension des gens qui l'entourent, et qui suppose parfois plusieurs échecs avant d'y parvenir vraiment.

Pour l'inciter à tenter ce grand pas, promettez-lui un cadeau, digne de la circonstance. « Tu pourras choisir ce qui te fait plaisir » (à condition bien sûr, qu'il n'en demande pas trop).

Comment agir concrètement ?

Pour opérer ce changement, profitez d'une mise au point à un moment où il se comporte vraiment comme un « bébé » ou d'une rupture dans le rythme de la vie familiale (vacances scolaires, déménagement, anniversaire).

Pour un temps, acceptez que votre enfant vous dérange provisoirement au moment où il redoute de craquer.

Pour certains, le résultat sera édifiant : du jour au lendemain, la manie de l'enfant disparaîtra, au point que les parents se demanderont pourquoi ils n'ont pas tenté l'expérience plus tôt. Il suffira qu'au moment du coucher, ils l'encouragent et l'incitent par exemple à mettre sa main sous l'oreiller ou à porter un gant, pour que l'automatisme soit « cassé ». Les solutions amères et autres remèdes, vendus chez le pharmacien, peuvent également servir de catalyseur.

Pour les plus jeunes (6-7 ans) ou les moins mûrs, les résultats seront peut-être plus difficiles à obtenir. Les jours sans pouce, inscrivez un signe + sur le calendrier, si vous sentez que cela peut l'aider. Faites un petit bilan hebdomadaire, en tête à tête, pour évaluer sa progression et l'encourager. Tolérez quelques moments de faiblesse (votre enfant est en train d'apprendre à supporter la frustration) en l'aidant à y donner un sens (« tu t'es peut-être remise à sucer ton pouce cette nuit parce que tu as fait un cauchemar »).

A l'occasion d'un tel changement, profitez-en pour redéfinir sa place par rapport à ses frères et sœurs, et promettez-lui d'entrer, à son tour, dans la « cour des grands ». Il accédera à des places et des fonctions qui, bien que convoitées, lui étaient interdites, telles que sortir seul pour s'acheter son magazine préféré, dormir chez un ami, aller à la patinoire, etc. Ces compensations l'aideront à grandir.

Les pièges à éviter

Pourquoi faire des railleries ou des plaisanteries à propos de ses « comportements de bébé » devant tout le monde ? Si vous devez en parler, c'est en tête à tête, sérieusement, en comprenant que le suçotement est un véritable besoin auquel il ne peut renoncer facilement. Sa tentative entraînera des frustrations, elle nécessite donc votre soutien actif et non des critiques décourageantes.

Au-delà de l'âge de 8 ou 9 ans, évitez d'être trop compréhensifs, même si c'est votre petit dernier. L'encouragez-vous réellement à abandonner le pouce en lui disant votre fierté de le voir grandir ? Ou bien vous contentez-vous de le laisser agir à sa guise ? En ce cas, pourquoi changerait-il ?

Zoom
Adieu doudou ?

Une longue histoire d'amour s'est nouée entre l'enfant et son doudou et il n'est pas toujours facile d'y mettre fin, même à l'âge de raison. Cet objet n'est pas neutre : longtemps, il a prolongé la présence des parents et permis de mieux supporter la séparation, au point que les psychologues l'appellent « objet transitionnel ».

Les fillettes, plus sentimentales, le protègent contre vents et marées et le cachent dans un bric-à-brac de poupées, peluches et objets rassurants jusqu'à l'adolescence.

Nous vous rassurons, à 20 ans, il aura disparu, ce doudou ! C'est une certitude. Laissez-le où il se trouve, caché sous le lit ou rangé au fond d'un placard. Votre enfant n'y retournera plus que de temps en temps, pour y puiser de petites bouffées de tendresse.

Il fait toujours pipi au lit

Côté parents

Devant l'énurésie de votre petit garçon de 10 ans, vous avez tout essayé : dialogue, exaspération, punitions, récompenses, responsabilisation. Il ne reste que les médicaments ou le psy…

Mais faut-il vraiment en arriver là ou attendre patiemment que cela cesse avec la puberté, comme on le prétend ?

Côté enfant

Pierre remarque bien que ses parents sont gênés, contrariés, excédés, désarmés quand il *l'a* fait. Mais au fond, il est bien le premier à en souffrir. Il aimerait tant pouvoir se rendre chez ses amis pour y dormir ou en colonie de vacances. Impossible : il se sent prisonnier de son problème. Malgré ses bonnes intentions – ne plus boire avant de s'endormir ou repérer son chemin à tâtons dans le noir pour atteindre les toilettes – rien n'y fait. Durant son sommeil, il ne maîtrise plus rien. Alors, comment se sortir d'un tel souci ?

L'avis du psy

L'énurésie signifie faire pipi au lit durant son sommeil. Ce trouble est inconscient et involontaire, et le terme ne s'utilise que pour les enfants âgés de plus de 4 ans.

C'est donc sans doute une lapalissade de le dire, mais à 8, 10 ou 12 ans, un enfant énurétique est un enfant qui n'a toujours pas réglé ses problèmes. **A cet âge, tous les aspects**

physiologiques et médicaux ont déjà été explorés, voire traités. Si le symptôme persiste, il est forcément d'ordre psychologique.

La proportion des enfants atteints d'énurésie est de 70 % pour les garçons et 30 % pour les filles.

L'enfant énurétique est volontiers décrit comme timide, fragile et plaintif ; d'autres diront de lui qu'il est négligé par sa famille, peu disponible et qu'il s'en défend par une agressivité détournée : le pipi au lit. En fait, on rencontre fréquemment en consultation des enfants épanouis, peu frustrés et plutôt « bien dans leur peau », évoluant normalement dans une famille aimante. Donc, tout se passe comme si ce trouble était isolé. Ces inondations nocturnes ont pourtant une signification. Elles reflètent un malaise que l'enfant ne parvient pas ou ne se sent pas autorisé à extérioriser par des paroles. Sans jeu de mots, la pression – qui va se focaliser sur la vessie – est trop forte et l'enfant l'exprime sous une forme très régressive. A son insu, l'enfant manifeste ce qu'il ne peut dire de vive voix. Mais faut-il s'en inquiéter outre mesure ? De l'avis général des psy, mieux vaut encore extérioriser son malaise en faisant pipi au lit plutôt que l'intérioriser et déclencher de fréquentes migraines, des maux de ventre, des otites à répétition ou d'autres maladies psychosomatiques de l'enfance.

Que se passe-t-il dans l'inconscient de l'enfant ?

De nombreux cas suivis par des psychologues révèlent plusieurs types de « clés » inconscientes. Ainsi, Louis, le plus jeune d'une nombreuse tribu, se sent à la traîne derrière les aînés qui, eux, réussissent tout. Il le prouve par ses fuites nocturnes. Camille, elle, progresse dans toutes sortes de domaines, mais a tout de même des « ratés ». Elle signifie simplement qu'elle ne peut tout maîtriser et à tout moment. L'histoire de Baptiste (8 ans) illustre encore une autre facette du problème. Il est très attaché à sa mère, et trouve, en mouillant ses draps, le moyen détourné de maintenir avec elle un lien privilégié puisqu'elle s'occupe de lui, le materne comme un bébé, change la literie et même, le lave encore. Certes, ce n'est pas la meilleure façon de se faire dorloter, mais au moins Baptiste conserve-t-il ainsi une attention maternelle exclusive.

A l'inverse, l'énurésie de Clément va l'aider à « échapper » à sa mère trop accaparante. Depuis le départ de son père du domicile conjugal, il dort dans le lit des parents. Se rendant compte de cette promiscuité malsaine, Clément utilise son énurésie pour mettre de la distance entre sa mère et lui. Le lit conjugal lui sera interdit tant que son trouble persistera...

Et, de fait, il n'est pas rare que certains parents aient aussi une part de responsabilité dans l'énurésie de leur enfant.

• Ceux qui sont trop exigeants et constamment sur le dos de leur petit peuvent l'obliger à adopter des attitudes régressives qui mettent un frein à leurs demandes. S'ils constatent que leur enfant est encore « bébé », ils ne lui en demanderont plus autant.

• Si l'un des parents a lui-même été énurétique, l'enfant peut vouloir s'identifier à lui. Un peu trop peut-être, en *se mouillant* jusqu'au bout. Si l'on se cantonne aux chiffres, on constate que lorsque l'un des parents a lui-même connu ce problème, trois fois sur quatre, il en va de même chez son enfant. S'agit-il d'une transmission héréditaire ou d'une banalisation du trouble telle que l'enfant s'y sente autorisé ? Souvent les deux.

L'expérience montre que dans ces énurésies familiales, l'enfant guérit fréquemment au même âge que le parent concerné. Rien ne sert alors de brusquer le mouvement... Si l'enfant cessait d'inonder ses draps pour faire plaisir à ses parents *sans avoir réglé son problème auparavant,* il évacuerait différemment son agressivité envers lui-même ou les autres, en se rongeant les ongles ou en devenant bagarreur.

• Il arrive aussi qu'un secret familial soit à l'origine d'une énurésie. Les exemples sont fréquents : enfant adopté ou né par procréation médicalement assistée, mésentente conjugale cachée par ses parents, etc. L'enfant l'apprend ou le ressent un jour ou l'autre. En faisant pipi au lit, il montre qu'il ne peut plus *contenir* ce qui occupe son esprit. Le symptôme disparaît souvent quand la situation dont on ne lui avait pas parlé ouvertement est enfin expliquée ou dédramatisée.

Ce que vous pouvez faire

Une vraie « consolation » pour tous : le pipi au lit guérit tout seul et disparaît au plus tard avec la puberté. Toutefois, à 18 ans, 1 % des adolescents peuvent encore souffrir d'énurésie occasionnelle, comme l'ont montré les cahiers de réforme du service militaire.

Chez l'enfant, entre 5 et 12 ans, à chaque année qui passe, on constate 10 % de guérisons spontanées, mais on ne peut prévoir combien de temps va durer ce délai. Alors, si vous préférez activer le processus et mettre toutes les chances du côté de votre enfant, il faut en discuter avec lui. Ce symptôme existe depuis des années, peut-être avez-vous tout essayé, peut-être pas ? En tout cas, à présent, faire pipi au lit devient un frein encore plus fort à son autonomie et à sa relation aux autres. Il est temps de « prendre le taureau par les cornes ».

Si vous sentez que cela peut l'aider, promettez-lui un très beau cadeau en guise de récompense.

Commencez par poser des échéances. Au besoin, dressez avec lui un bilan hebdomadaire.

Si ce n'est déjà fait, lancez-vous dans une petite leçon d'anatomie, qui l'aidera à se représenter le trajet invisible des liquides jusqu'à sa vessie en vous appuyant sur des livres de son âge.

Vous pouvez, peut-être, aussi lui proposer cette astuce qui marche déjà avec les tout-petits de 4 à 6 ans. Dans son bain, il peut s'amuser au jeu des ballons : remplir à moitié d'eau un ballon de baudruche et apprendre à en contrôler le débit. A l'extérieur du bain, il peut gonfler ce ballon d'air et libérer avec précaution celui-ci. Ce contrôle d'air ou de liquide lui indiquera très visuellement ce qu'il devra faire avec son propre corps. Il peut enfin, comme le conseille la pédiatre Marie Thirion, s'entraîner à une petite gymnastique de la vessie et des sphincters. Cela consiste à jouer tout seul à « stop pipi », en se retenant un moment ou en s'arrêtant au milieu du jet. L'enfant mesure alors à quel point cette fonction dépend de sa volonté. Si cela marche le jour, il n'y a aucune raison que cela ne marche pas la nuit, pourra-t-il penser.

Vous manquez de disponibilité ? Alors pourquoi ne pas lui mettre le marché en main : « Voilà, j'ai passé tant de temps à m'occuper de tes draps et de tes pyjamas. J'ai décidé de ne plus m'en occuper, c'est toi qui le feras. L'avantage pour toi, c'est que j'essaierai de passer plus de temps avec toi, pour des choses plus agréables. »

Si vous sentez que seul(e) avec votre enfant, vous n'y arriverez pas, une consultation chez le psy lui sera d'une grande utilité. Celui-ci le responsabilisera et l'aidera à exprimer son malaise plus efficacement.

Gadgets et médicaments présentent-ils un intérêt ?

C'est selon. Le *Pipi-Stop* est un appareil recommandé par certains pédiatres uniquement à partir de l'âge de 8 ans. Equipé d'électrodes (sans danger) et placé dans le pyjama, il déclenche une sonnerie qui réveille le dormeur dès les premières gouttes d'urine. Sur le plan psychologique, que penser de pareils réflexes conditionnés subis par l'enfant ? Pas grand-chose de bon, surtout si celui-ci se met à souffrir d'insomnies dues au signal sonore.

Quant aux médicaments, les pédiatres estiment qu'ils peuvent s'avérer utiles, mais pas n'importe lesquels ni dans n'importe quelle condition. On ne doit surtout pas les utiliser avant l'âge de 6 ou 7 ans. Environ deux fois sur trois, ils diminuent les fuites nocturnes ou y mettent fin. L'Imipramine, un antidépresseur, autrefois utilisé pour son action sur le sommeil et sur les contractions de la vessie, est aujourd'hui délaissé, à cause de ses effets secondaires parfois très toxiques. Un spray nasal, plus récent, offre une excellente tolérance et donne de bons résultats auprès de certains enfants, mais pas de tous. Il est à base de Desmopressine, molécule de synthèse reproduisant l'action de l'hormone antidiurétique. Il agit dix à douze heures en retenant l'eau au niveau des reins et en diminuant la quantité d'urine émise. Mais encore faut-il que l'enfant réponde positivement au traitement, et on ne peut le savoir qu'après dix ou quinze jours d'essai. De plus, une fois sur trois, on observe des rechutes à l'arrêt du traitement (qui dure en moyenne trois mois). A ces restrictions près, la Desmopressine reste facile d'utilisation : une simple vaporisation dans le nez avant de s'endormir suffit.

Cela étant, il faudrait n'avoir recours aux médicaments que lorsque le dialogue et toutes les autres méthodes plus douces ont été essayés.

En effet, il faut savoir que si l'énurésie a disparu grâce au médicament, on ne peut en dire autant du conflit psychologique qui l'a suscitée. Par ailleurs, les psychologues sont soupçonneux à l'égard de médications qui pourraient déresponsabiliser l'enfant alors que, justement, celui-ci cherche à devenir autonome.

Les pièges à éviter

A 6 ans, certaines fuites sont encore normales pendant la nuit ou dans la journée. Il ne s'agit pas forcément d'énurésie. Il n'y a pas à gronder l'enfant pour cela.

L'énurésie, la vraie, n'est pas une tare honteuse ni un sujet tabou. Parlez-en simplement à votre enfant, et dites-lui qu'il n'est pas seul dans son cas. A l'âge de 7 ans, 10 % de ses congénères en font encore autant.

Il ne vous revient pas de prendre en charge *tous* les problèmes d'intendance. Dès 6 ans, votre enfant doit participer à la corvée du change des draps ou peut faire sécher son linge humide. Ne pas l'y inciter pour l'épargner (parce qu'il est prétendument vulnérable psychologiquement) pérennise la situation et aboutit au résultat opposé à celui espéré. Comprenez bien, il n'est pas question de le punir ou de l'humilier, mais de le responsabiliser puisque cela devient aussi *son* problème.

Devant les amis ou la famille, ne donnez pas libre cours à votre exaspération et abstenez-vous de petites phrases blessantes. L'indifférence n'est pas meilleure conseillère : s'il mouille encore son lit à cet âge, c'est bien à cause d'un malaise profondément enfoui en lui ; reconnaître celui-ci le mettra sur le chemin de la guérison.

Elle a du mal à s'endormir

Côté parents

« Mais à quel âge se couchent les autres enfants ? » vous demandez-vous à bout de nerfs. Votre insomniaque en herbe ne peut fermer les yeux avant mille hésitations. Elle traîne, rechigne ou bien cache sa lampe de poche sous les draps pour se fondre dans des aventures livresques palpitantes. Le problème survient le lendemain : la voilà métamorphosée en marmotte qui refuse de se réveiller pour aller à l'école. De retour, épuisée, elle s'affale devant ses devoirs. C'est évident, elle n'a pas suffisamment dormi. Alors pourquoi refuse-t-elle malgré tout de se coucher à l'heure ?

Côté enfant

Quand bien même Juliette voudrait obéir à ses parents, elle resterait éveillée : *il y a de la lumière en elle.* Sans trop savoir pourquoi, elle redoute le moment fatidique du sommeil. A-t-elle peur de quelque chose ? Ou bien aimerait-elle regarder le film du soir en étant complice de ses parents ? Sûrement un peu des deux, mais comment l'avouer ?

L'avis du psy

A l'âge de raison, c'est-à-dire vers 7 ans, et jusqu'à l'adolescence, tout enfant est pris dans une réflexion sur lui-même qui affleure plus volontiers dans les moments de calme. Ce n'est pas dans un gymnase ou pendant les devoirs qu'il s'interroge, mais précisément durant ce temps de l'avant-sommeil. Le crépuscule se montre propice à la détente, aux préoccupations existentielles et à l'émergence d'angoisses ponctuelles.

Il traite alors toutes sortes de « questions » rencontrées dans la journée et qui n'ont pu encore trouver de solution : problèmes scolaires (notes, participation) ; place occupée auprès des camarades (admis ou rejeté) ; problèmes d'agressivité (subit-il ou fait-il subir aux autres une certaine violence ?) ; problèmes d'injustice (avec ses camarades, ses professeurs ou ses frères et sœurs) ; inquiétudes quant à sa vie à la maison (père absent, disputes conjugales, jalousie fraternelle).

Il peut également s'inquiéter sur ce qu'on attend de lui. A cet âge, peut-être plus qu'à tout autre, il redoute de ne pas être suffisamment apprécié. Selon lui, ses bêtises et son incompétence viennent forcément entamer le crédit d'amour accordé par ses parents. Il se demande alors comment redresser la barre. Ce sont donc ces questions importantes qui le hantent aux portes de la nuit.

Certains enfants, les plus jeunes en général, âgés de 6 à 9 ans, peuvent manifester une inquiétude latente. Ils élaborent des scénarios imaginaires très angoissants, mais pourtant peu pris au sérieux par les parents. En voilà un qui redoute qu'un voleur entre par effraction dans la maison et menace toute la famille. L'autre, adepte de *X-Files*, claque des dents à l'idée que des monstres venus de l'espace pour asservir la planète commencent justement par lui. Dans sa nouvelle mise en scène, papa ou maman ne sont plus invincibles comme il le pensait auparavant mais peuvent, eux aussi, être pulvérisés par les ennemis potentiels. La pénombre et le noir continuent de mettre celui-là à rude épreuve et, parfois même, ce sont encore loups et sorcières qui le font frémir. D'autres craintes bizarres tenaillent l'enfant : le sol qui se dérobe sous ses pieds lorsqu'il sortira du lit, les objets qui deviennent menaçants, les murs du couloir qui ricanent sur son passage. Tout cela lui fait vraiment froid dans le dos, bbrrrrr, et n'est véritablement pas propice à l'endormissement.

Que reflètent en réalité ces angoisses ?

Elles viennent camoufler d'autres peurs de l'enfant, inconscientes et difficiles à exprimer : peur de ne pas réussir ou de perdre son pouvoir (que les psy nomment angoisse de castration), peur de la mort, peur d'être abandonné ou peur d'être moins aimé. (Cf. chap. 10 : « Rien ne va plus. »)

Sa difficulté à se coucher quand on le lui demande exprime alors son sentiment d'incapacité et de fragilité. Son besoin d'aide est authentique.

Parfois, il le manifeste à ses parents de manière déroutante et incompréhensible : alors qu'il a peur du loup ou d'un agresseur du troisième type, le voilà qui devient violent et provocateur, réclame trois fois un verre d'eau et quinze bisous, réveille son petit frère avant de s'endormir, un peu comme s'il voulait conjurer le sort ou mettre en scène ce qu'il craint tant. Son manège fait mouche, car il attire l'attention de ses parents, qui, excédés, posent de vraies limites donc les protections qu'il attendait.

Au-delà de 10 ans, ces scénarios ont généralement disparu, et si l'enfant veille, sans pouvoir fermer l'œil avant 21 h 30 ou 22 heures, c'est tout simplement qu'il a grandi. S'il se réveille en forme et sans cernes, affichant par ailleurs de bons résultats scolaires, c'est qu'il est épanoui. Sa constitution, son développement physique et sa maturité l'amènent tout naturellement à veiller davantage.

Pour repère, les pédiatres conseillent aux enfants de 10 ou 12 ans de dormir en moyenne neuf ou dix heures, mais, ce qui est très important, *à des horaires réguliers, toutes les nuits.*

Ce que vous pouvez faire

Entre l'hyperactivisme de la journée et l'inactivité précédant l'endormissement, un sas de décompression est nécessaire à l'enfant. C'est le rituel du coucher qui permet de se retrouver, d'échanger et de diluer les tensions.

Contrairement à ce qu'imaginent certains parents, entre 6 et 12 ans, ce temps de l'endormissement est plus long que pour les tout-petits. Parfois, câlin et lecture ne suffisent plus, il lui faut votre écoute, vos conseils et vos encouragements.

Ce moment est particulier. Au coucher vous êtes présent(s), au lever aussi, vous créez ainsi une enveloppe protectrice pour la nuit. Votre tendresse lui donne une partie de la réponse attendue à son angoisse : être suffisamment aimé, même si, selon vous, vous le prouvez déjà heure après heure.

Si votre fillette réclame, pour s'endormir, que la porte reste ouverte et la lumière allumée, faites-lui confiance, elle sait ce qui est le mieux pour elle.

Autorisez-la à lire encore un peu dans son lit des ouvrages qui la captivent vraiment. Ne tenez pas compte du thème : paradoxalement, les livres d'horreur (*Le prof a été assassiné ; Drame sur le stade*) peuvent détourner son attention de ses propres soucis, en plaquant les angoisses de sa journée dans un scénario passionnant.

Lorsqu'elle est ponctuellement anxieuse ou sur le qui-vive, peut-être attend-elle tout simplement le retour tardif de son papa ? En ce cas, tant pis pour l'horaire, laissez-la lire davantage, le bisou attendu sera le meilleur des somnifères.

Au moment d'éteindre, viennent souvent les confidences : « Je suis sûre que vous aimez Noémie plus que moi » ; « J'ai plein d'horribles boutons sur le visage, est-ce que je deviens une ado ? » Offrez à votre petite inquiète un temps de réflexion, juste pour la calmer, en lui promettant que vous reviendrez sur cette question d'importance à un moment mieux choisi, le lendemain ou le week-end prochain, par exemple.

Si vous vous sentez impuissant(e) à soulager votre enfant, faites appel à l'autre parent pour ouvrir le champ de réflexion et marquer la diversité des points de vue. Ainsi, avec le temps, apprendra-t-elle à aller plutôt vers son père pour tel sujet ou sa mère pour tel autre. Les pères s'avérant souvent plus rassurants pour les questions de capacité et de force (« Suis-je assez bonne pour réussir mon brevet », « Saurai-je prendre seule le bus la première fois ») ; les mères se montrant plus sensibles aux questions d'ordre psychologique et affectif (« Est-ce que tout le monde ressent les choses comme moi ? » ; « J'ai parfois des idées bizarres, c'était pareil pour toi, au même âge ? »).

Rappelez-lui que tous ses semblables traversent les mêmes craintes entre 7 et 12 ans ; peut-être même vous souvenez-vous d'avoir connu ces affres de l'endormissement ? Apprendre que ses ennuis sont naturels la rassura en grande partie.

Montrez-lui le bon côté des choses : les soucis d'endormissement prouvent qu'elle grandit, les adultes aussi connaissent cela !

Les pièges à éviter

Le moment du coucher devrait être celui de la paix familiale. Donc pas de grandes mises au point, remontrances, ni même disputes conjugales (l'idéal serait d'attendre un peu que l'enfant dorme). Sinon, toutes ces ondes négatives se transforment en surcharge émotionnelle qui le tient éveillé plus longtemps encore.

D'une façon générale, quand le rituel du soir est enclenché, évitez tout ce qui pourrait susciter son intérêt ou son énervement : devoirs à finir, Spice Girls à 100 décibels, jeu vidéo cinq minutes avant d'aller se brosser les dents. Il arrive aussi qu'en regardant le journal télévisé, avec ses images parfois trop violentes ou dévastatrices, l'enfant devienne si anxieux qu'il ne peut s'endormir. Les scènes vues ne peuvent être « désamorcées » qu'après avoir été explicitées, ce qui demande du temps de la part des parents et retarde d'autant le moment du sommeil.

Dès qu'un enfant atteint les 7 ou 8 ans et qu'il sait lire, beaucoup de parents cessent de conter l'histoire du soir, mais il continue d'en avoir très envie sans toujours la réclamer. Ce moment demeure très important pour l'attachement, la confiance et la complicité mutuelle. Il l'est aussi pour laisser vagabonder l'imagination que l'enfant a dû contenir toute la journée (à l'école ou pendant ses devoirs). Même si vous ne pouvez conserver le rythme quotidien des premières années, essayez de faire durer aussi longtemps que possible le plaisir de la lecture du soir. Ce délice intarissable lui servira de tremplin à l'amour de la lecture.

Zoom
Les cauchemars

Le cauchemar est un rêve particulier, un « rêve d'angoisse ». Ainsi, l'enfant exprime ses désirs, ses doutes, ses frustrations. Comme lorsqu'il était petit, il manifeste son envie et sa peur de grandir, mais ajoute à présent un sentiment très fort d'impuissance, qu'il n'avait pas autrefois.

L'enfant mesure bien cette fois-ci qu'il ne détient pas le pouvoir absolu, et que ses parents (ou ses professeurs) demeurent d'incontournables bastions. Il sent le fossé entre *je veux* et *je peux*. Il est souvent freiné dans ses élans (sa mère ne répond plus à tous ses désirs, son frère et son père ne lui obéissent plus au doigt et à l'œil, etc.), d'où un inévitable sentiment de frustration et de castration qui resurgit dans ses rêves ; l'angoisse y exprime son désarroi et sa douleur.

Les cauchemars sont pourtant salutaires, car, grâce à eux, les conflits intérieurs trouvent une issue qui permet à l'enfant de ne pas les garder trop enfouis en lui. L'idéal serait qu'il puisse se les remémorer et les exprimer.

Avec la période de latence, ces cauchemars changent de tonalité. Le dormeur se fait moins précipiter dans un bouillon de sorcière ou réduire en cendres par un dragon ; en revanche, il affronte des êtres bourrés de mauvaises intentions et d'idées de vengeance. Les idées tortueuses prennent le dessus sur l'action.

Si, à l'école, la pauvrette se sent démunie devant sa maîtresse qui la ridiculise devant tout le monde, elle rêvera la nuit d'une jeteuse de sorts qui lui fait subir d'affreuses souffrances (chatouilles, métamorphoses, etc.). Il s'agit là du produit concret de ses peurs. Les éléments naturels se déchaînent eux aussi (tornade, lave, feu) et concrétisent toutes ses culpabilités ou son agressivité. Elle se punit ou bien punit les autres, ce qui dans un rêve revient au même.

Les cauchemars ne deviennent préoccupants que s'ils terrorisent l'enfant plusieurs fois par semaine pendant de longs mois ou s'ils persistent de manière significative au-delà de la puberté ; ils sont alors le signe d'une grande anxiété et de difficultés psychologiques qu'il faudra démêler avec ou sans l'aide d'un psychologue, surtout si d'autres troubles du comportement se manifestent durant cette période (agressivité, refus scolaire, insomnie, boulimie, etc.).

Elle est toujours aussi amoureuse de son papa !

Côté parents

Malgré ses 1,50 m, Margot adore enlacer son papa et se lover contre lui. Et lorsque vous-même prétendez embrasser son père, mais aussi *votre mari,* elle se moque de votre couple et tourne en dérision vos gestes tendres. Que faire ? Est-il normal qu'elle soit jalouse de vous et se comporte ainsi avec son père ? Est-ce vous qui vous faites des idées ou la situation qui devient malsaine ?

Côté enfant

Quoi de plus naturel que d'adorer son papa, pense Margot ! Elle l'aime intensément et le lui prouve. Elle sait bien qu'elle ne l'épousera pas, on le lui a suffisamment seriné : « la place est déjà prise » et « cela ne se fait pas ». En revanche, elle entend bien choisir un clone charmant aussi merveilleux que lui, tendre et plein d'humour !

L'avis du psy

Logiquement, vers 7 ou 8 ans, l'enfant est censé avoir « liquidé son complexe d'Œdipe » comme disent les psychanalystes. C'est-à-dire, être sorti de cette phase où il était profondément amoureux du parent de sexe opposé.

Cet amour-là, puissant, fusionnel, durait depuis l'âge de 3 ans. C'est à force de lui avoir dit ou fait comprendre qu'on ne peut épouser son papa ou sa maman que l'enfant finit par admettre l'impossibilité de cette union contre nature.

Dès 6 ou 7 ans, sa notion du corps et de l'intimité se transforme. Il est à la fois exhibitionniste (comme aux premiers temps) et pudique. A cette période charnière, il peut esquisser une ultime tentative de séduction à l'égard du parent aimé : « Papa, je peux m'asseoir sur tes genoux, tout contre toi, dit Clémentine ? » « Eh Maman, tu veux bien me mettre de la crème partout, réclame Ilan ? » L'enfant sent bien que son rêve d'appropriation disparaît, mais il souhaite juste le prolonger un peu. Déjà, son regard se tourne vers un nouvel objet d'amour. Le prince charmant (ou la princesse) s'introduit alors dans ses rêves. C'est le temps des premiers émois en classe.

Dans le sillage de Freud, la psychanalyste Françoise Dolto a montré que sortir du complexe d'Œdipe est essentiel pour l'enfant et lui permet de devenir un être humain à part entière. Le sens moral apparaît alors, pas seulement en imitant ses parents, mais en partageant la même loi : le garçon sait que son père, lui aussi, n'a pu épouser sa propre mère. La fillette sait que sa mère est passée par là, comme elle.

Cette étape est riche de conséquences : l'enfant apprend à maîtriser ses désirs et à accepter la frustration. Il s'ouvre aux autres et au monde social, quittant chaque jour un peu plus le cercle restreint de la famille, où il a dû renoncer à ce premier amour impossible.

Des signes indiquent clairement la fin du complexe d'Œdipe. Le garçon ou la fillette passe d'abord par une petite « dépression » ou du moins une phase d'autodépréciation. L'un et l'autre se demandent comment ils pourront bien faire pour trouver un amoureux plus tard, puisqu'ils n'ont pas réussi à séduire leur propre parent ; mais ils l'expriment de manière paradoxale : « Beurk ! Je ne me marierai jamais, cela ne m'intéresse pas ! » (comme pour se convaincre).

Vient alors une longue période (appelée phase de latence) où ce sujet va « hiberner » et où sera mise en veilleuse la curiosité sexuelle. L'enfant délaisse progressivement le domaine des sentiments pour la chose matérielle et intellectuelle. Ses centres d'intérêt se multiplient : il se passionne pour les sciences et les phénomènes complexes, la lecture, les romans d'intrigue ou à l'eau de rose, le sport qui permet de se lancer dans la compétition et d'effacer ainsi l'ancienne rivalité avec son père.

Le parent de même sexe devient, cette fois, un modèle auquel il désire fièrement s'identifier. A ce point du développement, ses jeux aussi se transforment, et le voilà capable de jouer à plusieurs, sur un stade comme à une table, en admettant les règles, les contraintes et les interdits.

Certains enfants ont pourtant bien des difficultés à sortir de cette phase et à conclure leur crise œdipienne. Les parents n'y sont pas toujours étrangers.

Quand le tabou de l'inceste n'a pas été clairement posé, il est facile pour l'enfant d'espérer plus longtemps la réalisation de ses fantasmes. Beaucoup de mères entretiennent à leur insu cette relation floue avec un garçon unique ou lorsqu'elles sont divorcées. L'attachement mère-fils se trouve renforcé par un besoin de compensation affective. Il est vrai également qu'il est difficile, pour certaines, de ne plus être le centre du monde aux yeux de leur fils chéri. Les pères n'ont rien à leur envier. Eux aussi savent se montrer contradictoires dans leurs attitudes et relativement satisfaits de voir leur fillette amoureuse d'eux, sans en mesurer les conséquences à venir…

Le psychanalyste Jean-Claude Liaudet, dans son livre *Dolto expliquée aux parents* (L'Archipel, 1998) suggère une explication sur l'ambivalence des parents. Certains n'ont pas su poser le tabou de l'inceste et n'ont pas osé brimer leur enfant. « Ces parents-là souhaitent, sans le savoir, que la vocation de leurs enfants soit de les satisfaire. »

Que le scénario œdipien trouve sa résolution ou qu'il ne s'achève jamais tout à fait, on en retrouvera des répercussions à l'âge adulte. Selon les psychanalystes, une bonne part des névroses mettant en jeu l'affectivité relationnelle et amoureuse découlent de là, de ce *complexe* si attachant. Tout le monde est concerné, même ceux qui se savent absolument « normaux », au moment des premières rencontres amoureuses et du choix de l'élu(e) de leur cœur. Tout se passe un peu comme si chacun répétait, malgré lui, ce scénario originel.

Ce que vous pouvez faire

La confusion des sentiments règne entre votre fillette et vous ? Au risque de lui paraître décevant, reformulez encore l'interdit fondamental du tabou de l'inceste. Même si cela vous semble aller de soi, *mettez les points sur les i*. Certes, elle a le droit de vous manifester un amour exclusif, mais vous avez le devoir de lui répondre en indiquant vos limites.

Procédez en douceur car votre fille vit les derniers délices œdipiens. Commencez de manière positive : « Tous ces bisous me font plaisir, mais à ton âge, tu sembles avoir encore drôlement besoin de ton papa ! Tu sais, parfois, cela peut me gêner. Enfin, d'ici peu de temps, c'est peut-être toi qui refuseras de m'embrasser... »

Avec humour, envoyez votre « Julie-pot-de-colle » voir un peu sa mère, pour qu'elle lui fasse partager ces moments d'adoration. Après tout, vous n'êtes pas le seul dans cette famille !

A la place de cette excessive tendresse, proposez-lui de temps à autre des moments de vraie disponibilité pour discuter avec elle, faire une promenade à deux, ou l'emmener au cinéma.

Jusqu'à quel âge prendre un bain avec elle ?

Là encore, chacun trouvera les réponses acceptables en termes de pudeur, de décence et de tendresse. Généralement, dès 5 ou 6 ans, les bains complices sont devenus gênants. (Cf. le chap. 4 : « Jusqu'à quel âge se montrer nus devant eux ? »)

Aidez votre enfant à s'ouvrir davantage vers l'extérieur et à ne pas trop surinvestir sa famille. Inscrivez-la à une activité artistique ou sportive, elle s'y fera de nouveaux amis.

Les pièges à éviter

Non, elle n'est pas bizarre si elle vous dit : « je t'aime », trop tendrement à votre goût. Son attachement est authentique et normal ; d'ailleurs, elle traverse une phase de son développement psychologique qui ne doit pas trop vous inquiéter, car vous l'avez vous-même traversée et refoulée depuis, dans les limbes de votre inconscient, sans grandes conséquences. Posez-lui, en revanche, des limites de sorte que son affection ne devienne ni trop exclusive ni trop envahissante.

Ne culpabilisez pas, ni pour elle, ni pour vous, si vous devez parfois la « remettre à sa (bonne) place ».

Il appréhende les vacances loin de nous

Côté parents

Sa peur de partir en colonie de vacances est communicative et vos arguments raisonnables s'effritent devant ses craintes irrationnelles : « Tu vas te détendre au grand air, tu verras, cela te fera le plus grand bien ; les autres y arrivent, alors pourquoi pas toi ? » lui assurez-vous. Mais dans le même temps, le doute s'insinue : et si le pauvre était réellement malheureux sur place ? S'il ne parvenait pas à s'adapter ? D'où votre dilemme : faut-il lui forcer la main ou attendre encore un an ou deux qu'il grandisse avant de l'envoyer en vacances ?

Côté enfant

Jonas préfère « s'ennuyer » à la maison durant toutes les vacances plutôt que de partir chez sa mamie ou en colonie. Ici, il a ses livres, ses amis, son magnétoscope, son vélo, ses rollers, alors… où est le problème ? Pourquoi partir ? Là-bas, il est persuadé qu'il ne se fera pas d'amis, que les nouvelles règles imposées seront trop pénibles à suivre.

Ses parents ne chercheraient-ils pas à l'éloigner d'eux, par hasard ?

L'avis du psy

Mettons-nous une seconde dans la tête d'un enfant quelque peu *anxieux,* et auquel on propose de partir dans un lieu inconnu. « Tu verras, disent les parents, tu vas adorer…, tu te feras plein de nouveaux copains et tu auras des tas d'activités que tu ne connais pas..., tu goûteras de nouveaux plats..., tu coucheras dans une nouvelle chambre. » Pour lui, ce ne sont pas des vacances qu'on lui propose, mais un cataclysme. Le changement de repères et la nouveauté sont *a priori* inquiétants pour tout enfant, alors raison de plus s'il est déjà d'un naturel timide ou anxieux.

En refusant de partir sans ses parents, l'enfant montre tout simplement sa fragilité devant l'inconnu. Il craint de ne pas savoir s'adapter aux autres rapidement. De plus, avant 11 ou 12 ans, il a une notion encore très floue du temps passé. Il se fait une montagne d'un séjour, même de courte durée.

Il se peut aussi qu'il ne soit pas d'un tempérament inquiet, mais que le contexte ne se prête pas à l'éventualité sereine d'un départ. En cas de grave mésentente de ses parents, il redoute que ceux-ci ne se séparent durant son absence, et va jusqu'à se poser en médiateur conjugal en ne les quittant pas.

Il peut également se souvenir d'une précédente expérience de vacances malheureuse, qui l'a marqué au point de refuser toute nouvelle tentative. Enfin, il appréhende peut-être la naissance de sa sœur, annoncée à grand renfort de publicité, et qui devrait bouleverser sa vie d'enfant unique. Il n'est plus question, dans ce cas, d'abandonner si facilement le navire.

Les parents doivent-ils céder ou patienter ?

La réponse dépend finalement des circonstances du moment. Si l'enfant refuse ponctuellement de partir et qu'il énonce de bonnes raisons, il aura gagné. S'il s'obstine, sans avoir jamais tenté l'expérience, il importe de prendre la mesure du problème, de le rassurer et de l'envoyer en vacances quand même, sous peine de prendre une carte de fidélité pour les années suivantes. Si les parents sont convaincants et réussissent à faire admettre leur point de vue, ils aideront leur enfant à devenir un peu plus autonome et indépendant. Voilà l'enjeu. Mais le souhaitent-ils vraiment ?

Ce que vous pouvez faire

Négocier pour le convaincre

Dès 6 ou 7 ans, le choix des vacances devient consensuel, il a parfois son mot à dire et il ne s'en privera pas.

Les plus récalcitrants à partir auront sans doute besoin d'une mise au point : c'est bien parce qu'on les aime tant que l'on souhaite leur offrir du bon temps, pour qu'ils en profitent.

Si vous devez l'envoyer au grand air parce que vous n'avez pas deux mois de vacances, n'ayez aucune honte de lui dire la vérité : « Tu sais que je t'aime..., je serais très fière que tu partes..., cela me rassure de t'envoyer en vacances... Je n'aime pas que tu traînes au jardin durant tout ce temps ou que tu restes avec ta baby-sitter. »

Vantez-lui les mérites des vacances qui l'attendent. Citez-les sans pour autant lui assurer, par avance, qu'il adorera. A lui d'essayer, puis d'en juger.

A cet âge, il sous-estime ses capacités d'adaptation à un milieu nouveau, alors qu'auparavant, il ne se posait même pas la question. Il sait bien qu'il devra faire face à des exigences comme se laver les cheveux tout seul, marcher quelques kilomètres à pied, porter un sac à dos, supporter ses peurs nocturnes, sans avoir forcément quelqu'un pour le consoler, etc. Assurez-le que vous sentez qu'il en est parfaitement capable.

Parfois, il se fait de drôles d'idées et dramatise à souhait. Tentez alors de comprendre ses réticences. Comment s'imagine-t-il précisément son séjour ? Faites en sorte qu'il distingue ses suppositions de la réalité. Incitez-le à penser positivement : « Je sais que papa et maman m'aiment et qu'ils m'écriront » ; « Je vais faire du poney », etc.

Eventuellement, invitez à la maison des camarades ou des cousins qui sont déjà partis en colonie et en sont revenus emballés. Ils seront de bons ambassadeurs.

A 8 ans, l'angoisse d'abandon (que peut ressentir tout enfant) est encore bien présente. Pour le tranquilliser, représentez-lui sur un calendrier à l'aide d'un marqueur le temps de son absence, en délimitant les dates de départ et de retour. Il saura ainsi visualiser le temps en question et dédramatisera ainsi ce qu'il redoute tant.

Avant le départ

Renseignez-vous sur les moyens de communication existants : pouvez-vous lui téléphoner ou lui faxer des messages en colonie ? Y a-t-il des cabines sur place à la disposition des enfants ? Si oui, confiez-lui une carte de téléphone, sinon assurez-lui que vous appellerez les animateurs pour avoir de ses nouvelles ou que vous serez toujours joignables.

Prévoyez du papier à lettres et des enveloppes timbrées dans sa valise pour qu'il écrive ou dicte sa lettre. Dites-lui bien que vous serez indulgents sur les fautes d'orthographe.

Pour l'occasion, il aura droit à un appareil photo jetable pour rapporter de bons souvenirs de sa colo et l'inciter à renouveler l'expérience.

En cas d'anniversaire sur place, prévoyez un petit cadeau à remettre aux animateurs lors du départ, pour qu'ils lui organisent sa fête, ainsi qu'un gros paquet de bonbons à partager.

Pour le départ

Concoctez avec lui sa petite panoplie « antistress » : le doudou (même s'il est rangé dans le fond du placard depuis des mois, il le laissera dans la valise s'il n'en a pas besoin), la photo de famille (s'il le souhaite), un ou deux objets fétiches (mais pas trop précieux, car il pourrait les perdre ou se les faire voler), de l'argent de poche, des friandises pour se remonter le moral et amorcer le dialogue avec de nouveaux copains.

Si, à cinq minutes du départ, votre enfant pleure, ne craquez pas ! La décision de partir en colonie a été prise, tenez bon à présent. Sans doute, séchera-t-il rapidement ses larmes, grâce aux chansons et aux câlins de l'animatrice.

Vous avez également un pincement au cœur ? Vous pouvez le lui avouer, à condition de dire aussi à quel point vous êtes malgré tout content(e) de le savoir vivre une aventure bénéfique pour lui et qui le fera grandir. Ce sentiment d'inquiétude réciproque lui apprendra que sa tristesse est alors surmontable.

L'enfant va chez sa mamie ou chez sa tante ? Il doit

apprendre à vivre comme elle et non comme chez lui, à quelques petites exceptions près. En sa présence, déléguez momentanément votre autorité de parents à ceux qui reçoivent votre enfant et prévenez-le : « Si ta tante Mathilde exige que tu ailles au lit à 21 heures, il faudra le faire. »

Au retour

Félicitez-le d'avoir tenté l'aventure comme un grand. Si tout s'est bien déroulé, qu'il s'en souvienne pour la prochaine fois...

Acceptez qu'il ait pu prendre de nouvelles habitudes (se coucher plus tard, etc.). Il lui faudra un temps d'adaptation pour retrouver le rythme habituel de la maison.

Les pièges à éviter

Soyez-en persuadé(e), dès 6 ans, et plus encore à 10, un enfant est parfaitement capable de quitter ses parents. Evitez de trop projeter sur lui vos peurs. Si vous avez connu de telles difficultés durant votre enfance, cassez la spirale, il n'est pas voué à reproduire ce que *vous* avez craint.

Votre enfant s'obstine à ne pas partir ? Peut-être lui communiquez-vous l'idée que rien n'est mieux qu'à la maison, alors ne soyez pas trop surprise. Mais cette fois, sachez assumer.

Il part quand même, mais vous redoutez ce moment poignant ? Alors laissez votre conjoint l'accompagner, il aura sûrement moins d'états d'âme, et c'est tant mieux pour tous.

Vous l'accompagnez héroïquement en vous promettant d'être forte ? Alors, ne changez pas d'avis sur le quai de la gare, sinon il restera persuadé que ses angoisses étaient justifiées, et surtout, *qu'il n'était pas capable de les dépasser.* C'est un chèque en blanc pour l'avenir. La prochaine fois, il refusera d'aller seul chez ses grands-parents ou ses cousins ; il ne persistera pas dans une activité où il se sentira dévalorisé et dépassé par rapport aux autres.

Vous êtes plutôt du genre expéditive et « secoue-toi » ? Ne niez pas les difficultés qu'il pourra rencontrer lors de son séjour. Certaines sont exagérées, mais d'autres bien réelles. Assurez-le de votre confiance et de votre fierté de le voir réussir.

Chapitre 2

Un vent de liberté

Les parents ont souvent du mal à admettre l'évidence : leur enfant devient (ou est déjà) un préadolescent. D'où d'inévitables étincelles. Le provocateur ose ne plus leur plaire. Cela se traduit par des revendications en tout genre : le droit de sortir, d'avoir de l'argent de poche et de s'offrir ce que bon lui semble, de recevoir ses amis ou de les voir à l'extérieur, de s'habiller comme il l'entend, d'écouter sa musique, d'imiter les plus grands.

A cet âge pourtant, même s'il revendique haut et fort, il n'est pas encore un adolescent à part entière. Ses désirs et ses excès sont en fait de vraies questions adressées à ses parents : « Me sentez-vous capable d'y parvenir ? » « Ai-je votre caution ? » « Puis-je avancer dans cette voie ? »

Si les parents ne sont pas prêts à accepter ses revendications et se braquent, dans certains cas l'enfant se soumettra et attendra son heure. D'autres enfants, au contraire, profiteront de ce défi pour outrepasser et affirmer leurs besoins. Le refus des parents sert alors de tremplin pour sauter plus haut, plus loin et plus vite. Au risque de se faire mal en tombant.

L'idéal consisterait bien sûr à ce que parents et enfants soient en harmonie. Or, par essence, les premiers sont conservateurs et animés d'une force protectrice, tandis que les seconds bouillonnent plutôt d'une force dynamique qui les pousse du côté de la liberté et de l'aventure.

Heureusement, tout est bien qui finit bien. Car souvent, cette complémentarité, faite d'élans et d'hésitations, permettra aux enfants d'accéder à plus d'autonomie.

Peut-il rester seul à la maison ?

Côté parents

Dilemme : devez-vous encore prendre une baby-sitter en journée, alors qu'il va bientôt avoir 7 ans, ou bien devrait-il commencer à se débrouiller seul comme un grand ? Vous êtes partagés entre la crainte qu'il lui arrive quelque chose, le désir de le laisser plus autonome, et l'économie que cela représenterait. Même question pour le soir : à partir de quel âge peut-on sortir sans le faire garder ?

Côté enfant

Quentin est différent de sa cousine Manon qui, à 6 ans, aime bien rester seule à la maison et apprécie qu'on lui confie des responsabilités de grande fille. Il n'en demande pas tant. Il a beau savoir que cela fait bébé, il aime bien être gardé par sa baby-sitter. C'est que son imagination fertile lui joue pas mal de tours. Même en plein jour, il se fait tout un monde des craquements du parquet, des glouglous de la tuyauterie, des grincements de la porte. Il redoute les clochards qui traînent parfois à côté de la maison… il n'est donc pas si pressé de se retrouver en tête à tête avec lui-même, dans cette maison tout d'un coup si étrange.

L'avis du psy

Accepter de rester seul à la maison signifie être indépendant, avoir confiance en soi et être capable de supporter l'imprévu pendant le temps où l'adulte est absent.

Partant de là, plusieurs cas de figure peuvent se présenter.

Si l'enfant est suffisamment autonome, c'est que la présence rassurante de ses parents plane sur la maison, même lorsqu'ils sont absents. Ses repères habituels l'aident à supporter sa solitude momentanée : immeuble protégé, voisins disponibles, parents facilement joignables. Il apprécie donc l'aubaine de vivre seul, quelquefois à son rythme, sans personne pour lui dicter sa conduite.

Si sa demande semble raisonnable, les parents peuvent tenter l'expérience. Si, au contraire, ils estiment leur enfant trop jeune ou trop kamikaze, ils peuvent exprimer leurs craintes. Rien n'empêche de reporter cette tentative à plus tard.

A l'inverse, si l'enfant présente un tempérament moins téméraire, il redoutera probablement la solitude. Livré à lui-même, d'anciennes peurs irrationnelles peuvent l'envahir : peur du noir ou des voleurs, angoisse d'être abandonné par ses parents, entre autres. Ces craintes sont le signe de sa vulnérabilité intérieure, de sa dépendance aux grands et, peut-être, d'expériences antérieures de séparations mal vécues (sevrage difficile, abandon précoce du doudou, entrée prématurée en classe maternelle, vacances trop longues en colonie, etc.).

Durant la nuit, le problème s'amplifie encore puisque les repères habituels changent. Le calme ambiant (silence, immobilité solitude) tranche avec l'insolite de la situation (bruits suspects, vie souterraine), et rend ces moments encore plus énigmatiques.

Mais le pire guette plutôt les enfants qui ne savent pas dire non aux parents et acceptent de rester précocement seuls, pour leur faire plaisir, ne pas les décevoir et paraître, à leurs yeux, plus courageux qu'ils ne sont. Ce même type d'enfants, peu entreprenants, ne saura pas non plus se servir d'un numéro de téléphone d'urgence pour demander une aide ou recourir aux voisins de palier si besoin est, de crainte de les déranger. En ce cas, il paraît évident que les parents doivent privilégier la sécurité physique de l'enfant. Ils ne peuvent l'obliger à rester seul dans la journée, et moins encore la nuit, s'il assumait mal cette situation auparavant.

Ce que vous pouvez faire

Dans la journée, commencez par de brèves courses à l'extérieur, pour donner un début d'autonomie à votre enfant (dès 5 ou 6 ans).

N'oubliez pas de fermer les pièces à risque : cuisine, salle de bains, cagibis à outils, etc.

Lorsque le frère aîné est à la maison, c'est déjà plus facile. Si celui-ci refuse de jouer la nounou, c'est qu'il ne s'en sent pas capable, ou redoute les éventuelles disputes qui pourraient mal tourner. Mieux vaut emmener le plus jeune avec vous.

Lors de sorties pouvant s'éterniser, prévenez les voisins ou, du moins, laissez un numéro de téléphone où l'on peut vous joindre.

N'oubliez pas de poser des limites fermes : ne jamais ouvrir la porte d'entrée lorsque vous n'êtes pas là, même s'il s'agit du facteur ou d'un représentant.

Lorsque cette règle vous paraît excessive, compte tenu des circonstances (un ami doit passer déposer un pli, la voisine qu'il connaît bien vient demander un service, etc.), apprenez-lui à procéder à quelques vérifications élémentaires avant d'ouvrir ; il peut par exemple demander : « Dis-moi, quel est mon prénom ? Comment s'appelle mon papa ? » Plus qu'un « sésame », cette astuce le rassurera et il saura alors mieux faire le tri entre ce qui est fiable à l'intérieur et ce qui est dangereux de l'extérieur.

D'une manière générale, le cadet n'a pas à se précipiter à la porte à la place du grand frère.

Pensez à l'entrebâilleur ou à l'œilleton, deux sécurités bien utiles aux enfants restés seuls.

Le soir : expliquez toujours où vous allez ; la situation lui paraîtra plus rassurante s'il vous imagine quelque part ou chez quelqu'un qu'il connaît.

Préparez-lui le numéro de téléphone où l'on pourra vous joindre (chez des amis, sur le portable ou au restaurant). Laissez-les bien en évidence, près du téléphone principal, cela évitera toute confusion, le moment venu.

Expliquez clairement dans quelles circonstances vous souhaitez être contactés ainsi que les raisons pour lesquelles il est inutile d'appeler. On appelle pour une chute, de la fièvre, des peurs authentiques ; on évite les alertes intempestives pour les petites chamailleries entre frères et sœurs.

Pour plus de sûreté, si vous êtes loin du domicile, laissez aussi le numéro de téléphone d'amis ou de voisins, qui pourraient intervenir rapidement à votre place en cas de problème.

Par principe, il doit savoir composer le 18, numéro des pompiers, et le 15, numéro des urgences médicales, en sachant dans quelles circonstances les utiliser.

Les pièges à éviter

Ne forcez pas votre enfant à rester seul pour vous faire plaisir ; n'exercez pas sur lui de pression psychologique ou affective. Si, à 10 ou 12 ans, il refuse de rester seul, c'est qu'il ne supporterait pas d'assumer la situation en cas de difficulté. Peurs et angoisses risqueraient de l'envahir et le rendraient inefficace dès votre départ ; pire encore, il pourrait ne même plus savoir vous joindre, perdu dans sa panique.

Inversement, ne vous faites pas forcer la main par un enfant trop indépendant ou zélé alors qu'il n'a que 6 ou 7 ans, il risquerait de faire des bêtises.

Le recours à la baby-sitter n'a rien d'une punition contre l'enfant ; au contraire, c'est une sécurité qui en vaut bien le prix. Vous serez totalement rassurés et passerez probablement une meilleure soirée, sans vous poser mille questions.

Si votre enfant paraît immensément soulagé à votre retour ou qu'il patiente derrière la porte, toutes lumières allumées, c'est sans doute qu'il a eu « très chaud ». Pour un temps, mieux vaut lui éviter une telle épreuve.

J'aimerais aller seule à l'école

Côté parents

Tandis que vous scrutez l'heure en enfilant votre manteau, elle vous lance : « Papa, ne te dérange pas, j'aimerais aller à l'école toute seule. » Vous voilà à court d'opinion. A quel âge est-il normal de le faire ? N'est-ce pas trop dangereux pour elle ? Inversement, il faudra bien une *première fois,* alors le moment est-il déjà venu ?

Côté enfant

Mélanie, Paul et Lola, pourtant dans sa classe, se rendent déjà seuls à l'école, alors pourquoi pas elle ? Elle en a assez d'être assimilée à son petit frère qui, lui, ne peut se passer de papa-maman. On devrait commencer à lui faire un peu confiance et il est grand temps que ses parents cessent de la « mettre dans le même panier » que les petits, soupire-t-elle...

L'avis du psy

Liberté et autonomie, voilà – en deux mots – résumée la demande de l'enfant.

Avant de franchir cette nouvelle étape, stimulante et nécessaire dans sa vie, il importe de vérifier son niveau de responsabilité du moment, ainsi que tous les risques et « points faibles » du trajet : nombre de rues à traverser, éclairage, agents de la circulation, affluence de personnes connues, sûreté du quartier.

L'âge minimal préconisé pour se rendre seul à l'école est celui de 7 ans révolus, lorsque l'enfant est déjà scolarisé en primaire. Il paraît évident que cette liberté ne peut se concevoir que si l'enfant a acquis un certain degré de maturité psychologique mais aussi physique. Les statistiques en la matière sont éloquentes : c'est entre 6 et 12 ans que le risque d'accident sur le trajet de l'école est le plus grand. Les accidents en ville sont plus nombreux et se produisent principalement en traversant la rue à proximité du domicile. La tranche horaire la plus dangereuse se situe entre 16 et 19 heures. Pour la pédiatre Christine Duval (*Allô maison bobo,* Flammarion, 1993), l'accident est généralement le fait d'une mauvaise perception du danger par l'enfant. Tout d'abord, sa petite taille l'empêche de dominer la situation, du fait de son champ visuel deux fois moins étendu que celui de l'adulte. Le petit piéton ne voit que ce qui est en face de lui. Ensuite, avant 7 ans, il faut plusieurs secondes avant de distinguer une voiture en mouvement d'une voiture à l'arrêt (chez l'adulte, une fraction de seconde suffit). Pour toutes ces raisons, la pédiatre estime qu'avant 9 ans un enfant ne peut maîtriser les dangers de la rue. Sans mettre la barre aussi haut, à notre avis, en fonction du contexte et de l'environnement, un enfant de 7 ans et demi à 8 ans peut très bien commencer à voler de ses propres ailes à condition qu'on lui ait appris les dangers de la rue.

Les parents doivent aussi savoir que le chemin de l'aller et celui du retour sont bien distincts. Ils correspondent à des étapes psychologiques différentes, donc à des niveaux de responsabilité différents. En général, c'est à 8 h 30 qu'il est plus rassurant de se rendre à l'école. Tous les enfants du quartier convergent vers le même lieu et dans le même but. Tandis qu'à 16 h 30 ou 18 heures, l'éparpillement des enfants vers des destinations différentes devient plus angoissant, en hiver surtout. Sans parler des risques physiques accrus à cette période de l'année (obscurité, pluie, verglas, etc.).

De ce fait, les parents peuvent doser cette nouvelle responsabilité en l'échelonnant : un « aller simple » à l'essai durant deux semaines. Puis, petit à petit, avec le printemps et l'allongement des jours, leur enfant pourra aussi revenir seul.

Ce que vous pouvez faire

Avant de dire oui

Pas de précipitation, car sa proposition d'aller seul à l'école lui sert peut-être de test. Il se demande simplement si vous lui feriez une telle confiance. Cela lui permettra de ressentir qu'il est aussi autonome que ses camarades. Il s'agit donc davantage d'une mise à l'épreuve que d'une réelle revendication.

Si, malgré l'exemple de ses camarades plus indépendants, vous l'estimez encore trop jeune pour cela, dites-lui que vous lui faites confiance, mais que pour l'instant *vous* ne pouvez vous habituer à cette idée.

Ce genre de liberté ne se décide pas sur un coup de tête. Dites-lui : « Si nous te disons oui, ce n'est pas un cadeau que l'on te fait, mais une responsabilité que l'on t'accorde. Nous devons donc prendre le temps d'y réfléchir. »

Soyez attentifs à un point très important. Votre enfant saura-t-il vous redemander d'être accompagné s'il le souhaitait ? Il ne devra pas vivre cette demande comme une régression car, réflexion faite, il a parfaitement le droit de préférer votre présence rassurante et votre soutien, avant d'aller en classe, même s'il sait parfaitement traverser sur les passages piétonniers. Faites-le-lui savoir.

Si vous doutez, n'hésitez pas à demander conseil à sa maîtresse. Elle vous donnera son avis.

S'il vous promet de faire le chemin avec le petit voisin, assurez-vous que celui-ci n'est pas trop chahuteur ou du genre à lancer des défis à chaque carrefour.

Après avoir dit oui

Votre décision prise, refaites une dernière fois le trajet ensemble et demandez-lui de vous indiquer les endroits où il devra précisément redoubler de vigilance (carrefour, passages piétonniers peu protégés).

Le matin, laissez-le partir de bonne heure, c'est-à-dire ni trop tôt, ni trop tard : comme il n'a pas toujours la notion du temps, il risque de flâner en chemin ou au contraire de courir sans prendre gare aux feux.

Imposez-lui d'utiliser toujours le même chemin ; s'il tardait à rentrer, vous pourriez plus facilement aller à sa rencontre en empruntant le trajet défini à l'avance.

Cela va de soi, mais cela va mieux en le disant, demandez-lui de vous signaler les éventuels problèmes rencontrés en chemin (règlement de comptes à la sortie, « monsieur qui propose des bonbons... »). Il en va de sa sécurité, et celle-ci passe avant son autonomie.

Pour les journées d'hiver et les retours tardifs, prévoyez des vêtements clairs et des cartables équipés de bandes réfléchissantes, surtout en zone rurale.

Dès 8 ans, il pourra se rendre seul chez un ami du quartier. A cet âge, il a le sens de l'heure et, dès 9 ans, il sait mieux se repérer dans son quartier.

Les pièges à éviter

N'obligez pas votre enfant à se rendre seul à l'école tant qu'il ne l'a pas suggéré lui-même.

Lorsque vous êtes en sa compagnie dans la rue, montrez-lui l'exemple, et, quitte à faire quelques pas supplémentaires, traversez toujours au feu. S'il vous voit « couper » au beau milieu de la route, il peut alors s'estimer capable d'en faire autant quand il sera seul.

Et même au feu, lorsque « le petit bonhomme est vert », apprenez-lui à s'assurer que les voitures sont bien à l'arrêt, des deux côtés, avant de s'engager. Cette attitude éducative, inlassablement répétée, est payante, car ces précautions deviennent des réflexes pour l'enfant.

Mais malgré cela, bon nombre d'accidents ont lieu aux passages pour piétons, en présence des parents, justement parce que les enfants se sentent – à tort – totalement rassurés.

Zoom
Peut-il prendre seul le bus ou le vélo ?

Le risque zéro n'existe pas. Viendra forcément un moment où les parents devront faire confiance, lâcher du lest et laisser leur enfant prendre davantage de responsabilités. Il n'y a rien de plus formateur que l'expérience *personnelle* et l'ouverture au monde. Certains parents attendront que leur progéniture ait atteint l'âge de 10 ou 11 ans, d'autres franchiront le pas plus tôt, dès l'âge de 7 ans.

Avant de vous décider, posez-vous ces quelques questions : les autres enfants de son âge, et de sa classe, le font-ils ? Le trajet est-il dangereux pour les vélos ? Votre enfant est-il plutôt mûr et responsable ou plutôt imprévisible et casse-cou ?

Quoi qu'il en soit, plutôt que d'interdire de prendre des risques, apprenez-lui à les maîtriser. La (ou les) première(s) fois, partez en reconnaissance avec lui. S'il doit prendre le bus ou le métro, conseillez-lui de se mettre à proximité de la porte pour ne pas rater la sortie. Enseignez-lui à repérer un magasin, une fontaine, ou la station qui précède celle à laquelle il doit se rendre. S'il a rêvassé en chemin et dépassé la station, montrez-lui comment revenir sur ses pas. Si vous vous rendez compte qu'il ne respecte pas les trajets décidés à l'avance ou les horaires convenus, vous avez parfaitement le droit de remettre en question les libertés accordées « sous conditions ».

L'argent de poche

Côté parents

Voilà qu'Antoine réclame comme sa grande sœur un peu d'argent de poche, mais il sait à peine compter. Caroline, elle, veut s'acheter avec « ses sous à elle », un vernis violet, très « tendance ». Quant à Félix, le quinze du mois, il sollicite une nouvelle avance sur recettes.

A partir de quel âge donner de l'argent de poche à ses enfants, combien, et pour en faire quoi ? Voilà résumé en trois questions l'embarras de beaucoup de parents.

Côté enfants

Enfin, grâce à son argent de poche hebdomadaire, Caroline n'aura plus rien à quémander à ses parents. Plus de justification, ni d'autorisation ou de comptes à rendre, elle gère son modique budget comme bon lui semble et s'achète ce qui lui plaît. Cependant, il lui arrive quelquefois de regretter le bon temps où, ne recevant pas encore de somme fixe, on lui offrait (presque) tout.

Félix aussi est content de sa petite rente mensuelle. Mais à présent, le voilà confronté à des choix : calculer régulièrement son solde pour pouvoir terminer ses fins de mois, hésiter avant une dépense facultative, éviter d'être trop généreux avec ses copains et redouter de demander une « avance » avant l'échéance mensuelle. Un vrai travail de banquier !

L'avis du psy

C'est indéniable, l'argent de poche donne un sentiment d'autonomie et de liberté supplémentaires. En effet, pour acheter, il n'est plus nécessaire de passer par la « case parents », ce qui sous-entend *séduire, demander et attendre*. L'argent de poche responsabilise l'enfant qui le reçoit et prouve que ses parents lui accordent une certaine confiance. Grâce à lui, certains enfants commencent à échafauder des miniprojets et, à l'occasion, s'initient aux réalités économiques (« je peux me l'offrir ou pas »).

Toutefois, ces nouveaux atouts doivent s'accompagner de quelques conseils pour être réellement profitables à l'enfant.

Par définition, cet argent donne un pouvoir d'achat, donc un certain pouvoir. Cela suppose chez l'enfant une part de maturité, avec le cortège de valeurs attenantes qu'il revient aux parents de transmettre.

Doit-on s'offrir la première babiole venue parce qu'on en a envie et que c'est possible ? Vaut-il mieux patienter pour s'acheter un objet ou un vêtement plus cher mais de meilleure qualité ? Peut-on faire de ses biens tout ce que l'on veut (jouer avec les machines à sous, s'acheter du maquillage pour les plus grandes) ? Aux parents d'indiquer, dans les premiers temps, comment utiliser son argent. Par exemple : interdire pétards, canifs et autres objets dangereux ou excessifs (cigarettes, canettes de soda, confiserie, etc.).

Mais une fois que l'enfant saura suffisamment faire bon usage de ses deniers, les parents pourront se montrer plus tolérants quant à ses choix. Il leur faudra admettre que cet argent puisse justement servir à acheter ce qu'ils lui refusent quelquefois, gadgets, horreurs, excentricités…

Seulement, cet argent n'est pas qu'utilitaire, c'est-à-dire destiné à acheter des choses raisonnables (livres, musique, cadeaux), c'est aussi un argent « futilitaire ».

Ce que vous pouvez faire

Quel montant lui donner ?

Votre syndicaliste en herbe réclame constamment la même

somme que ses camarades de classe, lesquels, comme par hasard, ont toujours des « parents milliardaires ». Il peut aussi revendiquer ce que son frère aîné a obtenu de haute lutte, tout au long de dures années de pratique. Comment vous sortir de cette chausse-trappe ? S'il a déjà un petit pécule d'avance (anniversaires, cadeaux de parrain ou de marraine, menus services rendus aux parents), l'argent de poche promis peut être révisé à la baisse ; dans le cas contraire, mieux vaudra lui céder une allocation décente qui lui donne une vraie liberté. Habituellement, on compte environ 50 francs par mois jusqu'à 10 ans. Puis, de 10 à 12 ans, 80 à 100 francs. Mais, à ce tarif, vous fournirez vêtements, équipements scolaires et alimenterez les besoins des sorties exceptionnelles.

Dans quelles conditions et pour en faire quoi ?

Mettez les choses au net dès le départ : cet argent de poche suppose un contrat préétabli. Tant que l'enfant fait un bon usage de cette somme allouée, vous vous engagez à la lui verser régulièrement toutes les semaines, ou tous les mois, selon votre choix.

Quand ce contrat est rompu, n'hésitez pas à remettre momentanément en cause la liberté d'utilisation de cet argent : pendant un mois ou deux, réclamez des explications sur le bien-fondé de ses dépenses.

Au début, en sa présence, il ne sera peut-être pas inutile de noter sur un carnet la somme versée ainsi que la date. En effet, les chers petits maîtrisant mal la notion du temps se risquent souvent à demander « leur mois » toutes les semaines. Ce carnet servira éventuellement à inscrire les avances.

D'une manière symbolique, votre porte-monnaie doit rester strictement privé. Votre enfant n'a pas à s'y servir lui-même en argent de poche. C'est une façon de prévenir les tentations qu'il connaîtra sans doute plus tard, à l'adolescence.

Lui donner une avance ?

Les premiers mois, les erreurs de gestion sont prévisibles. Elles seront instructives et bénéfiques seulement si vous laissez votre enfant mesurer, par lui-même, le prix de cette liberté et sans compenser régulièrement ses « déficits et banqueroutes ». Il réalisera mieux pourquoi et comment il s'est mal débrouillé. Il comprendra que s'il dépense tout d'un seul coup, il ne pourra rien s'offrir par la suite. Bref, il apprendra à faire des choix et à connaître la valeur des choses.

Cela dit, restez souple. Exceptionnellement, vous pouvez céder à sa demande (jeu, vêtement particulier, spectacle), mais s'il la réitère aussitôt pour de nouvelles fantaisies, mieux vaut refuser tout net car le gestionnaire risque à l'avenir de s'abonner aux découverts bancaires et aux agios ruineux.

Avec les « paniers percés », vous avez intérêt à donner l'argent toutes les semaines plutôt que tous les mois.

Il ne réclame pas d'argent de poche

Est-ce normal ? Oui, votre enfant peut très bien se contenter de puiser dans sa réserve personnelle ou son compte en banque, alimenté par les bons bulletins scolaires ou la générosité des grands-parents ; il peut aussi vous demander de lui offrir ses envies au coup par coup. Toutefois, à partir de 12 ans, l'argent de poche devient une bonne expérience, car le préadolescent s'habitue à le gérer et certains achats lui incombent. Il est naturel alors qu'il dispose de cet argent « gratuit », remis indépendamment des bonnes notes ou des petits travaux.

Les pièges à éviter

Etre généreux c'est bien, mais attention à ne pas trop l'être. Donner beaucoup crée des besoins et entraîne une surinflation.

Mais, au fait, qui donne trop ?

Souvent les parents peu disponibles, qui espèrent ainsi acheter un peu de tranquillité ; les parents riches qui ont du mal à limiter leur enfant ; les parents modestes qui veulent gommer la différence de niveau social.

Résultat, l'enfant est trop gâté. Il n'a pas de limites, donc pas de frustrations et par conséquent, moins de désirs.

S'il désobéit ou s'il a trois en maths, ne divisez pas pour autant son budget par deux, l'argent de poche est, en principe, décidé une fois pour toutes. Accepteriez-vous si facilement que l'on ampute votre salaire parce que vous avez commis une erreur au travail ? Une seule exception à la règle : lorsque c'est avec cet argent qu'il fait des bêtises (il se gave de bonbons, fume en cachette, etc.).

Mais quel accoutrement !

Côté parents

Avec ses faux airs d'ado, votre Faustine devient infernale à habiller. Ce qui vous plaît lui paraît « ringard » comme elle dit, et ce qui l'enchante vous désespère. Selon les jours, on la prendrait tantôt pour une Spice Girl tantôt pour une clocharde ! Mais jusqu'où ira-t-elle dans ses excentricités vestimentaires ? Quelles limites lui imposer ? Faut-il attendre que cela lui passe ou insister quand même pour qu'elle porte des vêtements plus décents ?

Côté enfant

Si cela ne tenait qu'à elle, il y a longtemps qu'elle laisserait au placard les vêtements choisis par ses parents. Elle n'est plus un bébé et moins encore une poupée. A présent, elle a son mot à dire. L'important n'est-il pas de se sentir bien dans sa peau, même avec un jean troué ou le nombril à l'air. D'ailleurs, elle n'est pas si extravagante que le prétendent ses parents plutôt « vieux jeu », la preuve, toutes ses amies s'habillent comme elle !

L'avis du psy

Pour l'enfant, s'habiller à sa manière et selon son goût est un moyen de devenir autonome et de grandir.

Avant 10 ans, le vêtement marque l'appartenance à un clan ; il permet de s'exposer, de se faire reconnaître et apprécier du groupe. Les marques de vêtements jouent un rôle déterminant puisqu'elles permettent d'exhiber instantanément le style auquel on souhaite adhérer, une sorte de plaque d'identification. Selon la mode locale et le groupe de référence choisi, telle fillette voudra porter son blouson Schott bleu marine, et pas le noir ou le marron, telle autre exigera ce modèle de chaussures Caterpillar assorties à la minijupe « Machin ». En tout cas, si vous sortez avec un sac Eastpack au dos, un débardeur Petit Bateau, sur un pantalon en trompette Zara avec des Adidas trois bandes (vendues au rayon chaussures de ville), vous êtes sûre de produire votre petit effet.

Il devient alors difficile, pour les parents, de suivre le rythme des modes, avec en prime une vertigineuse escalade des prix. Même si certains enfants reconnaissent que cela revient assez cher à leurs parents, ils estiment que cet uniforme est indispensable pour se faire accepter par le groupe. La présentation et la façon d'habiter ses vêtements deviennent vite une « prison virtuelle » et l'enfant est persuadé qu'on va le juger à l'aune de son allure.

Après l'âge de 10 ou 11 ans, le vêtement sert aussi à se cacher et à masquer les transformations du corps. A cette période, le préadolescent est devenu pudique. Pour peu qu'il se sente fragile et vulnérable, il cherchera à se fondre dans le groupe pour mieux passer inaperçu. L'habit se transforme en deuxième peau, en paravent protecteur offrant une certaine image de soi. Cette fonction est standardisée, lisse, sans aspérités. Le camouflage devient un art. Résultat : une neutralité vestimentaire de bon aloi. Fille ou garçon, on s'habille en jean's, T-shirt et doudoune non repérables. Retranché derrière cette façade, chacun apprend à se situer par rapport aux autres et met de la distance entre son intimité et l'extérieur vécu comme menaçant.

Tout serait pour le mieux dans le meilleur des mondes, s'il n'y avait les parents. Qu'observent-ils, eux ? La surface, c'est-à-dire le même sempiternel uniforme. Ils se demandent pourquoi leur rejeton devient épidermique dès que l'on évoque la possibilité de passer en machine sa tenue de la veille.

En fait, en faisant un effort, ils devraient se souvenir qu'au même âge ils étaient sans doute pareils. La tenue, maintes fois portée, est plus rassurante, elle passe partout et permet de se montrer sans se faire repérer. Elle donne presque une identité. Elle évite d'être *chaque fois* observé à la loupe, décortiqué ou déshabillé du regard, ce qui restera encore vrai pendant une bonne partie de l'adolescence.

Françoise Dolto a parlé du complexe du homard. L'enfant qui s'achemine vers les bouleversements physiques et psychiques de l'adolescence perd sa carapace protectrice, qui ne grandit pas avec lui. Il va donc s'en détacher, l'abandonner et se dissimuler dans un trou de rocher en attendant que se reforme une nouvelle protection. C'est alors que le vêtement prend une importance capitale : il lui permet de se camoufler, de passer inaperçu, le temps d'une progression incertaine. D'ailleurs a-t-on jamais vu un gladiateur entrer dans l'arène sans son bouclier ? Les cours de récréation sont de véritables fosses aux lions, tout le monde le sait !

Ce que vous pouvez faire

D'une manière générale, si votre enfant n'exagère pas, pourquoi ne pas aller dans son sens ? Il désire simplement se sentir bien dans sa peau (du moment) et ne pas avoir honte vis-à-vis de ses congénères de la robe démodée à son goût ou du pantalon imposé par ses parents.

Que cela ne vous empêche pas de dire ce que vous pensez de la tenue qu'il a choisie : « Moi, ça ne me plaît pas trop, mais je ne dis pas que ce n'est pas joli. »

Lâchez du lest pour le style (roller, rappeur ou poupée Barbie), mais maintenez certaines règles essentielles : propreté, décence, conformité au règlement scolaire.

Servez-vous de l'avis de votre grand ado qui a dépassé le problème : « Penses-tu que Hugo exagère ? Peut-il sortir comme cela ? »

Pour les situations exceptionnelles (fêtes familiales ou scolaires, auditions, etc.), vous êtes en droit d'exiger un minimum de conformisme. Acceptez le jean classique mais pas les trous qui vont avec. Avec un brin d'humour, rassurez-le : sans doute tous les autres enfants seront-ils « déguisés » comme lui, parce que leurs parents leur auront fait les mêmes remarques.

Pour les boums et anniversaires, laissez-le s'habiller comme il l'entend. Idem quand il reçoit ses amis à la maison.

S'il décide de sortir en débardeur sans manches en plein hiver, intervenez avec des arguments indiscutables : il est certes libre de disposer de son corps, mais il risque de tomber réellement malade et, dans ce cas, c'est bien vous qui risquez de l'emmener chez le médecin et d'écouter ses jérémiades à longueur de journée parce qu'il aura de la fièvre. Il fait froid : il doit mettre son pull et sa doudoune ! Dans le cas contraire, s'il fait chaud, c'est moins grave, libre à lui de sortir dans une étuve. Il transpirera et voilà tout.

Faut-il céder sur les marques ou sur les vêtements hors de prix ?

Ne le laissez pas confondre ses besoins et ses désirs. Vous *devez* lui acheter des vêtements, vous n'êtes pas obligé de céder à ses revendications de marques et de satisfaire tous ses caprices. Dites-le-lui. Un peu de frustration ne lui fera pas de mal. Car l'enfant apprendra que dans la vie, on ne peut tout obtenir selon son désir et encore moins dans l'urgence. Céder trop facilement, à chaque fois (dans ce domaine comme dans d'autres d'ailleurs), rend insupportable la notion de refus et plus difficile la confrontation avec la réalité, ce qui amène parfois à une certaine violence dans les relations avec autrui.

Soumettez-lui aussi cette information piochée dans le mensuel *Capital* (n° 87, décembre 1998), qui le fera peut-être réfléchir s'il n'aime pas être manipulé.

Les fabricants de grandes marques usent de stratagèmes calqués sur le modèle de l'infiltration de la drogue dans les collèges ou les lycées pour mieux les allécher. Ils repèrent et « trient » deux ou trois jeunes par établissement (des meneurs de bande) qu'ils habillent gratuitement de la tête aux pieds, évidemment avec leurs marques. L'imitation et l'émulation font le reste. Les ventes sont vertigineuses. Que votre aficionado fasse passer le message.

Si vos mises en garde ne tempèrent pas son enthousiasme,

rien ne vous empêche de négocier et d'indiquer les limites à ne pas dépasser pour tel ou tel vêtement. S'il insiste pour quelque chose de cher et s'il en a les moyens, faites-le participer : vous paierez le prix acceptable pour vous, et il paiera la différence liée à la marque. Vous pouvez également différer l'achat jusqu'au moment le plus opportun, financièrement parlant. Rien ne dit qu'un mois plus tard, il en aura encore envie.

Vous pouvez tenter le stratagème (réussi) de cette maman : « J'ai donné un certain budget à ma fille, j'ai prévenu la vendeuse, et je suis partie. Je n'ai pas regretté de lui avoir fait confiance, elle s'est sentie responsable et n'a pas voulu me décevoir. »

Faites-lui remarquer que moins il mettra de vêtements « signés », moins la tentation des racketteurs sera grande. A paraître plus neutre, il limite les risques.

Votre garçon tente innocemment la question : « Dis maman, est-ce que je pourrais me faire percer l'oreille comme mon copain (ou me faire teindre les cheveux style "blond décoloré") ? » Si votre sang ne fait qu'un tour, répondez sans ambiguïté : c'est un NON absolu ! Et il n'y a pas à négocier. Expliquez-lui vos raisons, afin qu'il ne considère pas votre décision comme arbitraire. Si au contraire votre fantaisie s'accommode de ses excentricités, il peut tenter l'expérience. Il lira dans le regard des passants l'image qu'il recherche de lui-même.

Les pièges à éviter

Les disputes de 8 h 20 – parce qu'il s'est habillé n'importe comment – le laissent mal à l'aise et parasitent ses pensées en classe, alors évitez-les. Jusqu'à 9 ou 10 ans, vous pouvez encore l'aider la veille à préparer ses vêtements pour le lendemain. Après, c'est une autre histoire…

Souvenez-vous : grâce au vêtement, il élabore sa personnalité. Si vous vous y attaquez trop, c'est son armure et son bouclier que vous mettez à mal.

S'il se « déguise » subitement dans un nouveau style inconnu, ne vous fiez pas à ce qui est exhibé. Peut-être s'agit-il d'un emprunt momentané à un genre qui lui plaît bien, un coup d'essai en somme. S'il porte ce vêtement avec aisance et avec confiance, autant le laisser faire.

Attendez-vous aussi à le voir changer de style en fonction des saisons, des rencontres, des films, des tendances et de l'air du temps. Ne le considérez pas pour autant comme une girouette, c'est une réelle prise de position… très cyclique.

Zoom
Comment ils nous piègent

Ils sont diaboliques pour obtenir ce qu'ils désirent dans un magasin. Comme l'expliquent avec humour les deux compères Pierre Antilogus et Jean-Louis Festjens (*Le Guide de survie à l'usage des parents,* Presses de la Cité, 1991) : il y a le chantage affectif (« Ma petite maman chérie, je peux avoir un serre-tête fluo ? ») ; le chantage social (« Toutes les filles de ma classe en ont, de quoi je vais avoir l'air avec mes vieilles barrettes ? ») ; le chantage financier (« Regarde, il ne coûte que 32,50 francs ! ») ; le martèlement psychologique (« Dis tu me l'offres ? Hein, dis maman ? Hein tu me l'offres ? Hein dis ? ») ; la colère publique devant témoin (« C'est pas juste ! Pour une fois que je demande quelque chose ! Je n'ai jamais droit à rien dans cette maison »).

Mais l'arme la plus redoutable est sans doute le mensonge assorti de simulation. Vous avez décidé de lui acheter cette paire de chaussures qui le changera de ses éternelles baskets et voilà qu'il grimace de douleur, parce qu'elles le serrent trop. Vrai ou faux ? Dans le doute, n'achetez pas ces chaussures… elles risqueraient de finir au fond du placard !

Drôlement précoce !

Côté parents

Elle se maquille et s'habille comme une femme, complote au téléphone à longueur de journée, souhaite aller au cinéma le soir, rêve d'un téléphone portable pour son anniversaire et, pour compléter le tableau, arbore des airs entendus d'ado à qui on ne la fait pas. Tout cela ne vous rajeunit pas, c'est un fait, mais vous laisse un sentiment indéfinissable, entre malaise et fierté.

Côté enfant

Elle ne paraît pas son âge, pourquoi avouerait-elle qu'elle a seulement 11 ou 12 ans ? Ses amies sont déjà au lycée et personne ne remarque la différence. A l'écouter, elle est parfaitement mûre et s'imagine volontiers capable de vivre dans un studio avec sa meilleure amie. Seulement voilà, « les parents » continuent de l'appeler ma *petite puce* – ce qui l'énerve au plus au point – et la traitent en gamine. A croire qu'ils ne la voient pas grandir !

L'avis du psy

Vivre dans un monde d'adultes et se prendre pour une « petite femme » lorsqu'on est encore une préadolescente est valorisant.

Certains contextes sont particulièrement stimulants pour la précocité et propulsent la fillette en avant. Quelques exemples fréquents : la cadette imite sa grande sœur ou son amie, elle-même très en avance. Pour grimper les marches de la gloire, elle va reproduire ses gestes, utiliser son langage, s'habiller comme... au point de s'y croire vraiment.

La fille unique, très complice de sa mère, mûrit, elle aussi, de façon accélérée, surtout si la maman en question accentue la confusion et se comporte comme une grande sœur. Sorties bras dessus, bras dessous, dénomination par son prénom, échanges de vêtements et de produits cosmétiques, cigarette autorisée, confidences sur sa vie intime, tout est bon pour brouiller les cartes.

Le divorce des parents et l'absence de limites posées favorisent aussi la faille ; l'enfant s'y engouffre pour explorer ce qui se passe dans le monde des adultes.

Face à cette apparente maturité, beaucoup de parents se posent des questions légitimes. A commencer par la première : leur fille est-elle vraiment précoce, ou bien sont-ils, eux, en retard ? La réponse est simple : qu'ils regardent autour d'eux, et interrogent les autres parents ou les enseignants du collège pour se faire leur idée.

Les parents peuvent aussi s'inquiéter des effets d'une telle avance. Quels sont les avantages et les risques à grandir trop vite et à brûler ainsi les étapes ?

Ici, la réponse est moins aisée : tout enfant qui grandit se construit en franchissant des étapes psychologiques précises et en réglant simultanément certains inévitables conflits. Si cette patiente construction n'a pas été respectée dans sa progression et que des étapes ont été escamotées, il y a fort à parier que des lacunes émergeront par la suite et que des crises couveront à l'ombre de l'inconscient. Cela signifie qu'un enfant trop précoce risque de régresser, alors qu'il avait pris trop d'avance. C'est ainsi que Rémi, 10 ans, précocement séduit par les activités d'une bande de jeunes de 13 ans, n'a pu suivre leur rythme effréné et s'est remis à faire pipi au lit. Des tics sont apparus en alternance avec un bégaiement. Il semble que la pression psychologique qu'il s'imposait était cher payée et a abouti à une baisse de concentration scolaire et à un redoublement.

Une difficulté supplémentaire peut venir des parents eux-mêmes. Si la jeune fille évolue dans un environnement où cette précocité est mal vécue, elle sera démunie et devra imposer son avance au prix de conflits et de crises répétés, sinon, il lui faudra accepter de se soumettre, c'est-à-dire de ronger son frein, en attendant son heure.

Ce que vous pouvez faire

Malgré tout le respect que vous devez porter à la demoiselle, à ses avis, à ses désirs, voire ses exigences, il vous faut néanmoins lui imposer des règles familiales et ne pas tout perturber parce qu'elle voit les choses d'un peu trop haut.

Aussi grande qu'elle soit, il lui faut rentrer aux horaires convenus (ou prévenir en cas d'imprévu), ne pas lancer sans autorisation d'invitations intempestives, limiter les conversations interminables au téléphone avec les copines qu'elle vient de quitter, ne pas monopoliser la salle de bains, etc.

Ces règles, prédéfinies dans le calme, limiteront les conflits. Il faudra les rappeler régulièrement pour qu'elles continuent de jouer leur rôle de garde-fou.

Lorsqu'elle dépasse vraiment les bornes (monter sur une moto avec un adolescent de 18 ans, vous mentir effrontément au sujet de son emploi du temps, traîner dans les cafés ou voir une vidéo interdite aux moins de 16 ans), sachez restreindre son autonomie. Après tout, elle n'a que 11 ou 12 ans et vous pouvez agir plus aisément ! Si besoin est, interdisez certaines fréquentations, limitez les sorties, réduisez l'argent de poche qu'elle détourne pour faire ce qui est interdit. Votre fille a besoin d'un cadre contenant, qui lui serve à la fois de rempart et de protection.

Pièges à éviter

Elle est vraiment trop précoce ? Mieux vaut faire confiance aux remarques de votre entourage et ouvrir l'œil, plutôt que de pratiquer la politique de l'autruche. Sinon, gare à la jeune adolescente qui, elle, se chargera de vous faire mesurer ses progrès.

Essayez de maintenir coûte que coûte le dialogue, car votre incompréhension peut créer un fossé. Elle cessera alors de se confier et s'enfermera dans la solitude puisque vous ne voulez pas admettre la revendication d'une certaine indépendance.

A l'inverse, ne la faites pas vieillir trop vite et ne la responsabilisez pas comme si elle était déjà une jeune adulte. Avant 12 ans, elle n'a pas à traîner dehors à la sortie du collège ou à s'acheter seule son blouson de marque. Refusez de la laisser à la maison avec sa meilleure amie pendant que vous partez en week-end, même si elle en meurt d'envie et vous jure qu'elle est bien assez grande pour se débrouiller seule.

Chapitre 3

A la recherche des limites

Dans cette phase de latence, qui débute vers l'âge de 6 ans et se prolonge jusqu'à 12 ans, l'enfant cherche encore des contours à sa personnalité. Pour les trouver, le voilà obligé de se confronter aux limites de ce que l'entourage peut entendre ou accepter, avec le risque bien réel de « débordement ». D'où son insolence, ses mensonges, le non-respect des horaires, le fait d'aller se servir dans le porte-monnaie, etc. Tout cela n'est pas bien grave. L'enfant teste ses parents, le monde des adultes, et l'autorité en général pour découvrir ce qui est permis et ce qui ne l'est pas. Paradoxalement, l'enfant gâté fait de même : lui aussi attend de ses parents des limites et des réponses authentiques à ses questions, que celles-ci lui soient explicitées verbalement ou non.

Inversement et à juste titre, les psychologues s'inquiètent d'un enfant trop sage ou trop obéissant. Un minimum de révolte, d'esprit critique, de désobéissance et de mauvaise foi est nécessaire pour qu'il affirme son moi profond et ne voie pas seulement la vie à travers le regard et le désir des autres.

Partant de là, les parents doivent conserver à l'esprit deux objectifs précis : le premier est de préserver le dialogue, sinon attention au choc brutal de l'adolescence durant laquelle les problèmes seront autrement plus sérieux ! Le second est de redéfinir leurs valeurs ou principes éducatifs ainsi que leurs limites, en fonction de l'avancée de leur enfant, tout en lui concédant les droits qui lui reviennent au fur et à mesure qu'il progresse. Finalement, les parents doivent comprendre ce qui pour eux est l'essentiel, c'est-à-dire ce sur quoi ils tiennent à ne pas céder, et le superflu, c'est-à-dire ce sur quoi ils sont prêts à transiger.

Elle est trop gâtée

Côté parents

On espérait qu'avec le temps, Clémence deviendrait moins exigeante et moins capricieuse. Hélas ! rien n'a changé, et elle ne supporte toujours pas le moindre refus, comme si tout lui était dû. Comment l'aider à prendre davantage conscience des réalités, alors que le pli est pris depuis si longtemps ?

Côté enfant

A chaque fois qu'elle a un peu insisté pour obtenir ce qu'elle voulait, elle l'a obtenu, alors pourquoi se priverait-elle de profiter encore de la situation ? Elle comprend d'ailleurs assez mal les réticences de ses parents qui, brusquement, supportent moins ses demandes.

Au fond d'elle-même, sans vraiment se l'avouer, elle aimerait bien les pousser dans leurs ultimes retranchements et qu'ils lui posent enfin des limites. Des vraies !

L'avis du psy

Petit rappel sémantique : un enfant gâté est un enfant choyé, mais c'est également un enfant capricieux, impatient, exigeant et souvent désobéissant. Cette dualité du mot exprime aussi l'ambivalence des parents. Ils ont la volonté d'aimer leur enfant et de lui faire plaisir, mais leur façon de le montrer est excessive, car elle finit par le gâter au sens négatif du terme.

Pourquoi les parents réagissent-ils de la sorte ?

Au départ, leurs raisons sont tout à fait louables. Les uns tentent de réparer, par une abondance de cadeaux et de permissivité, des épreuves subies par leur enfant (séparation parentale, problème de santé, etc.). Les autres camouflent de la sorte un manque criant de disponibilité.

Pour d'autres encore, l'enfant est toujours « roi ». Par principe, il passe avant tout et avant eux-mêmes. Y aurait-il du mal à lui faire trop de bien ? Ces parents-là, davantage que les autres, supportent difficilement de restreindre leur trésor. L'idée de manquer de générosité leur est pénible. Ils ne savent donc pas donner avec conviction et limites. Au contraire, plus ils sont généreux, plus ils se donnent une bonne image d'eux-mêmes, qui calme leur fort besoin à la fois d'identité et de reconnaissance. A défaut de le trouver dans leur milieu professionnel ou social, ils vont le chercher dans le regard de leur enfant.

Il est pourtant nécessaire de réagir

Un enfant à qui l'on n'a « jamais rien refusé », comme disent eux-mêmes les parents, est un enfant carencé en limites, et mal préparé à accepter les frustrations.

Or, dans la vie, il y a le principe de plaisir et le principe de réalité. Les adultes savent bien, eux, que l'on ne peut obtenir tout ce que l'on veut. L'éducation doit préparer l'enfant à comprendre cela. Sinon, il ne développera aucune défense face aux obstacles de l'existence.

Par ailleurs, un enfant qui obtient sans difficulté majeure tout ce qu'il désire peut-il projeter une vision stimulante de l'avenir ? Et quelle valeur peut-il réellement accorder aux cadeaux reçus ? Il ne les a peut-être pas mérités, ni même réellement attendus ? A peine satisfait, il en réclame à nouveau d'autres, comme si sa vraie demande était *toujours ailleurs*.

Les parents doivent donc répondre à leur enfant de manière authentique, afin de casser la spirale des incessantes exigences. Cela signifie pour eux accepter la bataille et l'idée d'un changement, en sachant que leur enfant résistera sûrement pour préserver les avantages acquis.

Toutefois, ils peuvent être optimistes car, en redressant la barre, leur enfant a toutes les chances d'aller exercer ailleurs son besoin de toute puissance dans des activités artistiques, sportives ou dans son travail scolaire. Justement, entre 7 et 12 ans, la famille passe, peu à peu, au second plan aux yeux de l'enfant ; commence alors une période propice d'ouverture aux autres, c'est donc le moment de lui tendre la perche.

Ce que vous pouvez faire

Si vos amis ou votre famille vous lancent régulièrement des petites réflexions du style : « C'est vraiment une enfant gâtée » ou « Il n'y en a que pour elle », posez-vous des questions.

Si vous avez décidé de modifier votre attitude, parlez-en sérieusement avec la principale intéressée. Expliquez-lui votre intime conviction : finalement, vous ne lui rendiez pas tant de service en cédant si facilement à ses exigences. La preuve ? Elle-même supporte de plus en plus mal qu'on lui résiste et devient capricieuse ou agressive si on lui dit non, et cela, quelle que soit la personne. Il faut que ce comportement évolue. Elle ne peut toujours tout obtenir, et tout de suite. Il lui faut de la patience et du mérite, notions qui doivent être assimilées jeunes, avant qu'il ne soit trop tard.

A ce point de votre discussion, sachez lui dire : « Je t'aime trop pour te gâter (ou te gâcher la vie) à ce point. »

Admettez que par votre changement de cap, tout le monde sera déstabilisé. Elle, parce qu'elle n'obtiendra plus aussi facilement ce qu'elle souhaite, vous, parce que lorsque vous cédiez, vous étiez tranquille un certain temps, et que dès lors…

Rassurez-la : changer de cap ne signifie pas *tout* supprimer du jour au lendemain, mais simplement donner avec raison et avec mesure, de son temps, de son amour (ou de son argent).

En guise de compensation, essayez de lui exprimer votre amour autrement qu'avec des moyens matériels. Accompagnez-la, par exemple, à un spectacle important pour elle (cinéma, danse, théâtre, concert, etc.), ou allez l'attendre à la sortie de l'école, cela semble lui faire tant plaisir lorsque c'est imprévu.

Les plus jeunes ont toujours besoin de câlins et d'attentions affectueuses. Au cours du rituel du coucher, soyez attentive à ses soucis, ses craintes et ses souhaits. Donner et aimer, c'est tout simplement cela.

Les plus petits détails de son éducation peuvent servir de tremplin à de nouvelles orientations. Pour le choix d'un film par exemple, prenez le temps de savoir s'il est bien adapté à son âge. Ainsi, vous éviterez de mettre la barre trop haut et de l'installer d'emblée à un niveau qui risque de la desservir. Dans le même esprit, l'enfant gâté est souvent habitué à participer aux conversations d'adultes, assister aux dîners avec les invités, regarder la télévision en famille tard le soir, faire des choses qui ne sont pas forcément de son âge, ce qui rend les parents très fiers, mais place l'enfant en difficulté, car le laisser être *trop* en avance ou *beaucoup trop* précoce est encore une façon de gâter son enfant.

Les pièges à éviter

Si vous donnez (même beaucoup, et même trop), n'attendez rien en retour. Le rôle des parents est de subvenir aux besoins de leur enfant. Il faut donc éviter les formules assassines comme : « Et dire que l'on a fait tout cela pour toi » ou encore : « Tu ne peux pas me faire cela, alors que je me sacrifie sans arrêt. » Ces réflexions, inlassablement répétées, finissent par culpabiliser l'enfant. Le voilà piégé par le désir du parent qui a donné de plein gré, mais ne lui laisse pas voix au chapitre.

Aussitôt qu'un enfant est gâté par ses parents, il attend des autres adultes, telle une contagion, les mêmes égards. Par son attitude exigeante et directive, il incite les autres à reproduire avec lui ce mode de relation. Le danger va plus loin, puisqu'il risque, à la longue, de n'avoir d'intérêt que pour les valeurs matérielles, au détriment des valeurs affectives et sentimentales. Dans la tête de l'enfant gâté, une preuve d'amitié se traduira souvent par un cadeau. Et si l'ami ne lui donne rien, il s'imaginera qu'il ne l'aime pas. Cherchez l'erreur !

Il est désobéissant

Côté parents

Sa désobéissance peut avoir deux visages : le refus clair et net (« Non, je ne ferai pas mes devoirs ») et l'opposition passive (« D'accord, je les fais, mais après la télé. ») Dans les deux cas, vous êtes exaspéré(e), voire heurté(e). C'est sa volonté contre la vôtre.

Alors comment redresser la situation sans envenimer les choses, ni donner l'impression d'abdiquer votre autorité ?

Côté enfant

Premier cas de figure : il a le sentiment que vous êtes toujours sur son dos. Mais il n'a plus 4 ans ! Il serait temps que vous vous en aperceviez, pense-t-il. Il a ses propres désirs, sa vie à lui, et il entend qu'à présent, vous la respectiez. Lorsqu'il a décidé de ne pas faire quelque chose, il y met une farouche énergie. Et rien, pas même vous, ne changera ses plans.

Deuxième cas de figure : vous lui demandez de faire ses devoirs ou de vider le lave-vaisselle. « Mais au fond, se dit-il, est-ce si urgent et si nécessaire ? La vie ne va pas s'arrêter pour si peu ! »

Et puis, mettez-vous à sa place, lorsque *lui* vous réclame quelque chose, vous l'oubliez très facilement. Il a bien fallu dix jours pour que vous alliez à la papeterie acheter le matériel dont il avait besoin. Alors...

L'avis du psy

Derrière le front lisse d'un enfant de 7 à 10 ans, couve en fait une petite révolution.

Il n'est plus question d'être si docile et si séducteur pour se faire aimer des parents. L'objectif est ambitieux : il s'agit de devenir enfin autonome et indépendant, d'exprimer son avis et d'exister par soi-même. Tout cela crée bien sûr des étincelles en famille. Mais, justement, l'opposition l'aide à se forger une nouvelle personnalité. Il lui est même indispensable de se frotter à l'autorité des grands pour grandir à son tour.

A juste titre, les psychanalystes s'inquiètent d'un enfant trop sage ou trop obéissant. Un minimum de résistance, de révolte, d'esprit critique, de désobéissance et de mauvaise foi est nécessaire pour affirmer son moi profond et ne pas voir la vie *seulement* à travers le regard et le désir des autres.

En y regardant de plus près encore, on s'aperçoit que l'enfant qui s'oppose trouve dans cette attitude plusieurs gratifications. Avant tout, il teste ses parents et se met lui-même à l'épreuve pour savoir s'il est crédible. Il peut, tout aussi bien, se rebeller de manière passive, simplement en feignant d'ignorer les ordres ou en les discutant constamment.

Le leitmotiv de l'opposant devient : « Pourquoi faudrait-il faire cela ? Pourquoi moi ? Pourquoi maintenant ? » Tant et si bien que son interlocuteur en est décontenancé. Alors qu'on lui avait juste demandé de mettre la table ou de rendre un menu service, le voilà qui proteste à nouveau. Le fameux « c'est comme ça ! » des parents, si efficace jusque-là, passe beaucoup moins bien à son âge.

Le provocateur tire encore un évident plaisir à transgresser les limites pour observer ce qui se passe au-delà. Il a tout intérêt à tester la rébellion au sein du cercle familial, car là, au moins, les conflits se règlent avec bienveillance. Tandis qu'au-dehors, à l'école et avec ses amis, il a peu de chances de faire valoir son avis aussi facilement.

D'où ce paradoxe : la désobéissance est naturelle, et même souhaitable, chez l'enfant. Elle lui permet de se

construire et d'affûter ses armes en terrain déjà conquis. Mais elle est pénible, car elle remet souvent en question l'harmonie familiale.

Au quotidien, les petits conflits sont vite oubliés, le problème survient lorsque l'opposition devient systématique ou prend une tournure très violente.

Souvent, celle-ci cache alors un vrai mal-être de l'enfant. Il lance des SOS pour attirer l'attention et quémander des preuves d'intérêt. Il questionne : « M'aime-t-on, quoi que je fasse, même si je dépasse les limites ? » Le jeune Romain (11 ans) n'obéissait jamais du premier coup. Il fallait insister, répéter cent fois la même chose, y revenir, et cela, quoi qu'on lui demande, même si on lui offrait de passer un moment avec lui. « Il fallait un peu le mériter », expliquait sa mère. Comme s'il souhaitait que l'on réponde à sa question : « Jusqu'où seront-ils capables de m'aimer ? »

Il existe pourtant des opposants heureux, des professionnels de la critique, qui ont une forte personnalité, assortie d'un « caractère » bien trempé. Ceux-là savent qu'on les aime et osent ne pas plaire. Une telle vitalité est un atout dans l'existence, une manière de défendre ce qu'ils croient bon, sans subir passivement les événements. Les parents n'ont plus qu'à tempérer certaines de ces ardeurs en mettant en avant une autre valeur, tout aussi essentielle, le respect des autres.

Ce que vous pouvez faire

Consolez-vous, tous les parents passent par là, et les champs de bataille sont les mêmes partout : devoirs, télévision, sorties, coucher. Il vous faudra patience et ténacité pour de piètres résultats. Chaque fois, vous devrez répéter vos principes éducatifs pour être entendus la fois suivante.

Mais n'en doutez pas, ces principes finiront pas entrer dans sa tête et par lui servir un jour. La meilleure preuve en est que lorsque votre enfant est reçu chez les autres, on vous complimente souvent sur sa tenue et sa bonne éducation. Ah bon, pensez-vous étonnés, il sait donc se tenir ?

Quand ses bravades ou ses désobéissances finissent par

altérer l'ambiance à la maison, réunissez la famille, faites le point, reformulez consignes et obligations de chacun.

En cas de souffrance manifeste de l'enfant, une discussion en tête à tête, avec l'un ou les deux parents, s'impose : « Je vois bien que ça ne va pas trop en ce moment. Je préfère qu'on en discute ensemble, car je pense que si tu désobéis autant, c'est que tu te sens mal dans ta peau. » Ainsi permettrez-vous à votre enfant de dire son opposition autrement que par des refus systématiques.

Cela dit, le plus délicat reste à faire : négocier avec lui un contrat : « Si tu n'agis pas comme cela, il se passera ceci. Alors nous sommes bien d'accord, tu essaies de changer d'attitude et de notre côté, nous essaierons de t'y aider ? »

Les pièges à éviter

Sans même vous en apercevoir, et bien involontairement, vous pouvez l'inciter à désobéir :

• En lui demandant dix choses à la fois (« range ta chambre », « fais tes devoirs », « mets la table », etc.). Il répond déjà : « Oui caporal » toute la journée, alors, à force d'être sollicité, il finit par ne plus répondre à l'appel ;

• En donnant de faux prétextes. Si vous lui dites : « Va te coucher, tu vois bien que tu es fatigué », il obtempérera moins facilement qui si vous reconnaissez : « Je n'en peux plus, va dormir » ;

• En le punissant systématiquement. Vous créez un climat de plus en plus envenimé. Montrez plutôt l'exemple par une conduite « héroïque » et sereine. Cherchez à comprendre les appels lancés par cette insoumission ;

• En mettant la barre trop haut ou en étant constamment sur son dos. Là, vous ne pouvez que l'inciter à désobéir en retour pour vous prouver qu'il existe (sacrées soirées en perspective !) ou bien vous l'inciterez à ployer à tous vents comme un roseau. Est-ce votre but ?

Soyez clairvoyant. Ses provocations passives cachent parfois ses préoccupations. Alors que vous interprétez son attitude comme désobéissante, voire insolente, il est si retiré en lui-même que les ordres ou les demandes émanant de l'extérieur – et qui le détournent de ses soucis actuels – ne sont pas entendus, c'est-à-dire compris et pris en compte. Il n'y a donc pas lieu de le punir ou de le sermonner, essayez de le rappeler gentiment à l'ordre.

Il est grossier

Côté parents

Depuis le temps, vous n'avez plus la naïveté de croire que les injures et grossièretés sont absentes du vocabulaire de votre préado… Alors vous ne demandez pas l'impossible, juste le minimum parental :

• Qu'il emploie un langage correct en votre présence et si possible en dehors ;

• Qu'il cesse de parler verlan ou argot pour vous provoquer ;

• Qu'il oublie cet accent racaille, très mauvais genre ;

• Qu'il cesse de vous appeler par votre prénom, histoire de se mettre sur un pied d'égalité : « Jean, passe-moi le saladier, s'te plaît. »

Côté enfant

On ne peut tout de même pas lui demander de s'exprimer comme son cousin Charles-Edouard ! S'il le faisait, il serait la risée de toute l'école. Les trop bonnes manières sont mal vues en récréation… c'est même l'inverse qui est attendu, plus « on se la joue caïd », plus on est respecté. C'est vrai aussi pour les filles qui n'ont rien à envier aux garçons.

Quant aux gros mots, comment ses parents peuvent-ils se plaindre de son langage, alors qu'eux-mêmes ne se gênent pas pour les employer ?

L'avis du psy

Les préadolescents savent user tout autant de la séduction que de l'impertinence. Ils testent tous les registres, pour voir ce qui se produit et profiter de la moindre faille dans la vigilance des parents.

La réaction des adultes (parents, enseignants) face à leur comportement leur renvoie les limites à respecter et leur indique ce qu'ils sont autorisés à faire ou à ne pas faire. C'est donc un comble : pour être mieux contenus et limités, les préados donnent dans la provocation et la grossièreté.

A l'instar du choix des vêtements et des styles de musique, le langage, l'accent ou le choix des mots forment aussi un code de reconnaissance et un signe d'appartenance à un groupe. Ils expriment un modèle ou un idéal que revendique le préadolescent. En parlant comme ses copains, il affirme son désir de s'identifier à une nouvelle famille. C'est sa manière d'être actuellement, peut-être pas la meilleure, mais, en tout cas, celle qu'il a trouvée pour se sentir exister. Aux parents de l'aider à formuler autrement sa personnalité.

Ce que vous pouvez faire

Précisez ce que vous tolérez et ce que vous ne tolérez pas à la maison. Vous pouvez choisir d'autoriser les « gros mots », mais seulement en votre absence. Si toutefois ils échappent à votre enfant en votre présence, n'en faites pas un drame, marquez simplement le coup en lui demandant de s'excuser.

A table, et devant des convives, posez des limites plus strictes. Entre frères et sœurs, ou camarades, interdisez les insultes, toujours blessantes et grossières. Rappelez-leur qu'ils ont le droit d'être en colère et de s'exprimer librement, mais avec respect et sans vulgarité.

Chez les 6-10 ans, autorisez éventuellement les invectives ou les dérapages si l'enfant épelle le mot interdit : « Tu es C-H-I-A-N-T-E. » Le fait d'épeler demande une concentration telle pour visualiser le mot que la colère contenue retombe comme un soufflé. Le mot ainsi formulé devient très différent, on n'entend plus l'insulte. L'autre enfant reçoit une bombe… déminée.

Encouragez l'humour. Plutôt que d'employer des mots d'une affreuse banalité, ils peuvent se traiter de « poireau » ou de « pithécanthrope ». Ils peuvent aussi puiser dans le « dico du Capitaine Haddock ». Faites confiance à leur imagination.

Si les impertinences se multiplient, inventez « une tirelire à gros mots » : à chaque écart de langage, l'enfant met une petite pièce, ou bien un bon pour une tâche à accomplir (vider le lave-vaisselle, mettre la table, aller acheter le pain, etc.).

Devant la pauvreté de son vocabulaire et l'emploi de mots valises (« il est con », « elle est nulle », « c'est un bouffon », « il est bête »), incitez-le à exprimer ce qu'il veut vraiment dire, avec des termes précis, plus justes, plus recherchés. Rétorquez : « Tu veux dire qu'il n'est pas intéressant, trop timide, et que son attitude est grossière, etc. »

Faut-il le laisser vous appeler par votre prénom plutôt que papa ou maman ?

Il n'y a pas de règle généralisée. L'important est que votre enfant ne se sente pas trop « copain » avec vous, chacun doit rester à sa place. Un père disait qu'il ne supportait pas que ses trois garçons l'appellent par son prénom, car il n'y avait que trois personnes au monde qui pouvaient l'appeler papa. Les jeunes intéressés peuvent très bien le comprendre.

Il parle de sa mère devant vous en disant « elle » ?

« Papa, elle veut pas me laisser regarder la télévision » : réagissez, car dans ce « elle », il y a au mieux une tentative d'indifférenciation de sa mère par rapport à d'autres personnes (frère, sœur, camarade), au pire, un certain mépris. Or sa mère est précisément l'un des deux piliers de son éducation.

A l'occasion de débordements et d'insultes particulièrement blessants, reprenez calmement la discussion avec votre enfant. Expliquez-lui à nouveau les notions de respect envers l'autre et de tolérance. Supporterait-il, lui aussi, de se faire traiter de la sorte ? Connaît-il la signification exacte des injures employées ? Peut-il comprendre, à présent, l'effet produit sur la personne insultée ? Suggérez-lui une manière plus positive d'agir. En tout cas, demandez-lui de présenter des excuses.

Les pièges à éviter

Aussi surprenant que cela puisse paraître, notez, ici aussi, le bon côté des choses. Les mots (même les *gros* mots), c'est tout de même mieux que les coups de poing, pour exprimer son agressivité. Cela dit, après la crise, laissez votre enfant déverser ce qu'il a sur le cœur, calmement, sinon, la prochaine fois, il aura peut-être besoin de frapper pour de bon.

Si vous-même ne pouvez vous retenir de proférer une bordée d'injures devant (ou à) votre enfant, dites-lui un petit mot à ce sujet, de manière à ce qu'il ait le même réflexe : « Bon, là, je l'admets, j'y suis allé(e) un peu fort, mais tu m'as vraiment énervé(e). »

Si votre garnement vous reproche de donner le mauvais exemple, vous pouvez vous en tirer par une pirouette : « Les parents savent quand ils peuvent dire des mots grossiers, et les conséquences que cela entraîne. » Mais soyez sûr que la leçon portera davantage si votre enfant constate que vous aussi faites des efforts pour vous contrôler.

Plutôt que de punir les gros mots, encouragez politesse, courtoisie, tact et légèreté d'esprit. La vie est tellement plus agréable lorsque tout le monde se respecte.

Elle vole

Côté parents

La première fois que vous l'avez surprise la main dans le sac, vous n'étiez pas fier(e) d'elle, mais pensiez qu'une petite leçon de morale suffirait à la remettre sur le droit chemin. Autant demander à un cancre de faire du zèle en dictée... Elle a recommencé aussitôt, malgré vos sermons, votre colère et votre peine.

A présent, vous ne savez plus que dire à votre kleptomane pour qu'elle entende que « c'est vraiment mal de voler ». De plus, vous avez perdu toute confiance en elle. Vous vérifiez la monnaie des courses en pestant intérieurement contre elle de vous transformer en contrôleur des finances.

Mais pourquoi donc continue-t-elle ?

Côté enfant

Elle sait bien qu'il ne faut pas commettre ce larcin. Mais voler cette pièce est terriblement tentant, justement parce qu'il ne faut pas le faire.

Ses parents exagèrent, ce n'est pas pour 10 francs ou quelques bonbons chapardés ici ou là que la Terre va s'arrêter de tourner. Elle sait bien, elle, qu'elle n'est pas une voleuse, et qu'elle arrêtera quand elle veut. A l'entendre, on ne lui donne pas les moyens de s'offrir ce qui lui ferait plaisir. Alors qu'on ne s'étonne pas si, de temps en temps, elle « cède à la tentation », comme elle l'a lu dans *Les Malheurs de Sophie*...

L'avis du psy

Selon une enquête effectuée en 1994 par l'Inserm, près d'un enfant sur cinq *avoue* avoir volé au moins une fois entre 11 et 19 ans. Chiffre « officiel » de l'époque qui nous paraît aujourd'hui largement sous-estimé, compte tenu de la situation actuelle et de la vision très partielle des enfants : certains, par exemple, ignorent qu'en rackettant, ils commettent un délit, et s'étonnent qu'on les punisse pour cela.

A 7 ans, l'enfant sait parfaitement ce qui lui appartient et ce qui ne lui appartient pas. Il connaît les notions d'échange et d'emprunt, il a assimilé que le vol est interdit. **Pourtant, ce n'est pas avant 8 ou 10 ans, qu'il va vraiment prendre conscience des notions morales de bien et de mal.** Et même à cet âge, il ne tire pas toutes les conséquences de son acte : il n'imagine pas qu'en prenant une pièce dans le porte-monnaie de maman ou dans la tirelire de la petite sœur, il agit sans franchise ni loyauté. Il n'anticipe pas la déception qu'il va causer. Il sait seulement que « c'est mal », mais cela reste suffisamment abstrait pour que le plaisir immédiat légitime son passage à l'acte.

Les premiers larcins concernent l'argent qui traîne à la maison, les fournitures scolaires, les CD, les friandises.

« Quelquefois, on vole, parce qu'on est pressé de grandir », disait encore Françoise Dolto. Aussi paradoxal que cela puisse paraître, en se servant tout seul quelques pièces dans la poche des parents, l'enfant revendique une place convenable dans sa famille. Il se fait justice et veut montrer qu'il n'est plus un bébé.

Chez les 10-12 ans, le vol est une manière fréquente de provoquer les parents ou de les appeler à se mettre d'accord entre eux. En cas de mésentente conjugale ou de divorce, par exemple, l'enfant souhaite qu'ils se rapprochent au moins à son sujet (le triangle de la paix), quitte à se faire punir.

On vole aussi pour épater la galerie. Rien de tel qu'un petit larcin déclaré pour gagner sa place dans la bande. A cet âge, le vol est une forme de bizutage, de vrai rituel d'acceptation dans le clan : « Si t'es cap de voler ce CD, on veut bien de toi. »

Les vols de friandises ou de petits objets à la maison s'expliquent parfois pour acheter l'amitié des copains. Dans le pire des cas, c'est pour « alimenter » les racketteurs.

Lorraine, elle, « empruntait » régulièrement les affaires de sa sœur (T-shirt, sous-vêtement, barrettes, etc.), pour lui ressembler et faire des incursions dans le monde des grands.

Nina collectionnait dans sa chambre des perles et des figurines, chapardées ici ou là. Son butin était laissé en évidence comme pour alerter ses parents. Elle volait pour compenser un manque affectif.

Finalement, est-ce si grave de voler à cet âge ?

Le vol exceptionnel est un débordement d'envie qui ne prête pas à conséquence et se résout en général par quelques leçons de morale. En revanche, le vol à répétition est un appel à l'aide adressé aux parents. Ils se doivent d'y répondre.

Ce que vous pouvez faire

L'éducation d'un enfant suppose de lui rappeler sans cesse les mêmes règles, à commencer par le B.A.BA : voler, c'est enfreindre la loi. Voler, c'est aussi prendre le risque de se faire attraper.

Cela vous amène tout naturellement à parler du sens de la responsabilité, du respect de l'autre et de la notion de propriété. Aimerait-il qu'on se serve dans sa tirelire ou qu'on lui vole son vélo ?

Il doit savoir que tout le monde est confronté, un jour ou l'autre, à la tentation, mais il doit apprendre à lui résister. On parvient d'autant mieux à cela quand on sait qu'en agissant mal, on fait du tort ou de la peine aux autres.

S'il est récidiviste et craint de craquer à nouveau, conseillez-lui de se confier à vous : rien qu'en l'écoutant, vous l'aiderez. Les parents peuvent imaginer que cette position de confident incite l'enfant à recommencer, puisqu'ils admettent d'avance cette éventualité. Nous pensons qu'il vaut mieux soutenir l'enfant, si on le sait fragile, influençable ou provocateur. Cette attitude paye davantage que la politique de l'autruche.

Dans tous les cas, celui qui a volé doit réparer sa faute, rapporter le larcin, rendre la pièce, présenter ses excuses.

Quant à vous, en toute bonne foi, posez-vous la question : son argent de poche suffit-il à couvrir les dépenses normales d'un enfant de son âge ? Il a grandi, il a davantage de besoins, peut-être qu'avec un peu plus, il ne se sentirait pas obligé de « se servir lui-même ». Passez ensemble un accord : « Si j'augmente ton argent de poche, tu me promets de... ? » (Cf. chap. 2, « L'argent de poche ».) Si vous avez opté pour la formule « à la demande » et non « à la semaine », il vous revient d'apprécier s'il mérite certains achats relevant du besoin ou du... caprice. Peut-être est-ce là l'occasion d'une petite leçon de morale sur le mérite ?

Les pièges à éviter

Avant toute punition, donnez-lui l'opportunité de s'expliquer. Pourquoi a-t-il volé ? Qu'il vous donne ses raisons. Vous serez peut-être surpris.

Le menacer de prison serait disproportionné. De toute façon, vous le formuleriez de manière si peu convaincante que lui non plus n'y croirait pas. De plus, c'est faux. Ce sont les parents qui sont responsables vis-à-vis de la loi, non les mineurs. N'hésitez pas à le lui dire.

Ne lui collez pas cette étiquette trop répandue : « Ce que tu as fait est mal, tu es un voleur. » Il y a une différence entre voler et être un voleur. Vous devez, au contraire, relativiser cet acte, le situer dans le contexte.

Evitez de toujours lui faire la morale devant ses frères et sœurs, ou pire encore, devant ses copains, car l'humiliation l'empêchera de profiter de la leçon. Préférez un vrai tête-à-tête, les yeux dans les yeux.

Inversement, si vous êtes trop laxistes, si vous ne réagissez pas ou considérez le vol – parce qu'il s'agit d'une simple babiole – comme un enfantillage, il n'aura aucune raison de cesser.

En résumé, s'il en retire un avantage sans aucun inconvénient, en ne restituant pas la pièce ou l'objet dérobé, comment peut-il ensuite acquérir des notions précises du bien et du mal ?

Il ment souvent

Côté parents

Tous les enfants mentent un jour ou l'autre. Le problème n'est pas tant d'interdire les petits mensonges que d'y mettre un frein lorsqu'ils se transforment en habitude.

Côté enfant

S'il ment, c'est pour deux bonnes raisons au moins : s'éviter des ennuis ou ne pas faire de la peine aux autres. C'est Félix qui assure avoir terminé ses devoirs pour aller regarder la télévision. C'est Fanny qui prétend réviser un contrôle très important pour éviter le sacro-saint repas dominical chez mamie.

Alors cela mérite-t-il vraiment d'en faire toute une histoire ?

L'avis du psy

La vérité sort de la bouche des enfants… le mensonge aussi. Il fait même partie de leur évolution normale.

Jusqu'à 6 ou 7 ans, l'enfant prend tellement ses désirs pour des réalités qu'il finit par se convaincre lui-même qu'il dit vrai. C'est seulement avec la confrontation régulière aux autres que, peu à peu, il prend de la distance avec ses scénarios très personnels.

Après l'âge de raison, il lui arrive encore de déformer la réalité, de l'enjoliver ou de la tester auprès des autres. Mais un beau jour, vers 9 ou 10 ans, il découvre que le mensonge résout bien des problèmes. Il commence alors à savoir vraiment quand et pourquoi l'utiliser. Les bonnes raisons ne manquent pas. En voilà un petit échantillon :

• *Pour ne pas faire de peine*

Clément arrange la vérité pour ne pas chagriner son père qu'il voit seulement le week-end. Plutôt que de lui avouer qu'il préfère retrouver ses amis, il invente un pieux mensonge. Mais peut-on le lui reprocher ?

• *Pour faire l'intéressant*

Mathieu a tendance à enjoliver la réalité et à fanfaronner, souvent pour masquer un manque de confiance en lui ou un sentiment d'infériorité (Cf. chap. 10 : « Il n'a pas confiance en lui ».)

• *Pour protéger son jardin secret*

C'est à la période de latence que naît la pudeur des sentiments. Grâce à ses nombreux mensonges par omission, Mathilde préserve son intimité. Elle échafaude ainsi des barrières protectrices contre ses parents « envahissants ».

• *Pour se protéger d'une punition*

Par peur de la colère de ses parents, Louis préfère encore cacher sa bêtise par un mensonge. Parfois, contre toute évidence, il lui arrive de nier la réalité et de « s'enfoncer » un peu plus. Il prétend ne pas avoir pris l'argent qui traînait sur la table, alors qu'il était le seul à pouvoir le faire ; il nie s'être empiffré de bonbons alors que de sa poche dépassent les papiers d'emballage ; il feint de ne pas avoir vu la télévision alors qu'on l'a surpris la télécommande à la main. En fait, il recherche des brins de plaisir et rôde du côté de la vie des grands, où il lui semble que tout est possible. Quand les parents le traitent de menteur, il se sent forcément incompris : son but à lui n'est pas de *faire du mal,* mais de *se faire du bien.*

• *Pour ne pas assumer ses responsabilités*

Alice rejette sa faute sur les autres : « C'est elle, c'est pas moi. » La crédulité de l'adulte, non seulement la ravit, mais entretient sa propre conviction. Elle sait qu'elle pourra recommencer, tant que personne ne l'arrêtera dans ses mensonges. Malheureusement, en niant ainsi la réalité, elle se nie un peu elle-même. Il faut donc l'amener progressivement à se sentir responsable de ses actes et à assumer ses erreurs. Personne n'est infaillible, les enfants pas plus que les adultes, en revanche, tout le monde peut réparer ses actes.

Ce que vous pouvez faire

« Faute avouée à moitié pardonnée. »

Dans certaines situations, mieux vaut autoriser votre enfant à avouer toute la vérité, sans pour autant être (sévèrement) puni. Dites-lui bien que vous tenez à savoir ce qui s'est passé et *qu'à ce prix,* vous acceptez cette fois de ne pas (trop) le gronder. Prenez soin d'avoir une discussion en tête à tête avec lui, et non devant toute la famille réunie, sinon il se sentira trop humilié et s'enferrera davantage. Cette attitude permet de le responsabiliser par rapport à ses mensonges. Vous accordez de l'importance à sa parole, non pour le punir, mais pour comprendre ce qui s'est réellement passé.

Adoptez un ton ferme mais non menaçant. La conversation doit davantage évoquer la consultation du psychologue que l'interrogatoire du policier.

S'il « ment comme il respire » : ne soyez pas trop naïf pour le croire à chaque fois. Montrez-vous plus disponible et ne vous contentez pas de ses explications. Parfois, cela vaudra la peine d'aller vérifier ce qu'il raconte : « En t'accompagnant demain à l'école, j'attendrai celui qui t'a volé ton goûter pour bien lui demander si tu le lui as donné, ou s'il l'a pris » ; « J'attends que tu me dises qui t'a offert ce CD et je vérifierai auprès de lui » ; « Montre-moi ton cahier pour voir si tu n'as vraiment aucun devoir pour demain. » Si cela vous coûte d'aller rechercher la vérité, cela lui coûtera bien moins de mentir la fois suivante.

Apprenez-lui à relativiser : certains mensonges sont graves, d'autres le sont moins. Le principe consiste à repositionner sa « faute » sur une échelle de valeurs. « Je peux comprendre que tu mentes à Mamie ou à ta sœur pour ne pas leur faire de chagrin, mais il est autrement plus sérieux de voler 50 francs et de laisser accuser quelqu'un d'autre à ta place… » A ce stade, une leçon de morale sur les conséquences de ses actes s'avère indispensable. Sachez sévir, après lui avoir expliqué pourquoi vous ne pouvez laisser passer une telle faute. Ne craignez pas votre ton sérieux, il trouvera la punition parfaitement méritée. Dites-lui qu'à trop mentir, plus personne ne lui fera confiance et, ce jour-là, c'est lui qui en souffrira.

La faute commise, cachée par un mensonge puis avouée, doit être réparée. A chaque âge, ses moyens. L'enfant doit savoir qu'il a toujours la possibilité de se racheter. **Lorsqu'il ose affronter l'adulte, reconnaître la vérité, s'excuser, et promettre de ne pas recommencer, il agit bien. Il assume ses fautes et prend ses responsabilités. Finalement, il peut sortir grandi d'une bêtise.** A vous de bien faire passer le message !

Les pièges à éviter

Appréciez (aussi) le revers de la médaille, à savoir le côté positif du mensonge : mentir est un mode de défense, l'enfant s'adapte à la situation et fait preuve de beaucoup d'ingéniosité ou d'imagination pour se tirer d'un mauvais pas. Parfois, il gagne, d'autres fois, il perd, mais au moins, il tente une échappatoire !

Si vous mentez ouvertement en présence de votre clone, vous aurez ensuite beaucoup de mal à lui faire vous-même la morale.

Ne jouez pas les saintes nitouches, en feignant de n'avoir jamais menti. Admettez n'utiliser le mensonge qu'en dernier recours, par diplomatie ou pour éviter de peiner les gens… du moins durant cette phase où vous l'éduquez à ce sujet.

Ne le traitez pas de *menteur* parce que, de temps à autre, il raconte des histoires ou enjolive la réalité. Votre attitude pourrait l'inciter à mentir plus souvent puisque, de toute façon, c'est le rôle qui lui est assigné.

Comment la punir ?

Côté parents

Comment réagir si, à longueur de journée, votre Emma désobéit, ment, pique des colères, fait des caprices ou se montre insolente ? Malgré vos réticences à sévir, vous savez que la punition est quelquefois indispensable et fait partie de l'éducation. La question n'est donc pas de savoir s'il faut punir, mais comment, pour être efficace et compris d'elle ?

Côté enfant

Parfois, c'est vrai, Emma reconnaît qu'elle est allée un peu trop loin. En ce cas, la punition ne lui fait pas plaisir mais elle la trouve méritée et l'accepte. Après l'orage, souffle à la maison comme un air pur et serein.

Parfois aussi, elle pense que ses parents sont, eux, allés trop loin, qu'ils n'ont pas cherché à la comprendre et n'ont pas su se mettre à sa place. Car s'ils avaient essayé, ils auraient réagi autrement, à coup sûr. En attendant, devant une telle injustice, elle rumine de sombres vengeances : d'autres bêtises peut-être ?…

L'avis du psy

A chaque âge, sa punition. On comprend qu'un regard courroucé, un doigt brandi en l'air ou une petite tape stoppait net un diable en culotte courte, mais dès 7 ans, ce sont les mots qui touchent, et la fessée ou, pire encore, la gifle, font injure au provocateur, capable à présent de comprendre et d'entendre les arguments donnés par les parents.

Les punitions corporelles demeurent pourtant salutaires, en ultime recours, lorsque tout a été tenté et que la communication ne passe plus. En tout cas, elles valent mieux que l'indifférence ou l'absence de réaction, alors que l'enfant qui a mal agi *le sait, et sait que ses parents le savent.* Car les parents ont des responsabilités vis-à-vis de leur enfant : ils ne doivent ni renoncer à leur autorité parentale ni en abuser, ils sont tenus d'agir avec respect pour sa personne, de l'écouter avant de le punir, d'être aussi cohérents que possible avec leurs principes éducatifs et de reconnaître humblement leurs propres erreurs lorsqu'ils se sont trompés ; l'enfant apprendra davantage de ce discours que par des raclées injustes ou des punitions non méritées et maintenues coûte que coûte.

Par ailleurs, les parents doivent prendre garde à certaines de leurs attitudes, conscientes ou inconscientes, qui ne font qu'exaspérer les tensions et semer le trouble chez l'enfant, au lieu de le contenir dans des limites rassurantes. (Cf. Postface : « Dix choses et plus à ne pas dire ou à ne pas faire. », *« C'est pour ton bien », « On en a assez de toi », « Tu es insupportable », « Tu es méchant, je ne t'aime plus », « Si tu n'es pas sage, tu iras en pension »,* etc.)

Finalement, comment poser les limites nécessaires aux provocations de l'enfant ?

Avant tout, en lui indiquant des repères stables qui lui serviront de garde-fou et lui éviteront souvent des débordements et des dérapages incontrôlés. Il s'agit de bien expliquer les règles, sans entrer dans d'interminables discussions ; d'autoriser, sans être laxiste ; d'aimer son enfant, sans tout lui laisser passer et, par conséquent, de savoir refuser sans le brimer.

Comment punir ? En corrigeant ses erreurs de comportements pour éviter les récidives. Lui montrer la bonne voie le responsabilisera et lui apprendra à assumer les conséquences de ses actes. Il est important alors de distinguer la bêtise faite en toute conscience de la maladresse ou de l'étourderie.

Ce que vous pouvez faire

Pour éviter une punition

Expliquez les règles sans *tout* justifier.

Donnez des consignes claires et précises (« Tu peux sortir, mais tu dois rentrer à 18 heures au plus tard » ; « D'accord pour jouer, mais fais d'abord tes devoirs »). Essayez de tenir le cap et soyez cohérent(e), sans changer d'attitude selon votre humeur ou votre état d'épuisement : il n'y a pas à punir un jour et à démissionner le lendemain. Si c'était interdit hier, cela devrait le rester aujourd'hui, sauf exception, mais dans ce cas, il faut le lui signifier.

Si vous êtes fatigué(e), tendu(e), prévenez-le qu'il est de son intérêt de ne pas vous pousser à bout. Et même si tout va bien, pourquoi supporter longtemps ses fantaisies et ses caprices que vous savez être de véritables bombes à retardement ? Réagissez à temps, rien n'est plus déroutant qu'un parent patient, qui, brusquement, de façon imprévisible, hurle et craque en guise de punition. Il suffit parfois de dire « ça suffit », avec le ton qui s'impose.

Si votre énergumène s'apprête à commettre une nouvelle fois la même bêtise, rappelez-lui les conséquences qu'elle avait entraînées auparavant (privé de télé, puni dans sa chambre, plus de copains, etc.).

Pour éviter la fessée, rien de tel que de prévenir qu'elle risque de tomber (« Je compte jusqu'à trois, ensuite... »). L'imminence de la punition le responsabilise davantage : à lui de choisir de modifier ou pas son comportement.

Parfois, de simples mots peuvent suffire : « Ce que tu viens de faire n'est pas terrible, franchement, ça me déçoit, je te croyais plus fin. »

Pour donner une punition

Celle-ci doit toujours être accompagnée d'une explication. Sinon elle n'a aucune vertu éducative et préventive. Pour être comprise, elle doit avoir un sens pour l'enfant.

Par ailleurs, cette punition doit, elle aussi, être contenue dans des limites. Si vous le privez de sortie, il doit savoir à partir de quand et jusqu'à quand. Vous avez d'autres armes : le priver d'un plaisir non mérité ou restreindre son autonomie (télévision, musique, cinéma, horaires, fréquentations de certains amis, etc.). En revanche, vous ne pouvez lui donner, en guise de punition, une corvée, telle que faire le ménage ou garder le petit frère, car il saboterait le travail. De même, ne le privez pas de repas, de goûter ou d'argent de poche, sauf s'il utilise celui-ci pour faire des bêtises (achat de cigarettes, de pétards, d'objets dangereux, etc.).

La fessée ou la gifle restent *une ultime alternative,* quand tout a été essayé et que l'enfant persiste en connaissance de cause. Là, il attend une réponse… Parfois, une tape symbolique peut suffire à le « toucher », c'est-à-dire à atteindre son amour-propre. Elle lui montre qu'il se comporte encore comme un bébé. Vous lui répondez donc de la même manière.

Pouvez-vous négocier ensemble la punition ?

Exemple : l'insolente préfère être privée de magazines que de copines. Devez-vous accepter sa proposition ? Pourquoi pas, à condition qu'elle comprenne qu'elle a mal agi, et que la punition lui coûte quand même, car « une punition n'est pas là pour plaire ».

Admettons que vous l'ayez privée de tout (sorties, TV, jeux vidéo). Il ne lui reste plus grand-chose pour s'occuper, suggérez-lui quelques idées, sinon la punition sera inapplicable : lire, se reposer, dessiner, écouter de la musique, enfiler des perles, etc.

Si l'enfant fait amende honorable et se comporte mieux pendant un temps suffisant, vous pouvez – sans risque de vous dédire – revenir sur la date butoir et assouplir votre décision en le lui expliquant.

Gardez en tête l'essentiel, sur lequel vous ne voulez pas céder ; et le superflu, sur lequel vous acceptez le compromis.

Lorsque l'impertinente dépasse les bornes, crée un climat détestable à la maison, ou lorsque ses notes s'effondrent en classe parce qu'elle refuse de travailler, prenez le temps d'un vrai dialogue, avec contrat à l'appui (dès 7 ans). Faites-lui une proposition honorable où tout le monde trouve son intérêt : si elle accepte de redresser la barre pendant un temps (la semaine ou le trimestre, c'est selon), elle sera récompensée de telle ou telle manière (ce qui reste à négocier entre vous), mais précisez aussi que tel type d'écart entraînera telle sanction. Est-elle d'accord pour essayer de changer ? Si oui, promettez-lui de l'y aider.

Les pièges à éviter

Ne menacez pas, si vous ne pouvez tenir votre promesse. Une punition promise doit être tenue. Sinon ? Elle comprendra que tout est possible pour elle et qu'elle peut violer les interdictions, en toute impunité. Bon courage à l'adolescence !

Si elle est fautive, ne la réconfortez pas aussitôt après la punition, ce serait lui laisser penser que votre sanction n'était pas méritée. Il ne faut pas avoir mauvaise conscience de punir un enfant lorsque cela est mérité, car punir, c'est aussi éduquer et apprendre à l'enfant à éviter une erreur, alors pourquoi se culpabiliser.

Dans une famille, un parent qui gronde et l'autre qui console au même moment (ou pire : dit l'inverse) ouvrent une brèche dans l'éducation de l'enfant, et celui-ci essaiera sans cesse de repousser les limites.

Le père ne doit pas être seulement considéré comme le gendarme qui exécute les décisions maternelles. Inversement, la mère ne doit pas être seule à endosser la responsabilité des « mauvaises habitudes » prises par l'enfant. Lorsqu'il (elle) commet une grosse bêtise, mieux vaut que ses deux parents en discutent avec lui.

Evitez de toujours user du chantage affectif : « Si tu fais ça, j'aurai de la peine », c'est ensuite une source de culpabilité et d'angoisse qui envahit l'enfant. Mieux vaut rester neutre et dire : « Je ne veux pas que tu fasses cela. »

Attention aux dérapages : à l'occasion d'une simple peccadille, vous pouvez régler d'anciens contentieux. Mais l'enfant ne comprend pas votre réaction disproportionnée par rapport à son acte. La punition lui paraît alors trop injuste. Si c'est le cas, après l'orage, expliquez-lui le passif : la tension grondait depuis fort longtemps sans éclater. Toujours au rang des injustices suprêmes : vous en prendre à elle, la plus jeune et la seule fille – parce qu'elle semble plus faible – sans oser affronter son grand frère, tout aussi provocateur et responsable.

Zoom
Il n'arrête pas de faire des bêtises

Certains enfants collectionnent les bêtises. Cette accumulation de petits désastres joue un peu la fonction de fusible et de signal adressé aux parents, de fait obligés de se positionner et de reformuler à l'enfant leurs limites. Tant qu'ils ne lui disent rien, la surenchère continue. Dès qu'ils réagissent et lui donnent un nouveau cadre, il est apaisé et tranquillisé. D'ailleurs les parents le savent bien, lorsqu'il leur arrive de « piquer une bonne colère », en prenant à bras-le-corps ce problème, leur enfant « file droit » comme un ange et dort d'un sommeil léger.

A moyen terme, une disponibilité accrue, ainsi que le dialogue et la compréhension deviennent indispensables pour « déminer » la situation. Parfois, la solution viendra d'une simple réévaluation des libertés qui ont été accordées à l'enfant jusque-là. Si on l'autorisait à se rendre chez ses amis, il cesserait peut-être ses petites « fugues » ? Si on écoutait, pour une fois, sa musique provocante, il ne se sentirait plus obligé de pousser sa sono à fond ?

D'autres fois, une semaine de vacances entre père et fils (ou mère et fille) permettra de resserrer les liens tout en réexpliquant les règles à respecter.

Si, malgré toutes ces tentatives, les parents restent impuissants à résoudre leur problème, ils ne doivent pas hésiter à faire intervenir un tiers : le père lui-même, lorsqu'il ne vit pas dans le foyer, un oncle convaincant, un ami, le pédiatre, ou un psychologue extérieur à la situation, qui servira de médiateur.

Avant d'en arriver là, voici quelques axes de réflexion.

Il s'agit avant tout de repérer dans quelles circonstances ont lieu ces bêtises : est-ce en l'absence du père de l'enfant, ou bien du fait de ses « mauvaises fréquentations » à l'école ? Devient-il insupportable à l'approche des contrôles scolaires ? Redoute-t-il de ne pas être à la hauteur ?

Le simple fait de formuler explicitement le contexte dans lequel se déroulent ces bêtises aide l'enfant à prendre conscience de ses manquements et de ses comportements si déroutants. C'est donc une manière de les prévenir.

Les parents peuvent aller plus loin, et amener leur enfant à envisager les risques d'une telle attitude (sans les dramatiser pour autant).

Un exemple : *l'enfant chaparde des bricoles dans les magasins.* Pourquoi le fait-il ? Par bravade ? Parce qu'il manque d'argent de poche ? En tout cas, il n'est pas question de tolérer ce comportement. Souhaite-t-il qu'on convoque la famille au commissariat de police parce qu'on l'aura attrapé ?

Deuxième exemple : *l'enfant est systématiquement infernal quand son beau-père est là.* Sa mère peut lui poser ouvertement la question : « Au fond, que souhaites-tu, notre rupture ? Et ensuite ? Y auras-tu gagné au change ? Tout le monde sera malheureux, et tu n'en seras pas davantage aimé. » (Cf. chap. 8 : « Je passe le week-end chez papa. »)

Une chose est claire, l'enfant qui multiplie ainsi les « signaux » a besoin d'aide et d'écoute.

Ses bêtises ne sont pas forcément des provocations, des mensonges ou des vols. Il peut simplement s'agir de maladresses ou d'imprudences en série, involontaires (donc inconscientes), qui aboutissent pourtant à des petites catastrophes : vaisselle cassée (souvent), vêtements ou cahiers oubliés à l'école, clés perdues, ouverture de la porte à des inconnus, non-respect des feux de signalisation pour traverser la rue, donc risque de se faire écraser, « trébuchage » à répétition, etc.

C'est précisément au moment où l'enfant revendique une certaine indépendance et autonomie face à ses parents que les ratés se développent. Son attitude hésitante et paradoxale reflète souvent l'ambiguïté de ses parents, qui, malgré leur bienveillance, ne l'autorisent pas à grandir. Cet enfant surprotégé compte souvent dans son passé une maladie (asthme, diabète, etc.) ou une fragilité (adoption, deuil d'un frère, etc.).

La solution vient alors des parents. Lorsqu'ils acceptent que leur enfant s'émancipe, celui-ci cesse ses maladresses. Intéressant, non ?

Chapitre 4

Intimité, sexualité et tabous

Avec la sexualité de l'enfant de 6 à 12 ans, nous entrons un peu dans l'univers de la commedia dell'arte. Si une citation devait résumer sa curiosité pour la chose, ce serait : « Couvrez ce sein que je ne saurais voir. » Son intérêt pour la sexualité est bien réel, mais il ne veut surtout pas le montrer, ni même se l'avouer. Voilà pourquoi il prend des mines dégoûtées devant les amoureux qui s'embrassent ou les baisers de cinéma. Cela ne l'empêche pas de faire ses petites introspections et de s'intéresser à quelques jeux intimes avec les camarades de son âge.

En fait, à ce stade de son développement psychologique, il franchit un cap fondamental. Dès l'âge de 6 à 8 ans, il sort du complexe d'Œdipe (cette période passionnée où il était très attaché au parent de sexe opposé), pour pénétrer dans une phase de latence plus calme. Il cesse d'être exhibitionniste et découvre la pudeur. Progressivement, il ne supporte plus de se montrer nu ni de voir ses parents nus. Ses relations avec eux deviennent par moments plus retenues et moins spontanées. Il revendique son intimité et son territoire. Ses parents doivent alors respecter la bonne distance physique et psychique, la pudeur du corps comme celle des sentiments.

Bien sûr, cela ne les dispense pas d'informer leur enfant de certaines choses telle l'anatomie du petit garçon ou de la jeune fille et les soins qu'il faut porter à son corps (toilette intime, premières règles, etc.), la méfiance qu'il faut montrer vis-à-vis de personnes dangereuses (pervers sexuels), etc. Ils en profiteront pour laisser comprendre à l'enfant que les relations sexuelles n'ont pas pour unique finalité la reproduction, que la notion de respect du corps de l'autre est essentielle, afin que lui-même se fasse respecter aussi.

Dis, comment fait-on les bébés ?

Côté parents

Vous aviez déjà répondu à cette question. Mais voilà qu'à présent, votre gamin faisant preuve d'un excès de curiosité revient au pas de charge et demande comment cela se passe *vraiment.* Vous faut-il cette fois évoquer les notions de physiologie, d'anatomie et de plaisir ou bien en rester au registre de l'amour, un peu plus vague ? Bref, devez-vous aborder la question de l'acte sexuel lui-même ? Et si oui, comment en parler, sur un ton académique ou plutôt sur le mode sentimental ?

Côté enfant

Comment 1 + 1 peuvent-ils faire 3, voilà l'équation mathématique du moment qui lui tient le plus à cœur. Cette fois-ci, il ne se contentera pas de la « petite graine » de papa et maman, ni même de la pirouette qui avait si bien marché : « On s'est aimés très fort et tu es arrivé quelques mois plus tard. » Et entre les deux, que s'est-il passé concrètement ? En bon petit raisonneur qu'il est devenu (il ne croit plus au Père Noël, n'est-ce pas ?), il veut comprendre la mécanique du rapprochement pour de vrai, à savoir comment deux organes sexuels peuvent produire un bébé.

Pas très romantique tout cela, mais pragmatique.

L'avis du psy

Le mystère des origines et de la « fabrication » des bébés a tenu en haleine toutes les générations. C'est en fait le sens de la vie sur lequel l'enfant s'interroge.

A 7 ans, où en est-il de son développement psychologique et que peut-il entendre des explications de ses parents dans ce domaine ?

Il a déjà reçu un début d'explication des adultes et de ses parents. A la télévision, il a déjà vu des couples nus enlacés, ses camarades en parlent avec lui à l'école. Mais, au fond, il ne sait pas exactement comment cela fonctionne et par quelles étapes on aboutit à la conception d'un bébé. A cet âge, les liens entre sexualité et procréation, entre désir, plaisir et amour, restent encore flous, si bien qu'il se demande si l'on peut avoir des bébés chaque fois que l'on a des rapports sexuels. Tout cela reste assez énigmatique, inquiétant ou stimulant, selon le tempérament de l'enfant.

Il s'agit donc de répondre à son attente de manière simple et authentique, sans tour de passe-passe.

A 10 ou 12 ans, il sait plus ou moins de quoi il retourne, car le sujet a déjà été évoqué en classe, du moins pour ce qui est de la sexualité animale ; il est donc loin d'être ignorant dans le domaine. Pourtant, lui aussi s'interroge de manière plus métaphysique. Ce qui l'intéresse est avant tout la notion du désir. Ses parents s'aimaient-ils lorsqu'ils l'ont conçu ? Ont-ils espéré un enfant ? Ont-ils souhaité le faire, *lui* ?

La réponse à ces interrogations lui permettra de définir son propre désir dans l'existence et servira de tremplin à son envol dans la saga familiale. Chemin faisant, il sera rassuré quant à ses propres origines et ce qui l'attend.

Ce que vous pouvez faire

Vous aviez sans doute déjà préparé le terrain et évoqué la question avec votre enfant. A 6 ou 7 ans, celui-ci connaît un peu mieux l'anatomie de l'homme et de la femme, vous pouvez donc affiner votre propos.

Plantez d'abord le décor : sa conception a eu lieu dans un

climat d'amour, avec beaucoup de plaisir et l'envie de faire un enfant (si tel était bien le cas). Voici *une* manière neutre de tourner les choses, il en existe bien d'autres, évidemment. Par exemple : « Tu es né comme tous les enfants, d'un homme et d'une femme (ou d'un papa et d'une maman). Le papa et la maman sont nus dans un lit, l'un contre l'autre, et c'est agréable. Le papa met son sexe dans celui de la maman ; il dépose une graine (spermatozoïde) qui rencontre la graine de la maman (ovule). Les deux graines se réunissent pour donner un œuf qui grandit dans le ventre de la maman, dans une poche spéciale (utérus). »

Là, si vous le souhaitez, vous pouvez revenir à lui… « Cet œuf, c'était toi. Tu as grossi et, neuf mois plus tard, tu es sorti par en bas (le vagin). Et tout le monde, tous les enfants sont nés comme cela. »

Soyez disponible pour répondre aux questions qui suivront, sans les devancer ni les susciter.

S'il a 10 ou 12 ans, votre degré d'explication peut aller un peu plus loin. Apprenez-lui que l'on peut faire l'amour en dehors de toute envie de faire des bébés, simplement pour le plaisir d'être ensemble, et parce que c'est agréable. Mais que lorsque les parents souhaitent un enfant, c'est très différent, il s'agit dans le couple d'un désir fondamental qui vient concrétiser un amour très fort. C'est extraordinaire, car l'enfant désiré portera en lui les caractères de son père et de sa mère, il symbolisera leur union et d'ailleurs le prouvera, en leur ressemblant à tous les deux.

Profitez-en pour vous autoriser quelques petits commentaires, sur la nature si bien faite, puisque la femme et l'homme sont complémentaires. Sans l'un des deux, rien ne pourrait arriver.

Le père peut choisir cette occasion pour enseigner à son préadolescent comment fonctionne le pénis et l'érection, etc.

La mère peut aborder avec sa fille la question des cycles qu'elle connaîtra bientôt (ovulation, règles) et évoquer dans la foulée l'existence de la contraception, qui permet de dissocier sexualité et procréation.

Vos explications peuvent mêler sexualité, anatomie, sentiments, philosophie et sciences humaines. Tout un programme.

Comment aborder la question ?

Respectez la distance mise par votre enfant. S'il vous demande : « Dis, comment fabrique-t-on les bébés ? », plutôt que « Comment m'avez-vous fait ? » renvoyez-lui sa question en la reformulant avec ses termes à lui : d'après toi, comment peuvent naître les bébés (ou comment es-tu né ?).

S'il est concret, soyez-le aussi, c'est qu'il veut vraiment entendre vos explications. Nommez les choses telles qu'elles sont, et sans vous mettre en scène personnellement.

Les pièges à éviter

Il est inutile de montrer votre anatomie pour étayer vos explications. Il existe pour cela des livres très bien faits. Recourez à l'évocation et non à la démonstration.

Evitez les longs discours, en remontant aux origines de la vie. Il n'en demande pas tant. Respectez son envie de savoir, mais faites-lui sentir que des étapes dans la compréhension sont nécessaires.

Avec les plus naïfs ou les plus jeunes (6 ou 7 ans), abstenez-vous des approximations : « Il suffit de s'embrasser beaucoup pour faire un bébé (ou de se serrer très fort l'un contre l'autre, ou de mettre son zizi dans le nombril). » L'enfant pourrait vous prendre au pied de la lettre et s'imaginer qu'avec ses camarades, il parviendrait aisément à faire un enfant, lui aussi.

Il arrive que la question de l'enfant vous amène à évoquer les circonstances de sa propre naissance. Il peut avoir pressenti, grâce aux non-dits, que vous ne l'attendiez pas spécialement ou qu'il n'était pas désiré. Parlez avec sincérité : il est vrai, qu'à cette époque, la vie était moins rose, vous aviez peut-être des difficultés (financières, son père était absent, etc.) : mais, à présent, vous ne regrettez rien, car il a su se faire aimer et il vous est impensable de vivre sans lui. Pour rien au monde, vous ne retourneriez en arrière. (Si vous n'en êtes pas vraiment persuadée, ne dites rien, car votre enfant devinerait peut-être ce mensonge.)

Petits jeux intimes à deux

Côtés parents

Perplexité. Vous surprenez les enfants à se chatouiller dans le bain, riant aux éclats. Pris(e) d'un doute, vous vous demandez si ces gestes sont vraiment innocents comme par le passé, ou s'il vous faut intervenir pour stopper net ces attouchements suspects.

Est-ce vous qui voyez le mal partout, ou dépassent-ils les limites ?

Côté enfants

Ils sont tiraillés entre le plaisir, l'excitation, la curiosité sexuelle, mais aussi le sentiment d'agir mal et la culpabilité qui en découle. D'ailleurs, la scène se produit de préférence lorsqu'ils se sentent seuls, hors du regard des adultes.

Souvent, les complices sont frères ou sœurs, cousins-cousines ou bien camarades de classe.

L'avis du psy

La curiosité sexuelle d'un enfant vis-à-vis d'un autre est naturelle. Que les parents se souviennent de leur propre enfance, de ces moments de délices et de frayeur, de la crainte d'être surpris par un adulte. Ces « expérimentations spontanées » valaient tous les cours de sexualité réunis. L'émotion, l'interdit, la découverte du corps de l'autre et de mille sensations nouvelles – et souvent bien innocentes –, permettaient d'imaginer un avenir radieux. Tout cela sonnait comme un joyeux prélude à l'éveil des sens ou à l'expression des émotions sentimentales.

Entre 6 et 10 ans, il arrive encore à l'enfant d'aller explorer du côté de l'autre sexe pour mieux se connaître en tant que tel. Voilà pourquoi le garçon est attiré par sa sœur (qu'il a plus facilement sous la main), sa cousine ou la petite camarade de passage. Il en va de même pour les fillettes concernant les garçons.

L'enfant conçoit une idée de la sexualité qui lui est très personnelle et souvent erronée (il peut penser que les bébés se font par le nombril, grâce à un grand baiser avec la langue ou en se collant très fort l'un contre l'autre). De là découlent ses explorations farfelues ou intuitives, ses tentatives de trouver des réponses par lui-même.

Entre 8 et 12 ans, un changement de cap s'opère. L'enfant devient pudique et moins innocent. Il a intégré le tabou de l'inceste à l'égard de son parent, mais il n'est pas prêt à se faire taquiner sur ses éventuelles amourettes et encore moins sur sa vie sexuelle. Toute cette vie intime se déroule en secret.

Vue de l'extérieur, la sexualité de l'enfant peut toutefois sembler perverse aux adultes. Après tout, le personnage est tantôt voyeur, tantôt exhibitionniste, tantôt pudibond ; il peut utiliser des objets divers pour des attouchements sexuels ; il est attiré par sa sœur (inceste) ou ses compagnons de jeux de même sexe (homosexualité). Il serait exagéré de craindre le pire, car nos critères d'adulte ne permettent pas d'interpréter ces actes d'enfant. En réalité, il faut considérer la sexualité de l'enfant avec ses yeux à lui, ceux d'un explorateur en *terra incognita,* qui apprend peu à peu à se repérer grâce à ses expériences, et aux limites formulées par les adultes. Il n'a pas encore acquis la notion de réciprocité, il ne cherche pas à faire plaisir, mais à *se* faire plaisir. Il recherche des sensations et s'étonne de l'effet qu'elles produisent sur lui. Chez les préadolescents, les sources d'excitation sont encore multiples et diffuses. Ce n'est que plus tard, à l'adolescence, qu'elles s'orienteront principalement vers la génitalité, comme chez l'adulte.

Ce que vous pouvez faire

Bien que sa curiosité sexuelle soit normale, n'hésitez pas à poser des limites. Tout l'art consistera à les formuler avec fermeté mais respect, pour que votre enfant n'associe pas la sexualité à quelque chose de sale, de scabreux et d'interdit.

Si les deux complices dorment dans le même lit et apparemment en profitent, réagissez sans vous énerver par une phrase simple : « Que faites-vous ? » Ainsi, à leur réponse embarrassée, vous saurez vraiment ce qu'il en est. Lancez alors de manière franche : « Vous n'avez pas à faire cela, et encore moins entre frères et sœurs (ou entre cousins) ; demain, je vous en parlerai plus tranquillement. Et que je ne vous y reprenne pas. En attendant, chacun dans son lit ! »

Le lendemain, expliquez que vous comprenez parfaitement qu'ils soient très attirés par tout cela, mais, qu'ils n'ont pas à le faire. Ces gestes sont trop intimes. Ils auront bien le temps d'y penser plus tard, lorsqu'ils seront plus grands.

En cas d'attouchements plus sérieux avec, éventuellement, l'utilisation d'objets, expliquez les risques encourus, la possibilité de faire très mal à l'autre. Adoptez un ton persuasif, ils doivent bien comprendre que, cette fois, ils ont dépassé les limites et qu'il n'est plus question de recommencer.

Les pièges à éviter

Dédramatisez : à cet âge, un frère et une sœur qui se font des petits bisous sur la bouche (ou des attouchements) ne sont pas incestueux pour autant. Il suffit de les ramener à l'ordre et de formuler l'interdiction de manière précise : « Les frères et les sœurs ne peuvent pas se marier ensemble et ne doivent pas avoir ce genre de contacts. Oui pour les bisous sur la joue, non pour le reste. Même chose entre cousins et cousines. »

De même, si deux frères entre eux ou deux sœurs ensemble ont des gestes équivoques, ils ne sont pas voués à l'homosexualité comme certains pourraient le redouter. Ces explorations éphémères ne traduisent aucune orientation sexuelle particulière ni définitive.

Si vos propres expériences sexuelles infantiles vous rendent indulgents à l'égard du comportement de votre enfant, il n'en demeure pas moins que vous devez marquer les limites (ne rien dire reviendrait à cautionner ce que vous avez vu. L'enfant le prendrait pour un assentiment passif de votre part, il n'aurait donc aucune raison de cesser).

Il est tout aussi fréquent de surprendre les enfants de cet âge en train de se caresser le sexe ou de se le frotter entre les draps du lit au moment du coucher. Ces mouvements masturbatoires sont les prémices d'une sexualité à venir et ne présentent en rien une quelconque perversité.

Inversement, si vous n'avez jamais connu de tels émois à l'âge tendre, admettez qu'ils soient naturels et ne vous inquiétez pas trop.

Zoom
Quand ça dérape

Ce tableau plutôt sympathique de la curiosité sexuelle chez l'enfant ne doit pas faire oublier certains comportements sexuels agressifs et dangereux, mais heureusement peu fréquents.

Tant que l'enfant joue avec l'autre, sans contrainte ni violence, il agit normalement. Dès que son comportement s'inscrit dans un rapport de force et de soumission, il y a danger.

Un rapport du 3 mars 1999 remis par la Mission de prévention des violences sexuelles en milieu scolaire au ministre des Affaires scolaires, fait état de phénomènes inquiétants, au collège comme en primaire.

On constate de l'agressivité sexuelle ou des comportements hypersexualisés surtout chez des enfants qui sont eux-mêmes victimes de maltraitance ou qui manquent totalement de limites. Près du tiers des auteurs et des victimes de ces violences ont moins de 13 ans !

Des carences éducatives graves, une absence d'interdits et de tabous, la possibilité de regarder à la télévision des films violents ou des cassettes pornographiques, l'imitation de scènes virtuelles ou subies conduisent à ces violences traumatisantes. Mais d'autres raisons peuvent expliquer de tels passages à l'acte : ceux-ci sont parfois commis par un groupe (qui joue alors un rôle désinhibiteur) ; les victimes peuvent être imprudentes ou, à l'inverse, considérées comme provocantes ; l'auteur de ces actes interprète mal le prétendu consentement de la victime ; d'ailleurs, à cet âge, filles et garçons ne possèdent pas les mêmes codes de langage, ce qui accentue d'autant la confusion ; l'agresseur est indifférent à la souffrance de la victime, assimilée à un objet de jeu.

Il a des attitudes féminines

Côté parents

Ceux qui ont vu le film *Ma vie en rose,* du réalisateur Alain Berliner (dans lequel un jeune garçon de 8 ou 9 ans adopte des attitudes féminines et rêve d'épouser le prince charmant) peuvent comprendre le déni ou l'inquiétude que vivent les parents en pareille situation. Leur enfant risque-t-il de devenir homosexuel ? Doivent-ils intervenir et réagir fermement avant qu'il ne soit trop tard, ou, au contraire, faire comme si de rien n'était pour ne pas fixer la situation ? Une foule de questions obsèdent ces parents : s'agit-il d'une fatalité biologique ou bien d'une erreur éducative ?

Côté enfant

Avant l'âge de 12 ans, Julien peut vouloir ressembler à Julie pour de nombreuses raisons :

• Se faire aimer de ses parents (qui ont toujours rêvé d'avoir une fille) ;

• Trouver ce moyen pour s'opposer à eux en étant non conforme à l'image attendue de lui ;

• Etre lui-même, car après tout, un garçon a bien le droit d'avoir, lui aussi, des manières délicates et une certaine sensibilité, comme une fille peut bien jouer aux cow-boys et s'habiller en garçon. Au nom de quoi faudrait-il que tout soit noir ou blanc, rose ou bleu ?

Quelles que soient ses raisons, la position de Julien est en tout cas difficile à tenir, car l'incompréhension des autres et leur intolérance sont immenses. Si on l'aime à la maison, c'est dans la cour de récréation qu'il souffre, et inversement. Il se sent un peu le mouton à cinq pattes, parfois honteux et coupable d'être si différent.

L'avis du psy

L'identité sexuelle de l'enfant n'est pas encore définitive et tout peut arriver. Avant la puberté, il est difficile d'anticiper sur le devenir.

La période de latence produit d'ailleurs un contexte bien particulier. Alors que la sexualité est essentielle pour l'enfant, il la fait passer au second plan. Le garçon peut sembler féminisé, pourtant, rien dans le choix de ses amitiés ne vient confirmer ses préférences sexuelles. Les vraies amitiés amoureuses commencent souvent plus tard, à l'adolescence. A 10 ans cependant, pour savoir qui il est vraiment, il a parfois encore besoin de faire des incursions du côté du sexe opposé et de se comporter en fille. Les attitudes renvoyées par son entourage l'aident à retrouver sa véritable place ou, au contraire, renforcent son comportement.

Parfois aussi, c'est en réponse ou en réaction à ses parents que le garçon donne de lui-même une image féminisée. On a évidemment en tête le stéréotype de la mère abusive et surprotectrice ou celui du père falot et défaillant qui offrent à leur enfant une inversion des rôles ou une image erronée de la virilité, et qui le font donc évoluer imperceptiblement vers l'homosexualité.

En fait, les choses sont infiniment plus complexes. François, 11 ans, vu en consultation, était un provocateur qui, inconsciemment, donnait de lui une image opposée à celle attendue par son père, extrêmement sévère et rigide. Par ses jeux calmes et raffinés, il montrait son opposition. Cet enfant déçu et « castré » se tournait vers la féminité plus douce, plus tendre, plus affectueuse, qui lui apportait tant de compensations. Plusieurs entretiens psychologiques ont permis à François de faire comprendre à son père qu'il n'avait plus besoin de redouter cette homosexualité. Grâce à un transfert positif avec le praticien,

François a peu à peu retrouvé une image positive des valeurs masculines. Par ailleurs, quelques conseils du thérapeute à son père ont rassuré cet homme qui, du coup, a assoupli sa position vis-à-vis de son fils. L'essentiel du travail était fait.

Jérémie, 9 ans, vivait, quant à lui, seul avec sa mère depuis le divorce de ses parents. Dans ce contexte, le manque de (re)père(s) masculin(s) a retardé l'élaboration de l'identité sexuelle du jeune garçon. Quelque temps plus tard, il n'y paraissait plus. Jérémie, ayant rattrapé le temps perdu, avait tout d'un vrai adolescent, voire un peu macho.

Les provocations, les « hésitations », entre un sexe ou l'autre sont souvent passagères. L'enfant teste simplement des situations qui se fixeront ou s'annuleront. C'est vers l'âge de 12 ans seulement, si l'orientation se confirme et s'accentue, qu'il devient plus pertinent de s'interroger sur la tendance homosexuelle de l'enfant.

Cela dit, si tel est bien le cas, que faire ? Comment réagir pour *son bien* ? Est-il possible d'infléchir le cours des événements, est-il seulement souhaitable de le faire ? La réponse ne peut être que personnelle. D'ailleurs, aucun psychologue ne se risquerait à poser des arguments définitifs, puisqu'il ne peut exister de théorie officielle en la matière. Il convient donc, pour chaque famille, d'agir en son âme et conscience, avec pour souci primordial *le bien de l'enfant,* et non l'image de marque de la famille. Parfois, certains parents, totalement hostiles à cette différence pressentie chez leur enfant, ne la comprennent pas. Parfois, au contraire, ils ne peuvent même pas l'imaginer alors qu'elle saute aux yeux, c'est ce que l'on appelle un *déni,* ou bien ils se montrent indifférents, ou encore laxistes. Résultat : l'enfant est abandonné à ses doutes, sans secours. Il erre longtemps à la recherche d'une identité sexuelle si complexe à saisir.

Ce que vous pouvez faire

Il n'y a pas d'attitude ou de solutions miraculeuses. Quatre attitudes peuvent cependant aider les parents à réagir.

• L'attente raisonnée : « attendre et voir venir », voilà le mot d'ordre. Elle consiste à laisser libre cours à l'enfant en quête de sa véritable identité sexuelle, tout en restant vigilants. Seule la longue phase de l'adolescence confirmera l'orientation qui se dessine pour tel ou tel enfant. Un psychologue pourrait alors servir de soutien à ses interrogations.

• L'intervention « encyclopédique ». A l'occasion d'une question de leur fils telle que : « Pourquoi les garçons ne peuvent-ils pas avoir de bébé ? » ou « Comment m'avez-vous fabriqué ? » les parents peuvent dialoguer avec lui, s'appuyer sur un livre de son âge, lui expliquer l'altérité homme-femme, la nécessité des deux sexes pour faire des enfants. Il n'est donc pas question de prendre position pour ou contre l'homosexualité. Il n'est d'ailleurs pas question de faire part de ses doutes. Ce serait prématuré, voire incitateur pour l'enfant.

• Le recours à un tiers : là, il s'agit de faire appel au pédiatre ou à un psychologue à l'occasion d'un problème spécifique de l'enfant (la recherche d'identité sexuelle se traduit forcément par des signes ou symptômes annexes, car l'enfant est dans le doute). Il peut souffrir d'insomnie, d'un manque de concentration en classe ou d'énurésie, entre autres. A la fin de la consultation, une fois l'enfant sorti, rien n'empêche de manifester au spécialiste sa réelle inquiétude. On peut aussi commencer par en parler à une famille ayant le même souci.

• Le renforcement de l'image virile. Il s'agit de donner progressivement à l'enfant des repères masculins très forts s'accompagnant de la pratique d'une activité virile (foot, judo, escrime) et de la fréquentation d'hommes qu'il apprécie déjà (parrain, grand-père, etc., auxquels il va rendre visite plus souvent). Dans le même mouvement, il faut essayer de ne plus privilégier un rapport trop exclusif (ou fusionnel) avec sa mère, si tel est bien le cas. Le père doit prendre le relais.

Les pièges à éviter

Les plaisanteries dévalorisantes réitérées à propos de ses attitudes féminisées sont comme des étiquettes indélébiles. Si l'enfant ne faisait que tester ce rôle, il risquerait de s'y attarder, puisque ses parents passent leur temps à le traiter de « fille », de « chochotte « ou de « poule mouillée ».

Et s'il a indéniablement une orientation homosexuelle, à quoi bon le faire souffrir ? Grâce à la bienveillante neutralité de ses parents et à leur soutien, il vivra mieux sa différence. Celle-ci l'inquiète sans doute, à l'âge où l'intolérance entre les enfants est à son paroxysme.

Elle devient très pudique

Côté parents

Il y a si peu de temps encore, Mademoiselle frétillait à moitié nue dans le salon et s'exhibait pour un oui ou pour un non dans la baignoire devant son papa.

Voilà qu'à présent, elle vous demande à vous, sa maman, de détourner les yeux lorsqu'elle s'habille, verrouille à double tour la salle de bains et refuse les marques de tendresse trop appuyées.

Mais quelle mouche l'a piquée ? Et que signifient ces grands airs ?

Côté enfant

Mais pourquoi sa mère ne comprend-elle pas ces choses qui vont pourtant de soi ! s'indigne la fillette. Elle n'a pas à montrer son corps à tout le monde. Elle demande juste un minimum de respect. D'ailleurs, demain, elle mettra une pancarte devant sa chambre, avec écrit en gros « unterdi dantré ».

L'avis du psy

Pendant la période œdipienne, l'enfant est très attaché au parent de sexe opposé. Il lui manifeste son amour par de gros câlins, des attitudes équivoques (main dans le cou, bisous frôlant la bouche) et il emploie avec délices les mots du sexe, à la sonorité jubilatoire.

Entre 6 et 8 ans, l'enfant sort de cette période passionnée pour entrer dans une phase de latence, plus calme et plus sereine… en apparence.

Il oriente alors ses sentiments amoureux vers un autre « prince charmant » (ou une autre « princesse charmante »), souvent un camarade d'école. Dans ce nouveau contexte, l'intimité d'autrefois avec le parent de sexe opposé lui semble particulièrement déplacée. Mais finalement, ce sont tous ses rapports avec les autres qui s'en trouvent modifiés. Mères et filles ensemble, ou pères et fils, ont désormais des relations plus retenues et moins spontanées.

La sexualité devient dégoûtante. C'est la période des remarques moqueuses ou écœurées (« Oh, les amoureux ! » ; « Beurk, il l'a embrassée, en plus, avec la langue ! »), des airs rebutés devant les Apollon ou Aphrodite exposés nus dans les musées, etc.

Dire que l'enfant est soudainement devenu puritain serait faux. Son intérêt pour la sexualité est toujours présent, mais comme il ne sait ni la traiter ni la comprendre, il n'en parle pas, il l'enfouit, il l'étouffe, la tourne en dérision. En tout cas, il est loin d'y être indifférent, même si c'est à son insu.

Au cours de cette période de transition, les plus jeunes oscillent entre un exhibitionnisme outrancier (mais naturel), et une pudeur frôlant la pudibonderie (naturelle, elle aussi). Les psy évoquent alors une « formation réactionnelle », c'est-à-dire un phénomène d'attraction-répulsion. Les garçons, comme les petites filles, ne peuvent lâcher d'un seul coup le port d'attache. D'où ces flux et reflux, vers maman ou papa, auxquels ils souhaitent exhiber leur corps et montrer leurs sentiments, mais également tout cacher.

Commence le temps des jardins secrets, des confidences chuchotées au meilleur ami, des portes barricadées pour dire « stop, on n'entre pas ! »

Les parents doivent donc respecter la bonne distance physique *et* psychique, la pudeur du corps comme celle des sentiments.

Au fond, la pudeur, qu'est-ce que c'est ? C'est le sentiment de posséder une vie propre qui représente la part minimale que les autres n'ont pas à franchir. Elle suppose une distance minimale face à autrui, qui permet de se sentir autonome et indépendant. Elle est la base du sentiment de « vie privée », si essentiel à la constitution de la personnalité.

Certains parents refusent pourtant depuis toujours de voir leur enfant grandir ou devenir autonome, et empiètent régulièrement sur ce territoire. Telle cette mère qui mettait à sa fille, actuellement en thérapie, un suppositoire tous les matins, encore à l'âge de 12 ans ; ou cette autre, qui savonnait son garçon de 11 ans, parce qu'« il ne savait pas s'y prendre ». Un tel manque de respect de l'intimité peut marquer longtemps les enfants dans leur vie affective et sentimentale.

Ce que vous pouvez faire

Ça y est, elle refuse que vous entriez dans la salle de bains quand elle est toute nue !

Cette réaction montre de manière positive que votre fille associe la notion de pudeur et celle de nudité. Vous pouvez lui répondre sur un ton complice : « Je suis fier(e) de te voir grandir et devenir pudique. Ton attitude me semble parfaitement compréhensible. » Expliquez-lui cependant que, parfois, vous devrez la croiser dans la salle de bains, afin d'y récupérer quelque chose, et qu'il n'y a pas là matière à en faire toute une histoire.

Rappelez-lui aussi que devant le corps médical, elle devra savoir se montrer sans tant de gêne, car le contexte sera bien différent.

Chez sa sœur ou son frère aîné (âgé de 10 ans et plus), respectez davantage encore cette pudeur. Les seins qui pointent, les poils qui poussent, le sexe qui grandit, l'enfant est perturbé par cette métamorphose. Au point qu'il lui faut, dans un premier temps, se cacher, sinon il a l'impression d'être mis à nu au sens propre et au sens figuré.

Respecter sa pudeur signifie également respecter son territoire intime et préserver ses sentiments. Cela signifie donc ne pas l'obliger à *tout* vous dire ni à *tout* vous dévoiler sous prétexte que vous l'aimez et que vous lui faites confiance, et réciproquement. Il n'est plus question non plus d'aller fouiller dans son bric-à-brac personnel, de lire ses lettres, et de faire le nettoyage par le vide pour mieux ranger sa chambre. Avant de jeter ou de donner tel vêtement ou objet, demandez-lui au moins la permission.

Quant à le laver encore dans son bain, sachez que vers 6 ou 7 ans, c'est lui-même qui refusera votre aide. Respectez sa décision. Après tout, vous lui avez suffisamment répété que son corps lui appartenait et que personne n'avait le droit d'y toucher contre sa volonté. Il est temps d'appliquer à vous-même ces principes.

Les pièges à éviter

Ne considérez pas cette nouvelle étape comme une lubie, car c'est un tournant fondamental du développement de votre enfant signifiant qu'il grandit.

Si votre fille vous désarçonne par ses attitudes contradictoires, un jour exhibitionniste, le lendemain pudibonde, n'y voyez pas d'inconstance de sa part. Sa tenue reflète simplement son état émotionnel interne. Elle se découvre quand elle se sent bien dans sa peau, elle se camoufle lorsqu'elle est moins à l'aise. De plus, elle fait parfaitement la différence entre sa famille, dont elle veut se protéger, et ses amis, qu'elle veut séduire ou tenir à distance…

Jusqu'à quel âge se montrer nus devant eux ?

Côté parents

Personne n'échappe à cette interrogation importante : peut-on se montrer totalement nu(e) devant ses enfants sans les choquer ?

La nudité d'une mère devant sa fille est-elle plus légitime que celle d'un père devant sa fille ? Y a-t-il des âges limites à respecter ?

Même les parents peu enclins à tendre l'oreille aux sirènes de Freud ou de Dolto aimeraient bien savoir, pour une fois, ce qu'en disent les psy…

Côté enfant

Jusqu'à l'âge de 6 ou 8 ans, il admet, le plus tranquillement du monde, la nudité de ses parents, dévoilée de manière simple et naturelle, depuis qu'il est bébé. Lorsqu'il s'agit du même sexe (mère et fille ou père et fils), il y a souvent de la complicité dans l'air à se voir à la fois si semblables et si différents. Mais avec sa pudeur naissante, la nudité lui paraît moins naturelle. Il est de moins en moins question de promiscuité dans le bain et même dans le lit, avec son père ou sa mère.

A 10 ou 12 ans, sa position se radicalise un peu plus comme le résume parfaitement Charlotte : « Mon père se promenait nu dans la maison, et cela ne me gênait pas trop. Maintenant que j'ai 11 ans, ce n'est plus du tout pareil. Il m'arrive de trouver cela provocant. C'est trop gênant, et j'ai un peu honte. »

L'avis du psy

Lorsque l'enfant devient pudique, il se met à considérer le corps de manière différente. Il a intégré la notion de personne et d'intimité. Le vêtement devient, pour lui comme pour les autres, un paravent protecteur, symbolique et nécessaire.

Vers l'âge de 7 ou 8 ans, et souvent plus tôt pour les petites filles, il commence à porter un autre regard sur la nudité de ses parents. Cette période de transition coïncide avec le moment où il maîtrise mieux le langage et sait déjà exprimer la palette variée de ses sentiments ; il comprend les défenses et les interdits posés autour de la sexualité. Il saisit pleinement la notion d'identité propre et de respect dû à sa personne ; intimité et pudeur s'exacerbent alors.

A partir de cette nouvelle étape de son développement psychologique, il se met littéralement des œillères et affiche ostensiblement sa gêne devant la nudité dévoilée, qu'elle soit maternelle ou paternelle. Cette volte-face de sa part révèle tout simplement davantage de maturité.

Ce que vous pouvez faire

Si tout est clair dans votre tête, vos attitudes seront sans équivoque et votre enfant le sentira bien. Pour lui aussi, tout sera léger. Cependant, même dans ces conditions, il serait bon, dès l'âge de 7 ou 8 ans, d'instaurer un voile de pudeur dans la famille, car, après tout, dans la société, on ne se montre pas nu. Il est donc bénéfique d'inculquer cette notion à l'enfant, vis-à-vis des autres et de l'extérieur, s'il ne la ressent pas spontanément de lui-même.

Réservez votre nudité pour votre territoire : autrement dit, promenez-vous nu(e), comme bon vous semble, dans votre chambre ou dans la salle de bains, mais pas forcément dans le salon. Prévenez que vous faites votre toilette pour ne pas être dérangé(e), si vous préférez ne pas vous enfermer à clé.

Vers l'âge de 11 ou 12 ans, avec l'éveil du désir et des émois sexuels, il devient encore plus nécessaire de vous donner la peine d'enfiler un caleçon ou un peignoir en sa présence, car il ne s'agit plus d'une simple gêne ou de pudeur, mais de sexualité, puisque vos zones érogènes s'imposent à lui de fait. Le préadolescent commence à fantasmer sérieusement sur les rapports amoureux ; il vaut donc mieux que le parent de sexe opposé ne serve pas de tremplin à ses rêveries.

Reste la question des seins nus sur la plage. Peut-il en être choqué ? C'est possible, mais le contexte est différent : si cette pratique est généralisée, il comprendra que votre attitude est socialement admise (il n'y a donc pas de transgression).

Jusqu'à quand le laisser vous toucher les seins ?

A 6 ans, le plus souvent, cette intimité prend fin d'elle-même. Si ce n'est pas le cas, dites à votre enfant que ces gestes trop intimes vous gênent. Cette attitude ne vous empêche pas de lui montrer votre affection, tout en marquant la distance nécessaire.

Jusqu'à quand prendre un bain ensemble ?

Les parents cessent souvent de se baigner avec leur enfant avant qu'il n'ait 6 ans, car la promiscuité est plus grande. Mais aucun fondement psychologique ou psychanalytique n'édicte de règles précises à ce sujet. Du moins avant 7 ans. « A cette période, confirme le psychanalyste Alain Braconnier, les questions d'identification sexuelle, de plaisir autour des zones érogènes, préoccupent l'enfant sans que rien soit visible. Les corps nus, les zones intimes dévoilées peuvent alors s'imposer de manière trop crue et trop abrupte, d'autant que plane toujours le tabou de l'inceste. »

Jusqu'à quand une mère seule peut-elle accepter de dormir avec son enfant ?

Jusqu'avant l'adolescence, vous pouvez encore tolérer que votre enfant se réfugie dans votre lit un petit moment ou toute la nuit, en cas de maladie, de profond sentiment d'insécurité de sa part, ou d'absence de son père. En ce cas, faites-lui remarquer que cela reste exceptionnel, afin de pouvoir mettre fin à cette tolérance le moment venu.

Et s'il nous surprenait en train de faire l'amour ?

Côtés parents

C'est la crainte de bien des parents : et si le petit débarquait dans la chambre au beau milieu de leurs ébats ? En serait-il traumatisé ? Et que faudrait-il dire ou faire :

- Lui expliquer l'évidence ?
- Feindre de n'être nullement gênés pour qu'il ne s'imagine surtout pas que vous faisiez l'amour ?
- Ou enfin, le reconduire *manu militari* dans ses appartements, sans explication ?

La simple évocation de cette scène vous laisse un inexplicable sentiment de culpabilité, sans parler de votre libido qui risque d'être quelque peu refroidie !

Côté enfant

Face à une scène d'amour, son attitude demeure très ambiguë, pour la bonne raison qu'il n'accepte pas de *ses* parents ce qu'il tolère des autres. Là, on ne badine vraiment pas avec l'amour ! Dans le premier cas, l'idée même de la sexualité de ses parents lui semble dégoûtante et provoque des sentiments épidermiques (comment peuvent-ils sacrifier à cette chose-là ?) ; dans l'autre cas, la sexualité montrée à l'écran ou sur les affiches lui paraît banale : le couple peut bien se faire des câlins dans un lit, il est tout juste intéressé.

L'avis du psy

Là encore, il faut rappeler que dès l'âge de 7 ou 8 ans, l'enfant entre dans la période de latence sexuelle, c'est-à-dire qu'il tient la sexualité à distance. Ne voulant pas vraiment entrevoir cette réalité, il considère souvent ses parents comme des êtres asexués, épurés de toute contingence physique. Selon lui, ils auraient fait l'amour, au temps de la préhistoire, juste pour le concevoir lui, ses frères et sœurs. Un point c'est tout.

Que se passe-t-il alors quand il surprend ses parents ? Le voilà confronté à ce qu'il désire justement ignorer. Il fait irruption dans un huis clos qui ne le regarde pas et dans lequel il n'a pas sa place. Il distingue le plus souvent deux corps très rapprochés dans une position inhabituelle, mais ne fait pas obligatoirement le lien en se disant : « C'est évident, ils font l'amour ! » Ses parents qui, eux, savent ce qu'ils font, sont alors gênés (voire culpabilisés). Ils se sentent responsables de ce que leur enfant a vu et de ce qu'il pensera. Ils ont alors tendance à exagérer les conséquences de cette déconvenue.

Somme toute, que risque-t-il vraiment ?

Tous les enfants s'imaginent inconsciemment (et jamais sciemment) leurs parents faisant l'amour. Le véritable choc provient donc de la rencontre de ce fantasme et de la réalité, lorsqu'ils y sont confrontés. C'est en pareil cas qu'une montée d'angoisse vient les déborder. Ils pourront se remémorer encore longtemps ces images trop crues. Tout l'art sera d'adoucir avec des mots l'impact de cette surprise chez les plus petits, ou d'admettre, avec les plus grands, que l'on aurait dû prendre davantage de précautions pour s'isoler. Il s'agira de s'expliquer, sans pour autant s'excuser d'avoir accompli un acte si naturel.

En tout cas, les parents doivent, pour eux-mêmes, relativiser les conséquences de cette scène en direct et ne pas trop dramatiser. Il n'y a guère que dans la culture occidentale moderne que l'amour, en toute intimité, revêt une telle importance. Dans beaucoup de cultures encore, femmes, hommes et enfants dorment côte à côte, sous la tente ou dans la même chambre, et vivent leur vie sexuelle avec les moyens du bord, attendant que s'endorment les enfants. La sexualité est alors perçue de manière plus légère et moins énigmatique.

Ce que vous pouvez faire

Mieux vaut prévenir que guérir

N'ayez pas mauvaise conscience de vous offrir des moments de plaisir et d'intimité, malgré la présence des enfants dans la maison. Il n'est pas indispensable qu'ils soient endormis ou qu'il fasse nuit noire pour que vous vous retrouviez. Prenez simplement des précautions pour être plus à l'aise et ne pas être surpris. Enfermez-vous à clé ou poussez le verrou, afin que la porte soit close. Symboliquement et concrètement. De la sorte, la limite de l'intime devient infranchissable.

En sortant d'une sieste câline, rien ne vous empêche de prendre l'air dégagé, les enfants ne sont pas censés savoir ce qui s'est passé.

A titre préventif, isolez-vous de temps en temps, en couple, simplement pour discuter ou être ensemble, ainsi votre enfant prendra l'habitude de vous voir tous les deux, sans nécessairement penser « que vous *le* faites ».

En dehors du lit conjugal et de l'acte sexuel, la tendresse du couple devrait pouvoir, elle, s'exprimer, sans gêne. Ces caresses et ces baisers partagés sont la preuve apparente de votre amour et la promesse d'un bonheur à venir pour lui...

Si votre enfant écoute à la porte, ou regarde à travers le trou de la serrure, expliquez-lui calmement et sans paraître embarrassés que vous avez besoin de vous retrouver à deux, sans lui. Mais puisqu'il cherche à découvrir le grand mystère des origines, il est temps de lui offrir un livre pour son âge, qui explique par le menu comment on fait les bébés.

S'il insiste et tambourine à la porte, alors qu'elle est fermée, dites-lui d'un ton ferme que la porte est verrouillée précisément pour qu'il n'entre pas. Sa place n'est pas là. Vous n'avez pas à céder devant son insistance parfois tyrannique.

Qu'il retourne dans sa chambre, vous vous occuperez de lui plus tard. Votre ton décidé le dissuadera de rester et de récidiver.

S'il vous a surpris et semble choqué, rassurez-le, il a peut-être trouvé cet acte agressif (halètements, corps enlacés, mouvements rythmés, etc.). Expliquez-lui simplement qu'il ne s'agissait pas de violence, mais d'un acte d'amour. S'il est apaisé, raccompagnez-le dans sa chambre en lui disant simplement que vous êtes désolé(e) qu'il ait eu si peur ou qu'il vous ait surpris ; inutile de le gronder, il ne l'a sans doute pas fait exprès ; s'il n'est toujours pas apaisé, laissez-le parler et expulser ses craintes, ses doutes, bref, ce qui le dérange.

Répondez aux questions qu'il vous pose, sans vous répandre dans de grandes explications sur la sexualité du couple. Soyez précis, mais n'allez pas au-devant de ce qu'il vous demande.

Quoi qu'il en soit, acceptez qu'il puisse en être perturbé un temps avant que cela ne se calme. Vous ne pouvez lui fabriquer une vie toute rose, dénuée d'inquiétudes et d'émotions fortes.

S'il vous surprend avec une autre personne, alors que vous êtes séparé(e) de son père (ou de sa mère), la situation est plus compliquée. Il peut vivre cet instant comme une trahison, et regretter, au contraire, de ne pas surprendre son vrai papa et sa vraie maman, ensemble, dans le lit. Là, suivez votre cœur, expliquez à votre enfant qu'étant séparée de son père, vous avez récupéré votre liberté, que son papa est au courant (on s'en doute), et qu'il n'y a aucune trahison. Mais vous êtes sincèrement désolée qu'il vous ait surprise dans cette situation. Vous auriez préféré lui éviter cette image ou l'avoir préparé en douceur à une telle éventualité.

Les pièges à éviter

S'il vous surprend, inutile de le gronder, ni de le culpabiliser. En revanche, le lendemain, plus au calme, posez vos limites pour la prochaine fois (« Lorsque la porte est fermée, c'est que nous souhaitons rester seuls ton père et moi »).

Certains parents pourraient être tentés par les soirées « portes ouvertes » sous prétexte que l'amour c'est beau et qu'il n'y a rien à cacher. Les psy conseillent plutôt les « barricades », c'est-à-dire des limites permettant à l'enfant de fantasmer encore jusqu'à l'adolescence la fameuse « scène primitive ».

Zoom
Scènes d'amour dans un film, que dire ?

Vous êtes en famille, à regarder tranquillement une comédie qui passe à la télévision, et soudain, voilà que la situation dérape, *là où vous ne l'attendiez pas.*

• Si votre enfant n'a pas 8 ans : dites-lui que cette scène n'est pas de son âge, cachez-lui les yeux et le tour est joué. Si les scènes se multiplient ou vous semblent décidément trop osées, expliquez que vous êtes désolés, mais que ce film n'est pas pour lui, il ne doit plus le regarder. La fois suivante, vous prendrez mieux vos précautions.

• Pour les 10-12 ans : ce n'est plus pareil. Demandez à votre enfant s'il n'est pas gêné de voir cela avec vous. Si c'est le cas, qu'il ferme les yeux devant les scènes qu'il estime délicates ou qu'il revienne devant la télé lorsque vous l'appellerez. Cette sexualité à l'écran ne comporte rien de mal, mais il est trop tôt pour qu'il la voie aussi crûment.

Que faire, à présent, s'il tombe nez à nez avec une vidéo classée X que vous aurez malencontreusement oublié de (bien) cacher ?

Une telle cassette qui traînerait ressemblerait un peu à une chambre ouverte en pleins ébats.

Si votre enfant est très très naïf (ou très jeune), vous pouvez tenter un pieux mensonge pour expliquer la présence de cette cassette chez vous : vous aviez emprunté au vidéoclub ou à une amie un film policier ou une comédie, peu importe, et c'est cette cassette que l'on vous a remise. Vraiment, vous n'êtes pas ravi(e) et vous allez la rendre immédiatement.

Si votre enfant semble plus difficile à berner, reconnaissez devant lui que vous auriez dû faire attention, que vous avez eu tort, mais qu'en tout état de cause, ces cassettes ne montrent absolument pas la vraie sexualité. Elles ne dévoilent pas les sentiments de l'amour, ni la tendresse, ni le respect de l'autre, qui existent pourtant ; elles reflètent une *toute petite partie* de l'amour, qu'il est encore bien trop jeune pour comprendre. S'il vous pousse dans vos retranchements et vous demande pourquoi *vous* regardez ce genre de choses, vous pouvez lui répondre que cela ne le regarde pas car il s'agit de votre intimité, ou bien lui dire que vous étiez curieux de voir ce que l'on pouvait montrer dans ce genre de cassettes. En somme, faire comme s'il s'agissait d'une simple curiosité de votre part. N'entrez pas plus avant dans le détail, vos motivations ne le regardent pas.

Le ton choisi pour lui expliquer cela est essentiel ; si vous êtes troublé, honteux, coupable, il se sentira lui aussi troublé, honteux et coupable ; votre embarras ne fera que s'ajouter au sien. Si, au contraire, vous adoptez un ton naturel, lui aussi vivra l'explication de manière plus neutre et plus détachée.

Cela dit, la meilleure façon de savoir que répondre à *votre* enfant dans une telle situation est d'y réfléchir avant qu'elle ne se produise et de mettre au point une réponse sur mesure.

On ne parle pas à un inconnu

Côté parents

Il est particulièrement difficile de parler à son enfant d'abus sexuels. La gravité du propos, son côté insoutenable, fait qu'on préfère souvent ne pas avoir à en découdre. On se dit que le malheureux serait trop troublé par de telles révélations, traumatisé peut-être ; alors, on se donne bonne conscience en imaginant que rester sur la réserve le protège un peu. Néanmoins, chaque jour, des enfants sont victimes d'abus sexuels.

Alors, peut-on continuer à ne rien dire ?

Côté enfant

Bien sûr que les avertissements de ses parents l'inquiètent. Bien sûr que ces propos sur des adultes qui lui voudraient du mal ont tendance à la rendre suspicieuse et à lui faire imaginer de drôles de choses. Cependant, depuis que ses parents lui ont tout expliqué comme à son petit frère, elle sait ce qu'il faudrait faire en pareille situation, et cela la rassure déjà.

Avant 7 ans, la menace peut lui paraître romanesque, un peu comme dans un jeu de course-poursuite. Mais au ton sérieux de ses parents, elle se dit néanmoins qu'elle doit être attentive. Ce n'est qu'à sept ou huit ans, qu'elle bascule dans un monde plus réaliste. Elle est devenue pudique et la simple idée qu'on puisse s'en prendre à son corps, la toucher, la dégoûte et l'horrifie.

Un enfant prévenu en vaut deux, elle sera donc plus vigilante, et son frère aussi.

L'avis du psy

Il ne s'agit pas de minimiser l'importance du problème, ni de l'exagérer non plus. Les statistiques du ministère de la Santé indiquent qu'avant 18 ans, une fille sur huit et un garçon sur dix sont victimes d'abus sexuels. Les victimes sont souvent plus jeunes qu'on ne l'imagine, puisqu'elles ont majoritairement entre... 4 et 11 ans ! **Le plus souvent, elles connaissent leur agresseur, parent, voisin ou ami de la famille. Près de neuf fois sur dix, l'abus sexuel est répété, car le secret est demandé à l'enfant, qui a peur, qui a honte, qui se sent coupable.**

Que recouvre exactement l'expression « d'abus sexuel » ?

Il s'agit aussi bien des extravagances d'un exhibitionniste, des conversations érotiques et malsaines devant un enfant, des attouchements par un adulte, ou de viol. Pour le fondateur de l'IPSCAN (société internationale pour la protection des enfants abusés et maltraités) : « L'abus sexuel se définit comme la participation d'un mineur à des activités sexuelles qu'il n'est pas en mesure de comprendre, qui sont inappropriées à son âge et à son développement psychosexuel, qu'il subit sous la contrainte, par violence ou par séduction, et qui transgressent les tabous sociaux. »

Cette définition a le mérite d'être complète : **un enfant peut donc être agressé, mais aussi séduit par son abuseur**. L'agression n'est pas forcément brutale, mais pernicieuse. Il s'agit de persuasion, de menaces, de corruption. Pour mieux tenter l'enfant ou l'amadouer, on peut lui proposer des cadeaux, multiplier les flatteries (« comme tu as de beaux yeux », « que ta peau est douce », « quel joli brin de femme, je peux prendre une photo de toi ? »).

Entre 8 et 12 ans, la sexualité est occultée, voire déniée par l'enfant ; le pervers l'atteint donc sur un autre plan, celui des promesses (« tu veux que je t'offre un CD ? »), ou par la ruse (« peux-tu me rendre un service ? »). A cet âge, ce sont des appâts classiques et efficaces.

Les parents doivent insister sur l'aspect bienveillant du

pervers. Il a l'air très gentil et pas du tout louche ou malsain, c'est même grâce à cela qu'il parvient à ses fins. Il est donc difficile de s'en méfier *a priori*.

Petit fragment de consultation : il concerne un père tranquille qui adorait les enfants et ceux-ci le lui rendaient bien. Il était soumis à tous leurs caprices ; on lui donnait le bon Dieu sans confession, on le sollicitait souvent pour faire des dépannages de baby-sitting tandis que les parents allaient au cinéma. C'était un frustré (sexuel) qui se posait en victime (il répétait à qui voulait l'entendre que sa femme avait un amant) ; un soir pourtant, les parents, rentrés plus tôt que prévu, ont surpris cet homme tout nu, dans la chambre de leur fillette Caroline, âgée alors de 8 ans. Il dormait sur le lit d'appoint. Sur le moment, les parents n'ont pas osé croire ce qu'ils voyaient, si légendaire était la réputation de gentillesse du voisin. Mais quelques mois plus tard, Caroline a parlé : « C'est comme les gentilles caresses que me fait Patrick. » Puis une voisine, dont la fille plus âgée avait elle aussi parlé, est venue prévenir les parents de Caroline. Là, le doute n'était plus permis, mais il était trop tard.

Ce que vous pouvez faire

Demandez à votre enfant ce qu'il ferait s'il était en difficulté : s'il se perdait dans la rue, par exemple, si un voisin l'invitait à regarder la télévision chez lui en attendant votre retour, ou si un passant lui proposait de promener son chien avec lui.

Posez alors les principes suivants : « A l'extérieur, tu n'acceptes rien de quelqu'un que tu ne connais pas et tu ne le suis jamais, même s'il te propose quelque chose d'extraordinaire. » Même chose avec les voisins, sauf ceux en qui vous avez toute confiance, sachant qu'il arrive parfois de se tromper.

Insistez sur ce point : il ne doit pas suivre quelqu'un qui vient le chercher de votre part si vous ne l'avez pas prévenu auparavant ou si vous n'en avez pas informé l'école.

Pour vos retards, prévoyez une attitude systématique : « Si je ne suis pas là, tu m'attends chez la boulangère, elle est au courant. »

Quel que soit le motif, un adulte inconnu n'a pas à attendre d'aide d'un enfant qu'il oblige à le suivre ou qu'il détourne de son chemin. Oui, pour indiquer la rue à cent mètres, non, pour s'y rendre avec lui.

Les plus jeunes peuvent toujours répondre : « Excusez-moi, mes parents m'ont interdit de parler à un inconnu », cela les dédouanera s'ils redoutent d'être malpolis.

Votre enfant doit savoir qu'il a le droit de dire non à un adulte, sans se laisser impressionner.

S'il se sent menacé, il peut demander de l'aide à une vendeuse, un policier, un gardien de square, une mère qu'il croise avec ses enfants.

Voilà pour la forme, mais pour le fond ? Que dire à votre enfant quant aux risques encourus ? La vérité. Un adulte peut vouloir lui faire des caresses, avec ou contre son gré. Il peut trouver cela dégoûtant (mais aussi agréable), en tout cas, il est absolument interdit à un adulte de faire de telles choses. Ceux qui essaient sont des malades qu'il faut soigner et, d'ailleurs, *agir ainsi est puni par la loi.*

Si vous avez des soupçons, ou si votre enfant semble montrer des réticences vis-à-vis d'un adulte, qu'il n'ait pas honte de venir se confier à vous, même s'il s'agit d'un ami de la famille que vous connaissez bien, et même s'il pense que cela vous fera de la peine. Assurez-le que vous ne le gronderez jamais pour cela. S'il préfère ne pas vous en parler, dites-lui qu'il existe un numéro de téléphone, celui d'*Allô enfance maltraitée*. Il suffit de composer le 119. L'appel est gratuit et n'apparaît pas sur les factures de téléphone. Comme pour tous les numéros d'urgence (police, pompiers), il est accessible d'une cabine téléphonique, même sans carte. Le 119 fonctionne vingt-quatre heures sur vingt-quatre, sept jours sur sept, pour des conseils, des aides ou des demandes d'information.

Les pièges à éviter

Aborder le sujet ne signifie pas tomber dans la paranoïa. Une fois alerté des dangers potentiels de la vie, votre enfant peut sortir jouer avec ses camarades ou aller faire des courses, s'il vous indique où il va, avec qui il part et dans combien de temps il revient.

Si vous êtes mal à l'aise en la matière ou si vous avez du mal à trouver le ton juste, plutôt que de ne rien dire, appuyez-vous sur des lectures de son âge, qui abordent la question simplement, par exemple *Lili a été suivie* aux éditions Calligram ou *J'ai peur du monsieur* aux éditions Actes Sud Junior.

Ses premières règles

Côté parents

La « petite » a ses règles, mais c'est *toute* la famille qui est concernée. Vous oscillez entre la fierté de voir votre pitchounette se muer en « vraie jeune fille » et la nostalgie du temps qui passe. Déjà, les interrogations vont bon train : il faudra bientôt affronter l'adolescence et, bien sûr, toutes les questions de la sexualité, avec le risque bien réel que la pauvrette « tombe enceinte » au premier regard échangé avec un ado boutonneux.

A ce stade, comment donner une véritable information ?

Devez-vous opter pour un ton distancié et technique ? « Voilà ma fille, tu traverses à présent une nouvelle étape de ton développement physiologico-comportemental. Tous les mois tu seras réglée, ce qui signifie… »

Devez-vous, au contraire, réagir de manière compatissante : « Bienvenue au club des femmes, voilà ce qui t'attend…? »

Devez-vous plutôt réagir en mère très concernée : « Bravo, ma chérie, on va annoncer cette bonne nouvelle à toute la famille ! Veux-tu qu'on organise une fête ? »

Côté enfant

Juste avant que cela ne survienne, elle en avait bien sûr entendu parler au collège (et même en CM2) avec ses copines. C'était l'un de leurs sujets de conversation favoris, avec celui des garçons.

Elle se posait des questions pratiques fondamentales : « Est-ce que ça arrive sans prévenir ? » « saigne-t-on beaucoup ? » « Les autres s'en aperçoivent-ils ? » « A-t-on le temps d'aller mettre une protection ? » « Cela fait-il mal ? »

Les spéculations allaient bon train entre celles qui savaient déjà et celles qui attendaient.

Depuis que c'est arrivé, elle balance entre le bonheur d'être une ado et la honte de cette « chose dégoûtante » qui concerne une région si intime. En tout cas, elle sent bien désormais que tout a changé, à commencer par le regard de ses parents et l'attitude des filles de sa classe : maintenant, elle fait partie du clan de « celles qui les ont ».

L'avis du psy

Les parents ne sont pas dupes, cette étape est initiatique dans la vie d'une adolescente.

La mère, aux premières loges, qui vit de tels moments et reçoit les confidences de sa fille, sait que cette fois il va lui falloir transmettre ce qu'elle-même a appris de sa propre mère et que les femmes perpétuent depuis la nuit des temps. C'est grâce aux cycles que l'enfantement existe, que le monde est monde, que la vie se transmet. Il s'agit donc d'un scénario tout à fait positif, qui passe par des contraintes faciles à apprivoiser.

Pourtant, le sujet reste délicat, car il est très impliquant. Il ne s'agit plus de répondre à une simple question d'ordre général telle que : « D'où viennent les bébés ? » ni même « Comment fait-on l'amour ? » mais d'aborder la question de la féminité de sa fille et de sa finalité ; cela amène à parler de sa sexualité à venir et à expliquer ce que signifie cette mue et les conséquences physiologiques qu'elle entraîne.

Les règles correspondent, de fait, à un stade avancé de l'entrée dans l'âge pubère. Généralement, les premières transformations physiques ont eu lieu un à trois ans plus tôt, dès l'âge de 9 ou 10 ans.

A cette période, le bassin s'est élargi et la poitrine a commencé à se développer. Vers l'âge de 11 ou 12 ans, les premiers poils pubiens apparaissent, la peau du visage se modifie, la transpiration devient celle d'une femme, et chez certaines les règles se déclenchent. Cette étape déterminante de la puberté témoigne de la maturation des organes génitaux (ovaires, trompes et utérus).

Les règles surviennent en théorie tous les vingt-huit jours, mais il faut parfois un à deux ans avant qu'elles ne soient vraiment régulières et constantes dans leur abondance ou leur durée. De même, c'est généralement au bout d'un ou deux ans que les ovules deviennent pleinement opérationnels, c'est-à-dire responsables de grossesse au cours de rapports sexuels non protégés.

Toutes ces explications sont naturellement délicates pour la mère, même si elle est à l'aise avec ce sujet. Ses propres souvenirs refont souvent surface.

Selon ce qu'elle aura elle-même vécu, elle accueillera cet événement de manière heureuse et stimulante ou, au contraire, de façon plus ambiguë : elle peut nier la réalité de la féminité de sa fille ou être perpétuellement sur son dos (pour freiner le temps qui passe ou l'empêcher de « faire des bêtises », etc.).

Pour une fois, le rôle du père est plus discret, tout en filigrane et en finesse. Il doit montrer qu'il sait, mais le faire sans la moindre allusion directe. Il peut aussi calmer le jeu auprès de sa femme, si cette dernière s'implique trop, et ainsi aider sa fille à grandir sans entraves.

Ce que vous pouvez faire

Pour bien parler de ces premières règles, il faut du temps, un cadre et une disponibilité d'esprit. Vous et elle, sans quiconque pour vous déranger. C'est un moment dont votre fille se souviendra sans doute toute sa vie, et qu'elle-même reproduira à son tour une génération plus tard. Il mérite donc toute votre attention. Mettez-la à l'aise et répondez à ses légitimes interrogations. Avant tout, expliquez-lui le B.A.BA des règles et dans la foulée (mais c'est moins urgent pour le moment) la signification de l'ovulation et des cycles. Si vous n'êtes pas très à l'aise sur cette deuxième partie plus théorique, rassurez-vous : votre expérience de femme est bien suffisante pour le moment. Elle peut se contenter de savoir ce que vous savez.

Si elle veut vraiment tout savoir, mettez-lui entre les mains des livres de son âge comme *Nous les filles...* et *C'est pas facile de grandir !* aux éditions de la Martinière Jeunesse, coll. « Oxygène ».

Très concrètement, comment la conseiller et calmer ses craintes ?

Si elle n'est pas encore réglée, dites-lui que cela n'arrive jamais subitement : habituellement, les écoulements de sang sont précédés de petites douleurs, correspondant à des contractions des muscles de l'utérus. Quant à ses craintes d'« inondation », rassurez-la, elle ne se videra pas de son sang : les règles débutent souvent par de discrets écoulements brunâtres (des petites pertes), qui lui laissent le temps de réagir et de mettre une protection.

A titre préventif, vous pouvez l'emmenez avec vous choisir des serviettes hygiéniques, qu'elle conservera avec elle pour le jour J.

Les premières règles venues, la voilà confrontée – et vous avec – à des préoccupations bien précises, à commencer par le choix des garnitures externes ou internes, autrement dit, serviette ou tampon ?

Les deux possèdent des avantages (et des inconvénients) : les serviettes, portées à l'extérieur, ont souvent la préférence des jeunes adolescentes, peu familiarisées avec leur corps. Elles se fixent sur le slip grâce à des bandelettes adhésives. Elles sont simples à manipuler, mais laissent plus facilement échapper de petites odeurs, dues à l'oxydation du sang à l'air libre.

Les tampons sont des protections internes. Ils sont très pratiques pour faire du sport ou aller à la piscine. Comme les serviettes, ils doivent être changés très régulièrement (toutes les quatre à huit heures). Les minis sont parfaitement adaptés aux jeunes filles vierges. L'hymen n'est pas la barrière infranchissable que l'on croit et qui barre l'entrée du vagin. C'est, au contraire, une fine membrane souple comportant un orifice par lequel s'écoule le sang des règles. C'est dans cet orifice que le tampon peut être introduit sans dommage pour l'hymen.

Devancez ses autres craintes et rassurez-la : non, elle ne risque pas de le perdre à l'intérieur. L'ouverture du col de l'utérus, à l'extrémité supérieure du vagin, est minuscule et ne peut laisser passer un tampon. De même, il y a fort peu de chance qu'elle l'oublie. Si, toutefois, elle avait des doutes, dites-lui qu'elle s'en apercevrait, au bout de quarante-huit à soixante-douze heures, par des pertes odorantes. Il suffirait alors que vous l'emmeniez consulter un gynécologue.

Elle peut aussi s'imaginer à tort que le tampon doit être retiré à chaque fois qu'elle va faire pipi. C'est inutile puisque l'urine passe par le canal urinaire et non par le vagin. En revanche, pour éviter tout risque d'infection, elle doit prendre l'habitude de s'essuyer de l'avant vers l'arrière.

Si elle se plaint de douleurs au ventre (ou les redoute), là encore, soyez apaisante ; elle n'a pas à subir stoïquement ces désagréments, il faut réagir promptement et prendre des médicaments antidouleur comme le Paracétamol ou l'Ibuprofène (et non l'aspirine qui augmente légèrement le saignement).

Les pièges à éviter

Ne confondez pas tout, et essayez de bien faire la part des choses entre physiologie et sexualité. Ce n'est pas parce que votre fille est réglée qu'elle est déjà capable d'imaginer une relation sexuelle. Elle en est souvent à des années-lumière. D'ailleurs, les statistiques le prouvent : la « première fois » a lieu en moyenne à 17 ans pour les filles et à 18 ans pour les garçons. Vous voyez, vous n'êtes pas encore au pied du mur, mais il faut s'y préparer.

Soyez discrets : même si vous êtes fiers de cet événement, ne le criez pas sur les toits. Votre fille est méfiante et si vous allez à l'encontre de ses souhaits, peut-être ne vous fera-t-elle plus tellement confiance quand il s'agira de sa vie amoureuse.

Chapitre 5

A l'école

L'école occupe une place essentielle chez l'enfant, car c'est là qu'il acquiert des connaissances, se frotte aux règlements, apprend à être autonome et indépendant, se fait ses « meilleurs copains », affronte ses ennemis du moment et tombe parfois amoureux. C'est dire l'importance qu'elle revêt à ses yeux. Parce qu'il y est noté et évalué, l'école lui renvoie aussi une certaine image de lui-même. Sa confiance en lui peut en être altérée ou au contraire renforcée.

Comme les résultats scolaires sont l'enjeu de bien des attentes et idéaux parentaux, l'école est forcément aussi l'objet de conflits, de négociations et de compromis. Il est légitime que les parents veuillent instaurer un contrat de vie avec leur enfant : ils prodiguent de l'affection, des soins et une sécurité matérielle ; en contrepartie, il doit fournir un effort en classe (non pour être le premier, mais pour donner le meilleur de lui-même).

Les parents doivent insister sur cet effort car, entre 6 et 12 ans, l'enfant préfère s'amuser. Il ne réalise pas vraiment que sa scolarité est un long et laborieux parcours et n'anticipe pas encore les conséquences d'une trop grande insouciance.

« C'est une terreur »

Côté parents

Avoir un enfant bagarreur n'est pas de tout repos : à l'école, la maîtresse, les surveillants ou le directeur se plaignent régulièrement de son attitude. A l'extérieur, les parents de ses camarades le trouvent querelleur et, pour tout dire, *persona non grata* aux anniversaires, qu'il transforme en poudrière. Pourquoi passe-t-il son temps à « faire la guerre » ? Serait-ce une question de tempérament ou bien s'agit-il d'une erreur éducative ?

Côté enfant

Il reconnaît qu'il est « un peu énervé », mais certainement pas autant qu'on le prétend. D'ailleurs, ce n'est pas sa faute si la bagarre éclate. On le provoque, on le nargue, on le met à l'écart, on l'insulte, il ne peut tout de même pas se laisser faire, n'est-ce pas ?

D'ailleurs, demande-t-il ce que feraient ses parents dans de pareilles circonstances ?

L'avis du psy

Son air triomphateur, provocateur ou arrogant est loin d'être le reflet de son état psychologique réel. S'il fait souffrir les autres, c'est parce qu'il a souffert avant. **Chaque coup, chaque insulte, chaque dispute est une réaction à des humiliations ou des frustrations qu'il a lui-même subies.** Comme il ne sait pas contrôler ses émotions négatives envahissantes, il répond par l'action brutale. A l'instar de ces enfants qui font des bêtises pour attirer l'attention sur eux, il se confronte, souvent à son insu, à ses congénères, espérant atteindre son but.

Il espère attirer l'attention de son père, qui représente la loi et il le somme d'intervenir pour se faire rappeler à l'ordre. Il s'agit aussi parfois de l'institution scolaire dans son ensemble, obligatoire, avec son cortège d'adultes censés l'éduquer et le socialiser. En ce cas, il s'attaquera au matériel, au porte-monnaie de la maîtresse, aux élèves qui l'entourent.

Dans les consultations de psy, on rencontre aussi de jeunes enfants violents qui servent eux-mêmes d'exutoire à la maison. Ils subissent les mauvais traitements (brimades, humiliations, vexations) d'un parent ou d'un aîné trop autoritaire et les reproduisent à leur tour. Comme si c'était le seul langage qu'ils connaissaient !

Responsable mais pas coupable

On pourrait imaginer que l'enfant agisse autrement et ne répète pas ce qui le fait lui-même souffrir. S'il n'y parvient pas, c'est qu'il a du mal à contenir ses émotions car, souvent, il n'a pas su les identifier. Il établit difficilement le lien entre la violence qu'il fait subir et l'injustice qui lui a été faite. Il sait seulement que, lorsqu'il cherche la confrontation, les tensions se dénouent l'espace d'un instant.

Son entourage ne lui permet pas toujours d'exprimer ses conflits. Avec des parents violents, le silence va de soi : s'il parle, il reçoit des coups ou provoque de terribles colères ; mais avec des parents trop pudiques et pacifiques, cette attitude existe aussi. Ces parents-là extériorisent si peu leurs propres émotions qu'ils ne prêtent aucune attention à celles de leur enfant ; d'autres parents n'écoutent pas, tout simplement par manque de disponibilité. Alors, faute d'interlocuteur capable de l'aider à donner du sens à ses sentiments, l'enfant retourne son agressivité contre ses congénères ou contre lui-même (il se ronge les ongles, s'arrache les petites peaux des doigts, se cogne sans arrêt, joue les cascadeurs sur le fil du rasoir).

Le contexte aussi peut en « rajouter » et fragiliser l'enfant :

il suffit que ses parents soient en instance de divorce ou gravement malades pour que la crise éclate et qu'il devienne agressif.

Ce que vous pouvez faire

A la suite d'une nouvelle bagarre à l'école ou d'une convocation pour mauvaise conduite

Comprenez que votre enfant souffre et se défende, mais ce n'est pas une raison pour tout accepter de lui. Il doit se donner des limites et les respecter. Parfois, une bonne explication avec son père s'avère indispensable, non pour jouer les gendarmes, mais pour lui rappeler certaines valeurs : droit de se défendre, mais pas d'être brutal ; respect des autres, loyauté, franchise, etc.

Ecoutez sa version des faits. Rappelez-lui ensuite celle des adultes ou des enfants qui se sont plaints.

Trouve-t-il agréable que tout le monde le surnomme « la terreur » ? Que fera-t-il si, un jour, il tombe sur plus fort que lui ? Juge-t-il normal de bousculer ainsi les filles ? Vos questions l'aideront à prendre conscience de ses agissements et à modifier à l'avenir son comportement.

Ces prémices posées, proposez-lui des alternatives. S'il sent qu'il va frapper, qu'il le dise. En prévenant ses camarades, ceux-ci se le tiendront pour dit, et cesseront de le provoquer puisqu'ils savent bien de quoi il est capable. Il peut aussi s'exprimer avec des mots, plutôt que comme une brute. Après tout, c'est un (petit d') homme doué de parole !

Au lieu d'agresser Kevin qui l'écarte du jeu (ce qui, soit dit au passage, est normal puisqu'il terrorise tout le monde), mieux vaut lui demander calmement les vraies raisons de son exclusion. Cela lui permettra de promettre qu'il fera tout son possible pour être plus sociable et moins emporté ou autoritaire. Qu'on lui laisse encore une chance !

Il doit comprendre qu'à terme, cette attitude est la seule possible, sinon il finira par être totalement exclu ou deviendra le chef d'une bande de petits sauvageons comme lui, qui ne savent que donner leur « poing » de vue.

Grâce à des jeux de rôle, habituez-le à reproduire ce type de situations délicates. Il doit se mettre à la place de Kevin (la victime) et c'est vous qui le « maltraitez » en empruntant son rôle ; ainsi prendra-t-il conscience de ce qu'il fait subir aux autres. Dans un deuxième temps, faites-lui reprendre sa place mais, cette fois, pour adopter une attitude plus amicale et moins provocante. Il comprendra peut-être qu'il peut se faire respecter sans violence, cette fois.

Votre but est de l'amener à se faire aimer par la séduction plutôt que par la force. Il faut l'aider à valoriser les qualités positives jusque-là inexploitées en lui. S'il veut une place dans le cœur de ses camarades, autant qu'elle soit bonne !

La pratique d'un sport lui permettra de décharger ses pulsions agressives dans un cadre structuré (judo, karaté, sport collectif, etc.).

Si toutes ces tentatives n'aboutissent pas, emmenez-le consulter un psychologue pour enfants. Là, au moins, il constatera que tous ses « appels » ont été entendus.

Les pièges à éviter

Le pire serait l'absence de réaction à ses SOS répétés. Si tout le monde se plaint de lui, c'est donc qu'il existe un problème. Et si votre enfant est vraiment en cause, il faut comprendre pourquoi et l'aider. Sinon, il ira toujours plus loin dans l'escalade des provocations, jusqu'à se faire entendre.

Cependant, un enfant turbulent, maladroit, « plein de vie », ou qui ne connaît pas sa force, peut facilement être catalogué comme un « enfant terrible ». Si tout va bien dans sa vie familiale, qu'il semble heureux, dort bien, mange bien, travaille bien et ne manifeste que peu de symptômes par ailleurs, c'est peut-être l'entourage qui manque de patience ou de tolérance ? A vous, alors, de plaider sa cause.

Il refuse d'aller à l'école

Côté parents

Tous les prétextes lui semblent bons pour ne pas aller en classe. Seulement voilà, le mal de ventre ne marche pas à tous les coups. Pourquoi oppose-t-il de telles réticences ? Serait-il paresseux ? En tout cas, depuis plusieurs jours, son petit manège dure, et ce comportement vous amène à vous poser des questions. Aurait-il des problèmes qu'il n'ose vous avouer ?

Côté enfant

Cette fois, il est sérieux, il se sent vraiment mal et préférerait rester à la maison. D'ailleurs, l'école ne l'intéresse plus vraiment. Que ce soit à cause de son instituteur qui ne l'aime pas et le lui fait bien sentir, ou la bande rivale qui veut en découdre avec lui, y retourner devient pour lui un véritable calvaire. Si, au moins, ses parents le comprenaient ! Mais ils ne s'inquiètent que de son carnet de notes et n'envisagent que le travail qu'il faudrait rattraper s'il manquait l'école.

L'avis du psy

Tous les enfants rechignent un jour ou l'autre à aller en classe (surtout le lundi matin). C'est si normal et si compréhensible que ce serait plutôt l'inverse qui serait inquiétant. Généralement, les soucis invoqués sont vite envolés, et tout rentre dans l'ordre assez rapidement.

Cependant, il arrive que le malaise soit plus persistant et signale une réelle difficulté. Exemples : les petits CP en primaire ou les sixièmes au collège ne font pas toujours le poids face aux grands qui les excluent de leur territoire ; les premiers de la classe se font rejeter pour cause de facilité scolaire ; les gourmets refusent la cantine parce qu'« on y mange mal » ou qu'il y règne une atmosphère trop éprouvante ; les filles redoutent l'épreuve des toilettes à cause des incursions des garçons ; les « souffre-douleur » n'en finissent pas de payer leur physique particulier, leur nom de famille, leur handicap ou la profession inavouable de leurs parents ; les timorés ont peur de la récréation ou de la gymnastique, qui les laissent trop à découvert ; les cœurs d'artichaut s'affligent des ruptures avec le « meilleur copain » ou la « meilleure copine » ; les anxieux s'inquiètent des difficultés avec la maîtresse (trop injuste, trop exigeante, trop sévère, selon eux), les mêmes ont peur de décevoir leurs parents trop ambitieux qui les poussent à être les premiers, voire redoutent déjà de les voir au chômage. Bref, pour toutes ces raisons, les enfants peuvent, à un moment ou à un autre, traverser une crise qui leur rend l'école insupportable.

La difficulté est que ces enfants n'expriment pas toujours ouvertement leur refus, mais le manifestent plutôt par un ensemble de signes *répétés* auxquels les parents doivent être attentifs : perte du matériel scolaire, oubli du cahier de correspondance (où l'enseignant aura pu écrire des informations qu'ils souhaitent cacher), oubli des livres ou du cahier de textes (où sont indiquées les leçons), affabulations concernant l'école, l'enseignant ou les surveillants ; multiplication des maux de ventre, migraines et crises d'urticaire.

Parfois, le refus (voire la phobie scolaire) peut masquer des blessures plus profondes encore. Souvent, l'enfant exprime une difficulté inconsciente, ancienne, d'opposition et de revendication affectives vis-à-vis de ses parents. En refusant de se rendre à l'école ou de faire ses devoirs, il déplace son agressivité vers l'instance scolaire, moins chargée d'affectivité. Tout se passe comme s'il s'attaquait à l'école pour atteindre l'amour-propre de ses parents, tout en évitant de les affronter directement pour ne pas perdre leur amour.

Plus exceptionnellement, le refus scolaire peut être consécutif à des violences de tous ordres subies à l'école. Ainsi, d'après le rapport préliminaire officiel remis au ministère des Affaires scolaires en mars 1999, l'école est un lieu de violences sexuelles entre enfants, à peine imaginables par les parents. Un premier bilan statistique national a été établi pour l'année scolaire en cours. En un seul trimestre, 242 « affaires » ont déjà été portées à la connaissance du rectorat, chiffre qu'il faudrait majorer puisque, en réalité, bien d'autres petits drames ne feront jamais l'objet de plaintes. Selon ce rapport, les auteurs et les victimes de ces violences sexuelles sont particulièrement jeunes : 30 % des auteurs ont moins de 13 ans, 13 % moins de 11 ans ; 35 % des victimes ont également moins de 13 ans, 18 % moins de 11 ans. (Cf. chap. 4 : « Petits jeux intimes à deux. »)

Ces chiffres donnent à réfléchir aux parents ; ils doivent savoir qu'un enfant peut refuser d'aller à l'école pour de telles raisons.

Là encore, les manifestations sont indirectes : brusque changement de comportement, repli sur soi, chute des notes, troubles de la concentration en classe, troubles de l'appétit, du sommeil, etc.

Face à un problème ou à un conflit, l'enfant réagit tout naturellement par une attitude d'évitement. Il montre ainsi qu'il ne se sent pas assez fort pour surmonter la crise seul. Il a donc besoin d'écoute, d'encouragements ou de conseils, plutôt que de réprobation parce qu'il va à l'école ou au collège à reculons.

Certains de ses problèmes tiennent à sa personnalité même, et ne peuvent donc être résolus aussi simplement ; d'autres, en revanche, sont « conjoncturels » et nécessitent une simple mise au point pour s'effacer (rivalités, racket, punition de l'institutrice).

Une chose est sûre : les parents doivent être persuadés que leur intervention est indispensable, non seulement pour résoudre le problème, ici et maintenant, mais pour plus tard aussi. Leur aide portera ses fruits à distance, dans des situations similaires, au lycée, à la fac, puis au travail. En accompagnant leur enfant, ils font de l'éducation, mais aussi de la prévention.

Ce que vous pouvez faire

Rappel inévitable : l'école est légalement obligatoire jusqu'à 16 ans. L'enfant ne peut s'y soustraire et cesser d'y aller en fonction de ses états d'âme. Mais s'il a de sérieuses raisons de s'absenter, il doit vous les exposer.

Il est 8 h 20 et il refuse d'y aller

Explication possible à son encontre : « Il n'y a pas trente-six solutions, tu dois faire un effort et te rendre à l'école ; à mon retour du travail, nous en reparlerons. C'est donnant, donnant ! » Il prend sur lui mais, ce soir, il sera votre priorité numéro un. Donc : action + compréhension.

Il est 16 h 30 et il vous jure qu'il n'y retournera pas le lendemain

La discussion doit avoir lieu dans le calme, avec une totale disponibilité. Plus de coups de fil urgents ni de corvée de repas à préparer tandis que vous l'écoutez. Laissez-le exprimer toutes ses doléances, même si certaines réflexions vous semblent tenir de l'enfantillage. Il peut ainsi déposer son fardeau et dire ce que, *lui,* il ressent. Souvenez-vous du temps où vous étiez à l'école, la vie n'était pas rose tous les jours.

Demandez-lui ensuite comment réagissent les autres enfants en pareille situation. L'objectif est de l'amener à relativiser les choses et à prendre conscience de son statut.

Troisième étape : comment imagine-t-il résoudre son problème tout en allant à l'école ? Il est quasi sûr qu'il répondra qu'il ne le sait pas. Mais au moins, cette question l'amène à penser que la fuite n'est pas la seule solution et que l'on peut résoudre ses difficultés en les affrontant. Devant son silence, rassurez-le, il doit savoir que vous l'épaulerez : « Ne t'inquiète pas, nous trouverons. » Certains enfants peuvent en douter et dire qu'il n'y a rien à faire. Ils cherchent seulement à éprouver votre détermination, ils ne demandent qu'à se laisser convaincre.

Que pouvez-vous faire concrètement ?

Prenons le cas le plus fréquent, les bagarres ou exclusions en cour de récréation

Rappelez-lui que les enfants connaissent un jour ou l'autre la peur de se rendre à l'école, que cette peur est naturelle et souvent passagère.

S'il se sent impuissant à affronter ses agresseurs, apprenez-lui à se faire aider par le surveillant de récréation en lui demandant d'intervenir. S'il a un ami, un voisin ou un cousin plus grand dans la même école, peut-être acceptera-t-il de l'aider en cas de besoin ?

S'il le souhaite, allez voir la maîtresse, ou même l'agresseur à la sortie de l'école, afin de remettre les pendules à l'heure. Bien souvent, l'enfant a simplement besoin de se sentir compris et soutenu. Sinon, s'il reste isolé avec son problème, il peut s'imaginer qu'il est lâche, avoir honte et en être terriblement humilié.

Bien évidemment, il n'est pas question d'intervenir à sa place, au moindre échange de noms d'oiseaux ou crêpage de chignon. En revanche, s'il n'y parvient pas malgré vos conseils et semble souffrir de cette situation, épaulez-le. Pendant quelque temps, si cela le rassure, accompagnez-le à l'école ; au retour, assurez le service après-vente, en lui demandant comment s'est passée sa journée.

Lorsqu'il s'agit non pas d'un petit problème concret et ponctuel à résoudre, mais plutôt de difficultés dues à sa personnalité (timidité, manque de confiance en lui, agressivité, souffre-douleur), consultez les chap. 10 : « Il n'a pas confiance en lui », et 7 : « Il n'a pas d'amis ». En tout cas, incitez-le à se confier à vous plutôt que de le laisser décréter que « l'école, c'est nul ». C'est avec votre aide qu'il surmontera ses appréhensions.

Les pièges à éviter

Vous pouvez être tellement submergé(e) par vos soucis d'adulte ou votre travail que ceux de votre enfant vous semblent dérisoires et sans importance. Pourtant, comprenez qu'*à son niveau* c'est prioritaire. L'école, c'est son boulot à lui. Il y passe le plus clair de son temps.

Si vous ne l'entendez pas maintenant, vous serez contraint de le faire plus tard, avec les agios en prime, puisque son problème aura pris entre-temps de l'importance.

Si vous ne pouvez assumer sur le moment, confiez cette mission à un tiers : un adulte en qui il a confiance, voire un psychologue.

N'essayez pas à tout prix de le faire réagir comme sa sœur ou sa cousine qui, elles, se sont sorties seules d'un problème analogue. Chaque enfant est différent. De plus, les garçons, plus volontiers physiques, réagissent différemment des filles.

Evitez d'intervenir d'emblée et à sa place. Donnez-lui plutôt les armes pour se défendre seul (apprenez-lui à répondre, notamment grâce aux jeux de rôle).

S'il vous déçoit d'être si peu courageux, c'est peut-être que vous lui en demandez trop. Il a le droit d'être lui-même et votre réaction amère ne peut que l'attrister et le culpabiliser davantage. Au contraire, votre confiance et votre aide l'inciteront à surmonter ses craintes. Félicitez-le dès qu'il parvient à se dépasser.

Zoom
Attention, violence !

Le racket n'est pas aussi anodin que peuvent l'imaginer certains parents. C'est un vol avec agression ou par intimidation. Une pression physique ou morale, voire les deux. C'est surtout un délit, puni par la loi.

Il peut se produire n'importe où, n'importe quand, pour n'importe quoi : vol de goûter, d'argent de poche ou de rollers ; on peut aussi contraindre l'enfant à rendre un service, comme porter un cartable ou faire les devoirs d'un autre en exigeant de lui le silence ; cela peut arriver partout, et même dans les beaux quartiers, en classe, dans les clubs sportifs, sur le chemin de l'école ou au jardin.

Le racket est une agression parfois traumatisante. L'enfant

a donc besoin de l'écoute bienveillante de ses parents, et surtout pas de s'entendre dire qu'il aurait pu faire attention, se défendre ou éviter de faire de malin. D'ailleurs, il anticipe si bien leur réaction, il en a parfois si peur qu'il ose à peine leur avouer avoir « perdu » un objet de valeur, ou leur dire qu'on l'humilie régulièrement, ce qui augmente encore son désarroi.

Que faire face au racket ?

• Montrer que ce n'est pas acceptable et réagir, en essayant d'obtenir réparation à l'égard de l'enfant, si on en connaît l'auteur ; en portant plainte, même si l'on sait qu'on ne retrouvera jamais l'objet perdu.

La loi autorise les victimes qui craignent que leur adresse soit connue des agresseurs à se domicilier au commissariat ou à la brigade de gendarmerie. Selon son âge, le racketteur peut se voir infliger une peine de prison, une amende, un travail d'intérêt général.

Agir ainsi est une manière d'entendre la peine de son enfant, de l'officialiser et de lui rendre justice. Après coup, il faut aussi l'aider à comprendre qu'une agression suscite des sentiments pénibles, mais légitimes, de peur et d'appréhension. Il doit apprendre à repérer ses sentiments, à les nommer. Ce faisant, il met à un niveau conscient des émotions inconscientes, ce qui lui permet de mieux réagir dans l'instant et, plus tard, dans des situations analogues.

• Faire de la prévention à deux niveaux, en minimisant les risques et en anticipant les réactions d'éventuelle agression.

Dans le premier cas, il s'agit d'éviter de porter ostensiblement des vêtements de marque et d'apporter à l'école des objets de valeur (jeux vidéo, portable, baladeur, etc.) ; ne pas hésiter à se faire accompagner par des amis ou par un adulte quand on sait que l'heure et le lieu sont peu sûrs.

Anticiper, c'est aussi savoir comment se comporter. Si l'adversaire est agressif et dangereux, pas d'hésitation, l'enfant doit céder et ne pas mettre en jeu sa santé ou son honneur pour une pièce ou un blouson. En revanche, face à un agresseur qui n'est pas de taille ou qui a peur lui-même, l'enfant peut refuser, argumenter, se sauver, se défendre physiquement s'il se sent à la hauteur.

Le jeu de rôle peut le préparer à une éventuelle attaque-surprise. Dans ce jeu, l'enfant sera tour à tour l'agressé puis l'agresseur. Se mettant dans la peau de l'un et de l'autre, il comprendra mieux les réactions à adopter pour déstabiliser les plus forts. Il peut faire preuve de ruse, de séduction, de persuasion, d'intimidation (« mon père est policier ou karatéka », « mon frère et sa bande vont me venger ») ; il peut simuler un malaise ou faire comme s'il avait reconnu un adulte sur le trottoir d'en face ; il peut même faire semblant de ne pas parler français, etc. Cet entraînement démystifie souvent la force supposée de l'agresseur et laisse émerger des ressources insoupçonnées en soi.

Parents et enfants disposent d'une cellule d'aide et de protection contre les violences de toute nature opérées en milieu scolaire. Numéro azur de SOS Violences scolaires (prix d'une communication locale, quels que soient le temps et la distance) : 0 801 55 55 00.

Il existe aussi le Fil Santé Jeunes : 0 800 235 236.

Comment réagir devant des mauvaises notes ?

Côté parents

Jeanne revient avec un bulletin très insuffisant, alors que vous imaginiez qu'elle travaillait plutôt bien. Désappointement. Mais comment savoir ce qui se passe vraiment dans l'enceinte de l'école ? Est-elle assidue, intéressée, participative ou plutôt du style à mijoter près du radiateur, au fond de la classe ?

La note et le bulletin sont vos seuls repères tangibles. Alors, que faire s'ils sont décevants ?

Côté enfant

Même si Jeanne feint l'indifférence, la mauvaise note la dévalorise et l'humilie. Elle peut penser que ses parents l'aimeront moins si elle ne répond plus à l'image de la bonne élève consciencieuse qu'elle était. Et elle n'est pas la seule, son amie Vanessa était tellement catastrophée par son 3/20 en géographie qu'elle n'osait pas rentrer chez elle, « de peur que son père ne lui pardonne jamais ».

En primaire, et au collège surtout, l'école occupe chez certains enfants une place démesurée. Une mauvaise note et c'est la fin du monde.

L'avis du psy

Cette réflexion du généticien et pédagogue Albert Jacquart mérite que l'on s'y arrête : « Le pire ennemi des bonnes études, c'est l'obsession de la vitesse et du rendement. »

On peut y adhérer ou pas, en tout cas, **la note ne peut résumer à elle seule tout le travail d'un élève en classe. Elle indique son niveau, à l'instant *t*, et encore faut-il que l'enfant n'ait pas perdu tous ses moyens lors du contrôle, par peur de ne pas réussir.**

En revanche, l'accumulation de mauvaises notes est un signal plus intéressant surtout si, en dehors du cadre scolaire il s'ajoute à d'autres, telles une agitation permanente, des insomnies, des « fuites » en plein jour ou des difficultés de concentration en classe, qui aboutissent à terme à des résultats médiocres.

Prenons ce dernier cas, très fréquent.

Il en va des enfants comme des adultes. Lorsqu'ils sont soucieux, ils peuvent perdre complètement le fil d'une conversation, sont incapables de lire trois lignes d'affilée sans se reprendre, travaillent avec difficulté.

Les enfants ont besoin d'avoir en permanence une sécurité affective et la conviction d'être aimés et respectés. Si ce n'est pas le cas, leur esprit s'évade et leur travail s'en ressent. Où s'évade-t-il ? toute la difficulté est là. C'est parfois chez le psychologue qu'il faut aller pour mener l'enquête et démasquer ce qui parasite sa pensée.

D'autres fois, il suffit que les parents soient un peu plus disponibles pour que les résultats s'améliorent. Il arrive aussi que la concentration revienne avec la disparition ou l'atténuation des difficultés qui préoccupaient l'enfant.

Celles-ci sont toujours plus ou moins les mêmes : mésentente conjugale, divorce des parents, rivalité fraternelle, problèmes avec l'enseignant (qui lui fait très peur ou le choisit comme bouc émissaire, etc.).

Quoi qu'il en soit, les parents jouent un rôle non négligeable dans la manière dont leur enfant va vivre l'école et s'y investir. Si, à l'évidence, ils s'en désintéressent, l'enfant peut les imiter. Il se montre parfois récalcitrant et, de façon délibérée, peut s'opposer à toute acquisition scolaire, refusant même d'écouter les consignes de l'enseignant ou les suivant à contretemps. Il peut aussi adopter un comportement très agité ou, au contraire, rêveur, effacé et non participatif.

A l'opposé, certains parents peuvent avoir, très tôt, des ambitions excessives pour leur enfant : réussite scolaire en vue d'une carrière professionnelle exemplaire, situation sociale garantie à vie, etc. Déjà, ils projettent sur leur futur bachelier des désirs de réussite scolaire que celui-ci se sent peut-être bien incapable d'assumer, car il n'est pas en âge de concevoir de telles motivations.

Au collège, l'étau se resserre. Les anxieux, obsédés à leur tour par la réussite scolaire, s'effondrent devant la première mauvaise note, vécue comme une catastrophe.

Ce que vous pouvez faire

D'une manière générale, soyez présents, sans être pesants. Votre enfant doit sentir que vous vous intéressez à son travail, et que vous croyez en ses capacités, pour y croire à son tour.

Rassurez-le. Un zéro pointé n'est pas une catastrophe nationale. Il doit relativiser les choses. Il a le droit de ne pas comprendre du premier coup, la mauvaise note permet de le déceler et de retravailler précisément ce qui n'a pas été compris, pour mieux l'assimiler.

Au fond, peu importe un 2 ou 3/20, s'il a compris ses erreurs. Nul n'est parfait, petit ou grand, tout le monde a le droit de se tromper.

Pour lui redonner confiance, faites-lui remarquer que dans d'autres matières (même dites mineures), il a de bons résultats. C'est donc qu'il en est capable.

Pourquoi ne pas établir des contrats, avec des objectifs définis à atteindre dans un temps donné ?

En revanche, si ses mauvais résultats scolaires se répètent, n'attendez pas trop pour aller voir l'enseignant(e) et comprendre avec lui ce qui ne va pas. Estime-t-il votre enfant paresseux ? S'agit-il simplement d'un manque de méthode ? De difficultés de concentration ? D'une émotivité trop grande pendant les contrôles ? Dialoguer peut s'avérer très constructif et mettre fin à la spirale de l'échec.

Etonnamment, les plus forts en classe sont souvent les plus

angoissés. Alors, profitez d'un bulletin jugé médiocre pour inciter votre enfant à rebondir et à transformer un mal en bien. La défaite fait partie de l'existence. Il ne peut toujours réussir en tout. Il faut savoir accepter les mauvaises notes (comme perdre au jeu ou dans une compétition sportive), sans se sentir humilié, ni remis chaque fois en cause. Ce n'est pas *lui* qui est jugé dans son entier, mais son travail, à cette période précise.

S'il falsifie son bulletin et truque ses notes, ce n'est pas forcément de la duplicité, mais bien qu'il a peur de votre réaction et craint de vous décevoir. Il recourt à ce subterfuge uniquement parce qu'il n'entrevoit pas d'autre issue. En échange de votre compréhension, exigez de lui qu'il vous fasse confiance. Vous êtes parfaitement capable de tenir une mauvaise note pour un accident ou le reflet de soucis ponctuels.

En cas de difficultés de concentration

Voyez ensemble ce qui se passe : votre enfant a peut-être une idée sur ce qui le préoccupe. Mais ne vous faites pas trop d'illusions, le problème se dérobe souvent à sa conscience et c'est chez le psychologue que l'on découvre le pot aux roses en quelques séances. Du moins, demandez-lui comment vous pourriez l'aider.

En rentrant de l'école, laissez-le se détendre une demi-heure avant de se mettre à ses devoirs. Qu'il prenne un goûter, une douche, fasse un brin de sieste ou bien lise une BD, bref, qu'il fasse ce qui lui fait plaisir. En revanche, n'autorisez pas les jeux agressifs ou d'attention sur sa console qui risquent d'entamer le peu de concentration qui lui reste.

La question des devoirs peut vous transformer en pile électrique, si c'est vous qui le faites travailler. En cas de saturation, mobilisez votre conjoint ou, mieux, un étudiant sérieux. Avec ce dernier, au moins, vous pouvez être sûr(e) qu'il n'y a pas trop d'enjeu affectif qui vienne parasiter davantage son esprit.

Les pièges à éviter

Les punitions sont parfois efficaces, mais très maladroites. La mauvaise note est déjà une sanction en elle-même. Votre enfant a plutôt besoin de réconfort et d'encouragements pour une meilleure note ultérieure. Ne vous y trompez pas, la fausse désinvolture affichée devant ses résultats masque souvent la peine de ne pas vous faire plaisir en répondant à votre attente.

Les récompenses promises (pour améliorer la situation), en espèces sonnantes et trébuchantes, peuvent mener à des abus. Mieux vaut offrir aux plus démotivés un cadeau ou des activités extra-scolaires exceptionnelles, et au coup par coup. L'important est qu'il reçoive de votre part une marque de satisfaction.

Zoom
La maîtresse nous a convoqués

Si l'enseignant vous convoque, il ne s'agit pas d'une sanction, mais d'une invitation au dialogue. Il connaît votre enfant et repère ce qui ne va plus. Il a besoin d'en parler avec vous, pour le bien de votre enfant. Les motifs les plus courants sont :

• Un problème ponctuel de comportement : agitation, agressivité, insolence, racket ;

• Un problème de scolarité : notes qui s'effondrent, baisse de concentration ;

• Une difficulté psychologique passagère : bégaiement, tics, ongles rongés, cheveux triturés, obsessions (rituels qui retardent l'écoute et la disponibilité de l'enfant), anxiété (refus d'aller en récréation, peur de passer au tableau ou de répondre, refus d'aller aux toilettes, etc.), signes d'angoisse.

D'où vient la réticence des parents à se rendre aux convocations ?

Beaucoup ont été échaudés. En maternelle, l'institutrice les envoyait déjà voir le psychologue parce que cela n'allait pas. Elle ne savait pas toujours formuler ses inquiétudes avec tact. Or les mots – et leurs sous-entendus – sont extrêmement importants : la moindre hésitation, le plus petit doute sur les qualités de l'enfant, sur sa normalité ou sur son quotient intellectuel, et voilà les parents désemparés. Si bien qu'ils ressortaient de ces entretiens la hotte chargée, toujours fautifs de toute façon, donc prêts à rejeter les propositions de la maîtresse du fait de sa maladresse.

Alors, répétons-le, la convocation part le plus souvent d'un bon sentiment. L'enseignant vous réclame une attention ou une disponibilité accrue pour *votre* enfant, ce qui ne peut lui faire que du bien. Parfois, il vous incite à demander un avis supplémentaire (peut-être justifié) à un psychologue. Il peut aussi vous proposer de vous fier à des cours particuliers pour le soutenir dans ses apprentissages ou vous conseiller de procéder à un rattrapage de fond pendant les petites vacances.

Si son avis vous semble erroné ou injuste, profitez justement de la rencontre pour faire valoir vos arguments et ceux de votre enfant. Sachez encore que la réciprocité existe. Vous pouvez, vous aussi, « convoquer » l'enseignant et le rencontrer lorsque votre enfant se plaint de difficultés.

Il est nul en orthographe

Côté parents

Virgile enchaîne zéro sur zéro en dictée ou rend des copies bourrées de fautes ! Est-ce un manque de travail, un problème d'attention, une difficulté plus sérieuse, nécessitant l'intervention de l'orthophoniste ?

Côté enfant

L'orthographe, c'est sa bête noire. Au lieu de le féliciter parce qu'il est passé de trente fautes à dix, en un seul trimestre, on le sermonne car le résultat est le même, malgré ses progrès, il obtiendra un zéro. Pourtant, il a bel et bien accompli des progrès, alors, c'est le système scolaire qui est idiot, mais pas lui. Et puis, pourquoi toujours parler de *fautes* d'orthographe, comme s'il s'agissait de grosses bêtises ! En calcul, on parle d'erreurs, et c'est moins culpabilisant. Que les profs et les parents se le disent !

L'avis du psy

Beaucoup de parents estiment que le niveau scolaire baisse et que l'orthographe fait partie de ces valeurs sûres qui se perdent. Eh bien, ils se trompent ! Copies d'élèves à l'appui, des chercheurs en sciences de l'éducation ont comparé les productions des élèves d'il y a un siècle à celles des enfants d'aujourd'hui, soumis à la même dictée. Bien sûr, tous les paramètres statistiques ont été pris en compte (nombre de filles ou de garçons, âge, origine rurale ou urbaine, etc.). Résultat : le niveau n'est pas pire qu'autrefois. Les élèves commettent autant d'erreurs. En revanche, ce ne sont pas les mêmes. Le problème n'est donc pas quantitatif, mais qualitatif. Si nos grands-parents se trompaient plus souvent sur le sens des mots, les élèves d'aujourd'hui butent davantage sur la grammaire et la syntaxe. Le profil des erreurs les plus fréquentes a été établi très précisément par Béatrice Pothier, maître de conférences à l'Institut de perfectionnement en langues vivantes d'Angers. Ces erreurs sont de trois types, résume la spécialiste : les erreurs de sons, commises par les enfants qui ont des difficultés en langue orale et les retranscrivent à l'écrit (au lieu d'écrire « il tombe », l'enfant écrit « il tompe ») ; les erreurs d'usage : l'enfant écrit phonétiquement ce qu'il entend (éléfan, papié, chèze) ; enfin, les erreurs grammaticales (fautes d'accord ou de conjugaison).

Autre idée reçue : « L'enfant est nul en orthographe parce qu'il ne lit pas. » Pour Béatrice Pothier, c'est un mythe qui devrait rejoindre celui du gaucher, forcément maladroit, ou de l'enfant forcément intelligent parce qu'il a le front haut. « Lire est absolument indispensable pour acquérir un style agréable, du vocabulaire ou des capacités d'imagination, mais ne peut aider à acquérir l'orthographe », écrit-elle dans son livre *Comment les enfants apprennent l'orthographe* (Retz, 1996). C'est même exactement l'inverse qui se passe ! L'orthographe aide à la lecture, c'est l'une de ses raisons d'être. Même un enfant papivore peut être un cancre en dictée parce que, lorsqu'il lit, son objectif est de comprendre ce qui lui est proposé, non d'analyser les divers éléments composant les termes qui apparaissent sous ses yeux.

Pour en finir avec les idées toutes faites : les filles sont-elles plus douées que les garçons dans cette *discipline* ? Selon Béatrice Pothier, il s'agirait sans doute d'une question de prédisposition au niveau des hémisphères cérébraux, une spécialisation naturelle, qui ferait qu'elles sont plus littéraires et les garçons plus scientifiques. Par ailleurs, jusqu'au collège, sur le plan culturel et comportemental, les filles sont plus attentives et moins rebelles ; elles respectent davantage les conventions sociales et la règle établie, ce qui peut en partie expliquer leurs performances en orthographe.

Que penser du recours à l'orthophoniste ?

Certains élèves, en grande difficulté, peuvent bénéficier d'une aide personnalisée, mais le recours à ce « suppléant » de l'enseignant est devenu trop systématique, estiment de nombreux pédagogues. Souvent, il suffit d'un déclic minime pour lever le blocage. Et il n'est pas anodin de mettre l'enfant dans une situation d'anormalité et de médicaliser son problème scolaire. On pourrait tout aussi bien l'envoyer chez son grand-père, davantage à l'écoute, ou demander à ses parents de se rendre plus disponibles pour lui.

De fait, nombreux sont les enfants bloqués dans leurs apprentissages qui expriment simplement une difficulté psychologique passagère, naissance d'un petit frère ou déménagement entraînant la perte de ses camarades. On rencontre également des enfants qui s'identifient à un parent, lui aussi « nul en orthographe » ou, au contraire, s'opposent à un parent surdiplômé ou trop absent. Exprimer sa différence permet alors d'exister par soi-même. Certains enfants font ainsi des fautes en dictée, comme d'autres font des bêtises, simplement pour attirer l'attention.

La vraie *dysorthographie,* elle, est un trouble de l'acquisition et de la maîtrise de l'orthographe, en l'absence de problème intellectuel ou sensoriel. Souvent, il s'agit d'une mauvaise perception des sons qui empêche une transcription correcte. Ce trouble, souvent associé à la dyslexie (difficulté à déchiffrer un texte à cause de trop nombreuses confusions ou inversions de sonorités) est repéré vers 7 ans, en CE1, lorsque les premiers apprentissages ont eu le temps de s'installer. Dyslexie et dysorthographie toucheraient, à des degrés plus ou moins sévères, 5 à 15 % des élèves.

Mais que les parents se rassurent et relativisent : il existe un fossé entre une copie pleine d'erreurs banales et une copie d'enfant réellement atteint de dyslexie et de dysorthographie. Pour preuve, la copie d'Arnaud 9 ans, en CM1 :

Bronjou, mesiedu quorbo,
qe vous me samlé bau
Si votr armaj égalle votlummage
Vous retes le fénis dé sotres deçé boua.

De quoi faire sursauter outre-tombe, Corbeau, Renard, et Jean de La Fontaine.

Pour apprendre l'orthographe (et l'enseigner), il faut respecter la psychologie globale de l'enfant, c'est-à-dire ses capacités réelles et les paliers d'acquisition de la langue écrite. Les parents qui en demandent trop risquent d'arriver au résultat inverse de celui escompté. **Les spécialistes de l'éducation estiment qu'il faut douze ans pour maîtriser *moyennement* le système orthographique du français, qui compte de nombreuses exceptions en tout genre. Un enfant n'est pas capable de se demander si un mot s'écrit comme ceci ou comme cela avant l'âge de 13 ou 14 ans. Cela dédramatise un peu les choses.**

Or les parents s'imaginent souvent qu'à la fin du primaire tous les acquis doivent être en place. C'est illusoire et à contre-courant des textes officiels, plus modestes dans leurs objectifs.

De fait, dans le cursus scolaire, l'enfant a huit ans devant lui pour apprendre l'orthographe, du CE1 à la troisième. C'est à cette période que tombe l'épreuve de la « dictée des collèges » qui sanctionne ses acquisitions.

Ce que vous pouvez faire

Pour sensibiliser votre enfant à l'orthographe, apprenez-lui à jouer avec la langue et avec les mots. Phrases absurdes, charades, mots croisés, mots cachés, scrabble, anagrammes, mots à plusieurs sens, tout est bon pour l'aider à progresser.

Une autre astuce qui fonctionne bien : traquer les erreurs sur les menus de restaurant ou sur les prospectus. L'enfant se sent alors valorisé. C'est lui qui repère les fautes commises par les adultes. Il peut aussi lire et suivre les paroles de ses chansons préférées.

Encouragez-le à écrire des lettres ; il s'apercevra ainsi peu à peu que l'écriture est indispensable pour communiquer et se faire comprendre. Cela dit, retenez-vous bien de lui reprocher ses fautes dans la dernière carte postale envoyée de la colonie de vacances, et évitez de vous en servir de modèle comme dictée, c'est le meilleur moyen de le dégoûter à jamais de recommencer, puisqu'il se sentira jugé à chaque bafouille qu'il aura écrite. En revanche, peu de temps après la réception de ce courrier, demandez-lui, l'air de rien, comment s'épelle tel ou tel mot.

Pour mieux l'entraîner, faites-lui « faire des gammes ». Il ne peut écrire correctement un mot s'il ne l'a jamais rencontré, ou alors c'est par chance. Voilà pourquoi la *copie* a été remise au goût du jour jusqu'en CE1, dans les dernières instructions académiques. L'objectif est d'être capable, à terme, de recopier un texte sans erreur. Les exercices (relevés dans les manuels de soutien scolaire ou concoctés par vous, à condition de respecter son niveau) complètent l'entraînement ; vous pouvez y ajouter l'apprentissage par cœur : l'inciter à retenir chaque jour quelques mots invariables ou verbes conjugués le prépare à les retrouver dans une dictée ou à les utiliser dans un devoir.

Les pièges à éviter

Les pédagogues sont unanimes : le plus important est de ne *pas faire* faire de dictée à son enfant ; cette dernière est tout sauf un exercice d'entraînement à l'orthographe, c'est seulement un exercice d'évaluation des acquis.

En théorie, la dictée vient à la suite d'une leçon. Elle est, par définition, préparée, ce qui est la mission même de l'enseignant. Elle ne devrait jamais devenir un piège ou se transformer en épouvantail.

Si vous souhaitez néanmoins vous y essayer, respectez certaines étapes, en vous aidant de manuels adaptés qui familiarisent votre enfant à certaines règles de grammaire ou mots de vocabulaire, retrouvés ensuite illustrés dans la dictée.

Une fois ce prétravail effectué, il doit lire la dictée, en comprendre le sens, et éventuellement la copier.

C'est seulement alors que peut commencer la dictée « sans

filet ». Incitez-le à se relire. Puis, signalez-lui les erreurs restantes, sans les nommer. Si votre enfant se corrige de lui-même, il sera pleinement gratifié et n'aura pas le sentiment d'avoir commis une faute.

Zoom
Note ou punition non méritée

Que faire lorsque votre enfant s'estime lésé dans une notation ou puni à tort ?

Discuter la note, refuser la punition ? Voilà qui est bien délicat. Vous pourriez décider que, par principe, les professeurs ont toujours raison et qu'il faut accepter la sanction sans discussion. Oui, mais… s'ils ont vraiment tort et que l'injustice vous paraît patente ?

Vous pouvez vous en tirer avec diplomatie, sans remettre en cause l'autorité du professeur ni négliger le sentiment d'injustice de votre enfant. Il a une punition (ou une note injuste), il la fera (ou l'acceptera). Cela ne vous empêche pas d'écrire un mot dans le cahier de correspondance. Exemple : « Loïc me dit qu'il a cent lignes à copier pour demain. Il n'est pas question pour lui de refuser la punition, mais de la comprendre. Face à son inquiétude, pourriez-vous m'aider à lui donner le fin mot de l'histoire, de sorte qu'il profite de la leçon et ne ressente pas la sanction de manière trop injuste ? »

Attendez la réponse. Elle ne viendra pas forcément et ne donnera pas nécessairement raison à votre enfant, mais ce dernier constatera que vous vous impliquez, que vous donnez de l'importance à sa parole et cherchez à le comprendre. Voilà le plus important. Ensuite, il peut bien faire la punition, il se sentira soutenu.

Faut-il l'aider à faire ses devoirs ?

Côté parents

Tous les parents sont un jour ou l'autre amenés à aider leur rejeton à faire ses devoirs. Deux écoles s'affrontent : l'une, résolument pour le soutien scolaire à la maison, l'autre, absolument contre. Les tenants de la première école ont des arguments irréfutables : si l'on aide les enfants, ils sont moins tentés de bâcler le travail et ont de meilleures notes en classe. On leur donne ainsi des atouts supplémentaires dans l'existence et on les prépare utilement (pourquoi pas ?) aux épreuves qui les attendent.

Seconde école : arguments opposés. Les enfants ne peuvent devenir autonomes que s'ils apprennent à s'en sortir seuls et font preuve d'un minimum de persévérance. On ne doit pas les considérer comme de petites choses fragiles à surprotéger. Après tout, c'est une question de confiance et de responsabilisation. Enfin, beaucoup d'enfants s'en sortent seuls, sans la pression des parents (c'est même ce qui est arrivé aux parents prônant cette tendance), alors pourquoi pas eux !

On le voit bien, dans les deux camps, les arguments sont sérieux.

Côté enfant

Les devoirs ?

Un jour, il n'en a pas, donc il lui est inutile de s'y mettre. Le lendemain, il en a trop, donc il lui est tout aussi inutile de s'y mettre... sans l'aide de papa-maman. Une autre fois, il les bâcle pour aller jouer plus tôt. « Les devoirs, c'est vraiment pas une vie, résume Lucas, et l'Education nationale les a interdits en primaire, alors il faudrait savoir. »

L'avis du psy

Entre l'indifférence et l'omniprésence des parents, il y a sans doute une troisième voie. L'objectif est d'aider l'enfant à devenir autonome et à se débrouiller tout seul.

Jusqu'à 8 ans, il a besoin qu'on l'aide à s'organiser, grâce à une méthode de travail simple. Il lui faut apprendre à repérer toutes les données du problème, à comprendre la consigne et à utiliser les règles ou théorèmes qui s'y appliquent. Dans le meilleur des cas, il peut faire seul ses devoirs, mais les parents doivent tout de même vérifier le travail effectué, écouter les poésies à réciter ou lui lire ses dictées préparées pour qu'il les écrive.

Entre 9 et 11 ans, les méthodes sont, en principe, déjà acquises. Pourtant, il arrive que certains enfants aient encore besoin qu'on les aide à se structurer et à penser avec rigueur. Tous n'acquièrent pas au même âge le stade de la pensée formelle (abstraction, raisonnement, déduction), si indispensable en mathématiques ou en technologie par exemple.

A 12 ans, ils sont censés être sur les rails et devraient être capables de prévoir et planifier les devoirs de la semaine, en fonction de l'urgence et de la quantité de travail demandée. De même, au cours des exercices réclamés, ils devraient être à même d'anticiper un résultat et de savoir s'il est logique ou pas.

Le rôle des parents n'est donc pas de se substituer aux enseignants (à chacun son métier), mais plutôt d'aider leur enfant à acquérir certains mécanismes de réflexion. Ils peuvent le faire de manière très simple et quotidienne.

Pour l'aider à anticiper et à planifier, il suffit, par exemple, de le mettre de temps en temps devant les fourneaux. En confectionnant un gâteau, l'enfant apprendra à prévoir tous les ingrédients et le matériel nécessaires, il préchauffera le four, agira avec logique.

S'il inverse les étapes, gare au résultat ! Les parents peuvent aussi inculquer le sens de l'argumentation ou l'esprit de synthèse. Là encore, de manière aisée. L'enfant veut obtenir quelque chose (une sortie, une nouvelle paire de chaussures, la permission d'inviter un copain) ? Qu'il donne ses raisons et, s'il parvient à être convaincant, il aura gagné. S'il ne l'est pas, il affûtera ses arguments pour une prochaine demande.

L'esprit de synthèse est une autre qualité indispensable, qui se travaille elle aussi. S'il raconte sa journée ou commente un livre qui lui a plu, plutôt que d'écouter distraitement son laïus, il suffit, de temps en temps, de l'inciter à s'exprimer de manière logique et concise. L'exercice peut être compliqué selon l'âge. Le narrateur peut résumer les mêmes faits en quelques minutes, puis en trois phrases seulement, en se contentant cette fois de situer l'action et les personnages principaux. A la longue, ce genre d'exercices est très payant pour le travail scolaire.

Enfin, les parents peuvent établir un lien entre la théorie (enseignée à l'école) et la pratique (vécue par l'enfant). C'est sans doute ce dont souffre le plus l'élève : les mathématiques, la géographie, l'histoire, la poésie, tout cela reste abstrait pour lui. Or, même une fable de La Fontaine peut lui en apprendre beaucoup sur ce qu'il vit au quotidien et sur les relations humaines.

Ce que vous pouvez faire

Soutenez votre enfant à distance, sans faire le travail à sa place. Ce sont *ses* devoirs, non les vôtres. Si vous êtes au bureau, pensez au téléphone pour les dépannages minute.

Apprenez-lui à instaurer un contexte favorable à la concentration : télévision et sono éteintes. Bureau net.

Une fois installé, qu'il commence par lire la consigne du devoir, plutôt deux fois qu'une, et soit sûr de la comprendre avant de la mettre en application.

En cas de difficulté, jouez au donnant-donnant. Il doit montrer qu'il fournit un effort pour que vous acceptiez de l'aider en retour. S'il s'avère trop désinvolte ou papillonnant, inutile de vous engager puisque lui-même ne s'y met pas.

Créez l'étincelle : rappelez-lui que tout n'est pas toujours intéressant et attractif. La grammaire s'apprend par cœur (ce qui ne veut pas dire bêtement), de même que les tables de multiplication.

Il a horreur des soustractions ? Reconnaissez que pour lui c'est laborieux, embêtant, mais… nécessaire et obligatoire. Il doit savoir que tout le monde est passé par là, et que tout le monde s'en est sorti.

Quant aux récitations, il les retiendra mieux s'il les interprète comme un comédien, plutôt que s'il les ânonne sans conviction.

Une astuce à tenter : l'humour. Il peut très bien apprendre une récitation difficile (ou une table de multiplication) avec l'accent suisse, québécois ou marseillais. Il la saura sur le bout des doigts.

Pour expliquer le problème de maths si fastidieux, plutôt que de compter les litres ou les kilomètres, donnez-lui des exemples qui lui parlent dans son domaine, comptez en sauts de chat (si elle est danseuse) ou en kilos de chocolat (s'il est gourmand). Rien n'empêche, quand c'est possible, de mettre en application les leçons de choses (expliquer les cumulonimbus grâce au bulletin météo du soir).

Attention aux séances qui s'éternisent. En primaire, les devoirs ne peuvent excéder une demi-heure. En sixième ou en cinquième, une heure environ. Ne cherchez pas à prendre de l'avance dans le programme, les exigences des enseignants sont suffisantes, n'y ajoutez pas les vôtres.

Autorisez-le à bouger pendant le travail. Jusqu'à 8 ou 10 ans, les enfants sont envahis de tics et de gesticulations intempestives qui leur permettent de se tranquilliser. Il faut savoir accorder des récréations de quelques minutes si l'agitation monte. Alternez les temps de travail seul (« tu prépares ta dictée » ou « tu apprends ta récitation ») avec les moments de soutien (« bon, je t'explique les consignes pour faire l'exercice » ou « le résultat que tu as trouvé te paraît-il logique ? »).

Après l'effort, le réconfort. Dès que les devoirs sont bouclés (et vérifiés par vous, si possible), autorisez-le à prendre l'air ou à se détendre.

Quelques cas particuliers :

Vous partez tous en week-end le samedi matin, alors qu'il a classe

Une attitude trop désinvolte de votre part pourrait lui laisser entendre, qu'au fond, ces absences auxquelles vous le soumettez ne sont pas si graves. Il ne fera pas la différence entre celles qui vous arrangent et celles qui vous ennuient. Pour rester en accord avec vos principes, montrez-lui que vous considérez la chose comme importante. Un mot d'excuse doit prévenir l'enseignant, en même temps qu'il protégera votre enfant. Demandez éventuellement quels seront les devoirs à faire pendant le week-end ou les jours qui suivent. Naturellement, ces absences doivent rester exceptionnelles.

Dimanche soir, il n'a toujours pas fait ses devoirs

Que faire : le mettre au travail jusqu'à 21 heures ou davantage ? Ou bien le laisser faire l'impasse ? Mieux vaut que le cher petit dorme et commence bien sa semaine. En revanche, et si c'est vrai, vous pouvez écrire un mot à l'enseignant : « Pour raisons familiales, Arnaud n'a pu faire son travail, les devoirs seront finis lundi soir. »

Le petit Arnaud peut très bien ne pas avoir fait ses devoirs sans raison valable (il a oublié son cahier de textes) : en ce cas, pas de mot explicatif à la maîtresse. Il s'arrangera tout seul et assumera les conséquences de cet oubli très sélectif.

En semaine, et s'il a oublié une fois de plus son cahier ou ses livres

Ne laissez plus passer. Il peut rattraper l'erreur en téléphonant à un camarade qui lui dictera la leçon ou en empruntant le livre à un voisin de classe. En tout cas, ne l'autorisez pas à regarder la télévision sous prétexte qu'il ne peut pas travailler, ce serait trop commode. Il doit comprendre que le retard s'accumule ainsi et qu'il *se* pénalise d'autant.

Rare, mais possible, il s'acharne au travail

Certains stakhanovistes, comme Alexandre, parlent de leurs notes à tous les repas, recalculent leurs moyennes dix fois par jour et semblent obsédés par les félicitations sur leur bulletin. Apprenez-lui à relativiser. L'école, c'est important, certes, mais ce n'est pas tout. Il doit être capable d'avoir d'autres centres d'intérêt (sport, peinture, piano, échecs, amis, etc.).

Vous n'avez pas de temps à consacrer aux devoirs de votre enfant

• Il n'a pas compris la leçon. Pourquoi vous énerver ? Après tout, les enseignants sont là pour (ré)expliquer. Ecrivez un mot sur le cahier de correspondance : « Eva n'a pu faire son exercice de grammaire, car elle n'a pas compris la leçon, pourriez-vous l'y aider ? »

• Il existe aussi des associations d'aide aux devoirs (souvent bénévoles), renseignez-vous auprès de votre mairie (ou éventuellement de votre paroisse).

• Enfin, songez aux CD-Roms d'accompagnement scolaire, qui figurent au palmarès des meilleures ventes. Que valent-ils ? La revue *Micro-Hebdo* (n° 26, octobre 1998) a mené l'enquête et testé les principales collections pour le primaire. Ils peuvent fournir une aide intéressante pour les difficultés scolaires ou les lacunes ponctuelles. Le plus souvent, les exercices d'entraînement proposés sont moins rébarbatifs que ceux puisés dans un livre. « Les enfants sont en permanence encouragés dans leurs efforts, lit-on dans la revue. S'ils font des erreurs, ils peuvent recommencer plusieurs fois, faire appel à une aide ou consulter un rappel du cours. Le prof virtuel, plutôt sympa, ne rechigne pas à répéter ses conseils. » Les trois meilleurs sélections de *Micro-Hebdo* sont : *Atout clic,* avec la mention « très bien », édité par Hachette Livre (titres de la collection : CP, CE1, CE2, CM1, CM2, Anglais 6e) ; *Tim 7,* avec la mention « très bien », édité par Ubi Soft (titres de la collection Français, Maths, CM1, CM2, niveau collège) ; enfin *Adi 4,* avec la mention « bien », édité par Coktel (titres de la collection : Math, Français, Anglais, Géographie CE, CM, niveau collège).

Les pièges à éviter

Le plus universellement partagé par les parents est de craquer au cours des devoirs parce que le cancre sabote le travail ou ne comprend rien à ce qu'on lui demande. Alors, ne vous énervez pas et restez sereins. Evitez d'introduire trop d'affectivité dans votre aide. Il travaille pour lui et non pour la maîtresse ou pour vous faire plaisir. S'il échoue, ce sera dommage pour lui.

N'allez pas non plus claironner que vous étiez nul en maths, ou que, chez les Lequesnoy, on n'est pas doué pour les langues, il risquerait fort de vous donner raison, alors que les résultats scolaires ne sont nullement héréditaires !

Ne vous accrochez pas aux seules bonnes notes ; l'objectif est surtout d'acquérir des connaissances et des mécanismes de pensée et de raisonnement qu'il saura appliquer à toutes les situations équivalentes.

Enfin, ne cédez surtout pas au chantage affectif du genre : « Si tu nous aimais vraiment, tu travaillerais bien mieux. » Ramener ainsi l'apprentissage scolaire à un marché où votre enfant pourrait gagner en affection, en échange de sa réussite ou d'un investissement scolaire accru, signifierait du même coup, qu'en cas de mauvais résultats, vous ne l'aimeriez plus autant, ce qui serait pour lui insupportable et culpabilisant.

Zoom
Jusqu'où s'impliquer dans leur scolarité ?

De nos jours, les parents gagnent à s'impliquer dans la scolarité de leur enfant. Plus ils seront attachés à l'école, plus leur enfant partagera les mêmes valeurs et se sentira soutenu.

S'impliquer ne signifie pas nécessairement devenir délégué de parents d'élèves dans une fédération. On peut aussi être des parents très honorables sans cela.

Quelques interventions toutes simples peuvent suffire : par exemple, vérifier quotidiennement le cahier de correspondance. Là sont consignées toutes les informations importantes concernant la vie de la classe ou les observations de l'ensei gnant concernant l'élève. N'hésitez pas à l'utiliser pour poser des questions en retour.

Les signatures des parents comptent aussi. Ce ne sont pas des gribouillis inutiles, mais des signes indiquant que vous avez pris connaissance des notes de votre enfant ou d'informations importantes ; de fait, elles engagent votre responsabilité, en cas de sortie notamment.

Les réunions d'école, en début d'année, sont toujours dignes d'intérêt. On y apprend beaucoup, tant sur le niveau de la classe et ce qui est attendu des élèves en général que sur le comportement particulier de son enfant, ses points forts et ses faiblesses.

Vous pouvez solliciter un rendez-vous quand votre enfant semble en difficulté (notes en chute libre, changement brutal de comportement, humeur triste, indifférence et détachement, refus d'aller en classe, plaintes à répétition, etc.). Comme en primaire, l'enseignant côtoie l'enfant cinq à six heures par jour, il a forcément son opinion.

Vous pouvez enfin questionner votre garçon ou votre fillette sur ce qu'il (ou elle) a fait d'intéressant durant la journée, avec intérêt et légèreté, plutôt que sous la forme d'un interrogatoire inquisiteur.

Bien entendu, soyez attentif à ses doléances : il peut se plaindre des reproches d'un professeur, de contrôles trop durs ou trop fréquents, etc.

Là encore, avec votre regard d'adulte, relativisez ses inquiétudes et apprenez-lui à prendre une certaine distance. Par exemple, s'il déteste l'anglais parce qu'il n'aime pas sa prof, conseillez-lui la patience : l'année prochaine, il en aura une autre. En attendant, il doit s'accrocher et se résigner. Rappelez-lui les difficultés analogues qu'il a réussi à surmonter les années passées et qu'il a déjà oubliées.

Faut-il le faire sauter de classe ?

Côté parents

La tentation est grande de propulser en avant son enfant « précoce », un fort en thème doublé d'un crack en maths. Il mémorise tout ce qui lui tombe sous les yeux et pose d'emblée les bonnes questions. L'idée n'est pas tant de lui faire gagner une année (quoique, s'il arrivait plus tôt à l'Ecole polytechnique, cela l'encouragerait à poursuivre à l'ENA), mais d'éviter de lui en faire perdre une.

Côté enfant

Il est flatté par la considération admirative des adultes devant ses facilités scolaires, mais, dans le même temps, il est, comme n'importe quel enfant de son âge, pris de doutes et d'inquiétudes : que se passerait-il si, dans la classe supérieure, il n'y arrivait pas ? S'il n'était pas à la hauteur des projets fondés sur lui ? S'il devait quitter tous ses camarades pour de plus grands que lui ? S'il se sentait isolé parmi les autres ? Toutes ces questions tempèrent l'enthousiasme que ses parents aimeraient lui communiquer, alors qu'il n'est même pas si sûr que le jeu en vaille la chandelle.

L'avis du psy

Etat des lieux.

Du CP au CM2, il est tout à fait envisageable, en principe, de faire sauter une classe à son enfant. En pratique, on compte seulement 5 % à 10 % de demandes, et une proportion encore plus minime d'enfants dont le passage anticipé est accepté. Ce qui relativise donc le problème.

En outre, les demandes se font plus exceptionnelles que par le passé, sans doute à cause de la réticence des psychologues scolaires et du niveau global exigé, qui est de plus en plus élevé.

Quels sont les critères pour postuler ?

Des résultats scolaires bons et homogènes dans toutes les matières ; pas ou peu de chute brutale dans les notes durant l'année ; niveau de concentration important ; exécution aisée des consignes ; appétit de savoir et curiosité intellectuelle à l'égard des matières littéraires et scientifiques ; à la maison, capacité de travail intense (mais certains obtiennent d'excellents résultats sans travail) ; goût pour les activités extrascolaires les plus pointues (visites de musées ou d'expositions à thème sur la chimie, l'électronique, l'histoire, etc.) ; tendance à vouloir transmettre et enseigner sa passion aux autres.

Quel est l'intérêt de sauter de classe ?

Comme son nom l'indique, le passage effectué avec une année d'avance dans la classe supérieure fait anticiper sur le temps de l'enfant : il lui permet de gagner une année sur son cursus scolaire et, surtout, de ne pas freiner son esprit avide de connaissances ; il lui évite l'ennui et le désintérêt pendant la classe dus à un excès de facilité.

Quel est l'intérêt de ne pas sauter de classe ?

Il est hasardeux de se fier aux seuls critères d'intelligence.

La maturité psychologique de l'enfant peut, elle, ne pas être en avance. L'élève sera alors en décalage par rapport aux camarades de sa classe et risque une mise à l'écart.

Sur le plan affectif, différents soucis familiaux peuvent venir parasiter son esprit et l'empêcher de se mobiliser autant qu'il le faudrait pour affronter la classe supérieure. L'idéal des parents peut lui apparaître insurmontable (« dans la famille, tous les garçons ont sauté des classes » ; « j'ai été mauvais en classe, mais toi, au moins, tu vas remonter le niveau »).

Enfin, sur le plan physique, il peut s'essouffler face aux autres élèves. Après tout, on lui demande d'avoir les capacités globales d'un enfant plus vieux d'un an et, à son âge, cela compte énormément.

Sa stature, son assurance, sa fatigabilité, son besoin de jouer et sa capacité à se détendre sont des critères inévitables entrant en ligne de compte tout autant que les prouesses scolaires.

Diagnostic en trois entretiens

Pour apprécier la possibilité de passage anticipé, le psychologue se base sur un entretien préliminaire qui lui sert à apprécier la motivation de l'enfant et celle de ses parents.

Lors de l'entretien suivant, une batterie de tests permet d'évaluer son niveau intellectuel du moment, son degré de mémorisation, la qualité de son graphisme, l'état général de ses connaissances, la richesse de son vocabulaire, la fluidité du raisonnement, l'adaptation à des situations nouvelles, son niveau de socialisation, l'aspect psychomoteur (orientation spatiale et temporelle), etc. Un ou deux tests projectifs complètent cet aperçu global de sa personnalité. Ils révèlent les mécanismes de défense à l'œuvre chez cet enfant et sa façon de réagir face à certaines angoisses (anxiété, peur, etc.).

Un troisième entretien permet au psychologue de restituer à l'enfant et à ses parents tous ces éléments de manière synthétique. L'avis de passage anticipé est alors posé pour le bien de l'enfant, et non pour satisfaire le désir des parents.

En cas de refus, il n'y a pas lieu d'être déçu. L'enfant perd une année d'avance, si l'on peut dire, mais gagne une année d'enfance. Sans doute aura-t-il aussi, en plus, une plus forte probabilité de réussir tout son cursus scolaire en primaire.

Ce que vous pouvez faire

Si vous envisagez sérieusement de faire sauter une classe à votre enfant, parlez-en d'abord à son institutrice et tenez compte de ce qu'elle pense. Puis sollicitez le psychologue scolaire pour lui demander son avis. Eventuellement, parlez-en à votre pédiatre.

Avant cet entretien, posez-vous ces quelques questions : qu'en pense le principal intéressé, votre enfant ? Se sent-il prêt à relever ce défi ? Prêt à accepter de perdre ses camarades de classe ? Se fait-il aisément de nouveaux amis ? Est-il débrouillard ou plutôt timide ?

Quant à vous, demandez-vous sincèrement ce qui motive votre démarche. Pourquoi souhaitez-vous tant ce passage ? Est-ce pour flatter votre ego ou réellement pour ne pas limiter les capacités de votre enfant ? Pourrez-vous l'aider à soutenir son effort pendant toute l'année, si nécessaire ? Avez-vous envisagé la possibilité qu'il ne soit pas au niveau ?

La réponse à ces quelques interrogations vous aidera en partie à prendre la décision la plus bénéfique pour lui. Ne lancez ce projet que si vous avez pu obtenir de l'institutrice et de la directrice la possibilité, en cas d'échec, de revenir à sa classe d'origine.

Les pièges à éviter

Ne forcez pas votre enfant s'il est réticent.

Ne négligez pas l'avis de l'institutrice qui le connaît mieux que vous *sur le plan scolaire.*

Vos souhaits personnels (les vôtres, comme ceux de votre enfant ou de la famille) doivent s'incliner devant les intérêts de l'enfant.

Vous avez eu une piètre scolarité ? Votre enfant n'a pas à redorer le blason… pour vous. Il n'est pas là pour effacer vos vicissitudes scolaires.

Zoom
Quand le redoublement a du bon

Il est plus fréquent de redoubler sa classe que de la sauter.

Les statistiques sont éloquentes : trois écoliers sur cinq redoublent au moins une fois avant la terminale.

Toutefois, une donnée change tout : les parents ont désormais le droit de refuser un redoublement. Doivent-ils en user ou pas ?

Toute la question est là.

Disons-le d'emblée, et pour bien mettre les points sur les *i*, un enfant qui redouble n'est pas forcément un enfant idiot. Il y a une grande différence entre l'intelligence et les capacités scolaires utilisées. Il arrive qu'un enfant soit parasité par des pensées, par des soucis, par un imaginaire chargé, qui l'empêchent de mettre ses compétences au service de sa scolarité. A l'extrême, on a vu des enfants précoces redoubler. Il arrive aussi que l'élève soit parfaitement capable d'apprentissage, mais paresseux et davantage enclin à s'amuser qu'à travailler. Il s'agit là plutôt d'un manque de maturité.

Un enfant qui passe dans la classe supérieure, alors qu'il n'a pas le niveau ou la maturité requise, est inévitablement conduit à accumuler retards, échecs, complexes et frustrations. Finalement, il sera passé, mais ira plus mal. Dans bien des cas, redoubler évite que ne s'aggravent plus encore ce passif et ce mal-être prévisibles.

Quels indices permettent de repérer un retard objectif de l'écolier ?

Son carnet de notes et la comparaison de ses résultats par rapport à ceux des autres enfants de la classe sont éloquents. Son état d'esprit l'est aussi : discours dévalorisant à l'égard de l'école ou de la maîtresse, refus de s'y rendre, humeur générale maussade.

L'enfant comprend mal les consignes ; il ignore la marche à suivre pour résoudre ses problèmes ; malgré son application, il prend du retard, il se laisse toujours déborder, il a le sentiment que l'enseignant donne trop de travail ; il est perdu sans l'aide de ses parents pour les devoirs ; son sommeil s'en ressent (insomnie, cauchemars), son appétit est modifié (il dévore ou ne mange plus), il devient taciturne et renfermé.

Ces quelques indices, s'ajoutant à l'avis défavorable de l'enseignant et du psychologue pour passer dans la classe supérieure, doivent inciter les parents à admettre le redoublement.

Les psychologues en cabinet libéral apportent un second avis intéressant (voire plus objectif), puisqu'ils fonctionnent hors du milieu scolaire.

Cela dit, quelle que soit leur décision, les parents doivent comprendre qu'un redoublement est envisagé pour le bien de l'enfant, non contre eux. Ils ne devraient pas en être trop affectés, ni le reprocher à leur enfant, en le dévalorisant ou en se demandant « ce qu'ils vont bien pouvoir faire de lui ». Une telle attitude ne peut que lui retirer le peu de confiance qui lui reste, et ne l'incitera pas à faire des prouesses l'année suivante. Il faut, au contraire, l'encourager pour l'inciter à se dépasser. Grâce à cette année de redoublement, il soufflera un peu, affirmera sa maturité et obtiendra de meilleures notes, des responsabilités supplémentaires (délégué de classe, par exemple). Si le redoublement a été conseillé à juste titre, l'enfant ne s'ennuiera pas mais, au contraire, comblera ses lacunes à un rythme plus facile pour lui.

Si l'enfant est effectivement immature ou en retard scolaire, la vraie bonne question à se poser est : quelle classe est la moins ennuyeuse à redoubler ?

Intuitivement, on comprend bien qu'il serait souhaitable de ne pas redoubler des classes charnières comme le CP, le CM2 et la 6e. Pourquoi ?

Le CP est l'année de l'apprentissage de la lecture. Si l'enfant a appris à lire, et même s'il le fait mal, redoubler signifie se retrouver avec des « bébés » qui ne savent pas lire du tout jusqu'à Noël. Un redoublement peut donc le démotiver et augmenter les risques d'ennui, puisque cette classe est essentiellement basée sur l'apprentissage de la lecture.

En CM2, l'enfant de 10 ou 11 ans, n'a souvent qu'un objectif en tête : passer enfin en 6e, aller au collège, bref devenir grand. Se joue ici bien autre chose que la simple scolarité. Il a des rêves d'autonomie et de liberté. S'il reste en primaire, la déception sera plus difficile à admettre.

En 6e donc, le redoublement est également très mal vécu, car les nouveaux amis changent de classe et sont remplacés par les petits du primaire. C'est peu gratifiant.

Néanmoins, quelle que soit la classe du redoublement, la personnalité de l'enfant intervient beaucoup et l'on ne peut préjuger en rien de ses réactions.

Chapitre 6

Le temps des copains

Pourquoi les amis commencent-ils à être si importants à cet âge ? C'est qu'avec eux, les rapports sont vraiment différents de ceux pratiqués avec les adultes (parents ou enseignants). Il n'est plus question d'obligations ou de devoirs, mais de complicité et d'affinités. L'enfant est souvent fasciné par celui ou celle qui est radicalement différent de lui. Cette différence, qui est aussi une complémentarité, lui permet de se sentir entier et de vivre par procuration les expériences de son *alter ego*.

Avec les amis, l'enfant trouve un autre avantage, ô combien intéressant : il n'existe plus de rapport de soumission comme avec les adultes, ou même ses frères et sœurs, qu'il faut respecter parce qu'ils sont plus grands ou plus petits ; avec ses amis, il se trouve sur un pied d'égalité.

Les parents ont pourtant le droit de tempérer l'enthousiasme de leur enfant et de limiter les invasions de camarades à la maison. Il y a un temps pour tout : la famille comme les amis.

L'autre difficulté majeure est d'intervenir le moins possible dans les fréquentations de son enfant. Accepter l'ami choisi par celui-ci revient à admettre qu'il puisse se détacher, grandir et devenir plus autonome.

C'est aussi reconnaître son droit à décider de ses goûts et de ses coups de cœur. C'est donc le respecter. Cela dit, les parents sont souvent sollicités pour consoler, car, à cet âge, les amitiés se nouent et se dénouent au rythme des amourettes de stars. En une seule récréation, l'enfant peut perdre tous ses amis et être exclu du clan. Il leur faudra sécher ses larmes, l'écouter, relativiser, dédramatiser, et saupoudrer quelques vraies valeurs sur l'amitié.

Il n'a pas d'amis

Côté parents

Les parents se posent toujours des questions lorsque leur enfant est seul, isolé ou, pire encore, rejeté par les autres. Bien sûr, ils ne s'inquiètent pas outre mesure s'il s'agit d'innocentes chamailleries. Cependant, lorsque la rupture avec les camarades est brutale ou que la solitude dure depuis des semaines ou des mois, ils se demandent s'il n'y a pas un malaise plus sérieux.

Côté enfant

Cécilia aimerait bien faire partie du clan, mais voilà, Aurélie en a décidé autrement. Le cœur gros, elle souffre d'être rejetée et incomprise. Peut-être qu'en apportant des bonbons à l'école ou qu'en donnant sa petite barrette rose fluo à sa pire ennemie du moment, cela pourrait s'arranger ? En tout cas, il ne faut rien dire aux parents, estime Cécilia, ce serait trop humiliant.

Arthur aussi est isolé dans la cour de récréation, mais il en a tellement l'habitude que cela ne semble pas l'affecter outre mesure. Il s'amuse ou lit une histoire. Plongé dans ses rêveries, il est étranger à l'effervescence environnante et se trouve très bien tout seul.

L'avis du psy

C'est entre l'âge de 6 et 12 ans que le temps des copains commence. Peu à peu, l'enfant se détourne du cocon familial pour s'ouvrir à l'extérieur et passer de nouvelles alliances. Ses frères et sœurs l'intéressent moins, il préfère les amis.

L'action se déroule en deux périodes.

Première période

De 6 à 9 ans, les amitiés se nouent aussi vite qu'elles se dénouent. La « meilleure copine » (même si cela dure trois heures) devient rapidement la pire des rivales (cela dure aussi trois heures). La place dans le groupe est toujours en jeu et soumise à condition. Les évincés deviennent des évinceurs, c'est un peu le jeu des chaises musicales. Les secrets chuchotés sont immédiatement révélés, les susceptibilités froissées (« Aurélie a dit que Cécilia était… » ; donc « Aurélie n'est plus ma copine »). Logique implacable. En une récréation, l'enfant peut perdre tous ses amis car les amitiés se font et se défont à un rythme étourdissant.

Pour les filles, le lien se fonde plutôt sur des rêveries, des historiettes composées à deux, des confidences ou de petits cadeaux partagés ou échangés. Pour les garçons, l'action prime, avec des défis, des serments et des codes à ne pas transgresser.

Les parents se désolent pourtant de voir leur enfant donner dans la futilité. Le tissu de l'amitié leur paraît bien fragile, qui tient à de tels détails. Ils ont tort. Cette première étape est nécessaire. L'apprentissage – fait de déceptions, fausses amitiés, vraies jalousies et ruptures – finira par donner à l'enfant une véritable maturité dans ce domaine. Grâce à ce « stage » terminé avant 10 ans et à cette véritable préparation psychologique, il apprendra à nouer de solides amitiés, plus sereines et plus stables à l'avenir.

Deuxième période

De 9 à 12 ans, l'enfant passe à un autre registre, plus confidentiel, plus intime, éventuellement avec le partage de vrais secrets. Progressivement, le nombre de ses amis se restreint, car la qualité prévaut sur la quantité. Il manie alors aisément le superlatif : il a son *meilleur* copain d'enfance, son *meilleur* camarade de karaté, de piano ou d'école. Et quand la jalousie ou le sentiment d'exclusion refont surface, il souffre évidemment à l'excès (« on ne m'a pas invité à cet anniversaire », « si c'est ta copine, tu ne m'aimes pas », « je suis ton meilleur ami ou ton deuxième meilleur ami ? »). Le voilà exclusif et exigeant. Il ne supporte pas d'être « trahi » ou « lâché ». Sinon, voilà le drame et les larmes...

C'est dans ce contexte qu'un enfant se retrouve isolé de manière ponctuelle, mais relativement fréquente, sans qu'il faille pour autant dramatiser. Déceptions et trahisons lui laissent parfois une certaine amertume qui l'incite à rester à l'écart pour un temps. La solitude a ses inconvénients, mais elle offre aussi de précieux moments de répit. L'enfant parvient à se retrouver, à mieux se connaître, voire à manquer aux autres, ce qui n'est déjà pas si mal.

Il traverse parfois aussi des périodes de solitude durable et plus profonde. Toutes ne sont pas nécessairement alarmantes. Un enfant solitaire ou rêveur peut se suffire à lui-même. Avec sa collection de timbres ou d'images, son ordinateur, sa musique et ses livres, il semble équilibré et ses parents le sentent bien, ce qui relativise leur crainte. Peut-être cet enfant manque-t-il simplement de confiance en lui ? Un jour, à l'occasion d'une inscription dans un club de sports ou de jeux, il prendra de l'assurance et découvrira l'intérêt de relations plus ouvertes.

Les petits complexes physiques, les différences visibles avec les autres entraînent quelquefois de plus sérieuses difficultés. Ainsi, un défaut de prononciation, un excès de poids, être la lanterne rouge de la classe, peuvent déboucher sur une sensible dépréciation de la part de ses congénères qui le poussent à s'isoler malgré sa peine intense. Ce genre de situation aboutit à un important manque de confiance en soi, voire aggrave une dépression qui couvait (Cf. chap. 10 : « Est-ce normal ? »).

« La solitude trop longue devient souffrance », rappelle Françoise Dolto.

Certains parents accentuent ou suscitent le problème sans en avoir bien conscience. Il y a ceux, trop rigides ou trop autoritaires, qui s'octroient sur leur enfant un droit de regard absolu (amis, loisirs, lectures, etc.). Ils finissent par induire chez lui un manque d'assurance tel que ses difficultés relationnelles aboutissent à en faire une victime toute désignée pour ses camarades.

La surprotection aboutit, hélas ! au même résultat. Le « pauvre petit chéri » est enfermé dans un rôle d'incapable. A force de s'entendre répéter : « Ne fais pas ci, ne fais pas ça » ou « attention, tu vas… », il devient totalement démuni face aux situations les plus simples pour un enfant de son âge. A trop rester dans le cocon familial, entre un père gendarme et une mère surprotectrice, l'enfant finit par se marginaliser ou se transformer en authentique « tête de Turc ». Un minimum d'autonomie et d'indépendance lui sont donc nécessaires pour s'intégrer dans un groupe, jouer et se faire apprécier de ses camarades.

Ce que vous pouvez faire

« T'es plus ma copine »

Si votre fillette vient vous confier ses états d'âme, écoutez-la sans porter de jugement ni prendre parti. Laissez-la déverser toute sa rancune contre la félonie de sa meilleure amie. Elle sera soulagée d'évacuer ses mauvaises pensées… jusqu'à la prochaine fois !

Essayez de comprendre avec elle pourquoi ses amis se détournent si souvent d'elle. Boude-t-elle en permanence ? Est-elle trop autoritaire, trop agressive ? Laisse-t-elle ses camarades s'exprimer ? Sa forte personnalité n'admet peut-être pas d'autres galaxies dans son champ de gravitation ? Elle se doit de connaître son degré d'implication dans ces disputes et savoir que chaque enfant a, comme elle, sa propre personnalité, son caractère, ses thèmes d'intérêt, ses motivations, forcément différents des siens. Cela amène tout naturellement à discuter de tolérance, de différence, de relativité, de loyauté, d'engagement, de fidélité, de réciprocité et autres valeurs essentielles.

Situation fréquente à cette période : elle exige une amie pour elle toute seule et en souhaite l'exclusivité. Si elle ne l'obtient pas, elle se sent rejetée. Répondez-lui : « On peut aimer plusieurs personnes en même temps. Moi, par exemple, j'aime tous tes frères et sœurs et cela ne t'enlève rien. C'est pareil pour Joséphine. »

Insistez : elle doit apprendre à partager la vedette et à se mettre un peu plus souvent à la place des autres.

De son côté, l'institutrice peut vous donner de précieux indices sur son comportement en classe ou dans la cour de récréation.

Une camarade aussi peut vous y aider, il suffit de lui poser la question à la sortie de l'école ou à l'occasion d'un goûter à la maison, par exemple : « Dis-moi, Joséphine, comment se comporte Manon en classe ? » Ensuite, avec votre enfant, reprenez la conversation pour comprendre comment vous pouvez améliorer la situation.

Pour nouer des relations et se faire des amis

Incitez-la à inviter ses ami(e)s à la maison. Tous ne vous plairont pas, mais essayez de ne pas intervenir dans ses choix.

Son intégration dans un groupe peut dépendre d'un détail : par exemple, confectionner de beaux colliers de perles, raconter des blagues, connaître les codes d'accès du dernier jeu vidéo, être un as à l'élastique, savoir grimper aux arbres. Faites-lui comprendre qu'elle a un sacré atout dans la manche.

Insistez sur le fait qu'il faut savoir écouter l'autre, attendre son tour et partager, autant pour nouer une amitié que pour éviter un conflit.

Les pièges à éviter

Ne forcez pas les confidences, laissez-les plutôt venir à vous. Si elle souhaite déverser son chagrin, elle le fera.

Ne lui lancez pas : « Une de perdue, dix de retrouvées », ou bien « cela n'a pas d'importance, tu vaux mieux qu'elles ». Si vous éludez ainsi son problème, vous ne l'aidez pas, alors que l'occasion est trop belle de lui transmettre un vrai message : dans les relations humaines, on ne maîtrise pas tout, l'amour des autres se gagne, se perd, mais ne s'achète pas, etc. Elle a besoin qu'on la rassure, qu'on prenne la mesure de sa souffrance, qu'on lui souffle les moyens et les mots pour retourner la situation et s'apprécier elle-même à sa juste valeur. Inversement, ne vous identifiez pas à votre enfant en paraissant trop accablé(e), elle finirait par croire qu'elle a raison de se penser seule et bonne à rien. Elle a besoin de votre force et de votre conviction pour surmonter cette épreuve passagère. Vous ne pouvez remplacer ni vous substituer à l'amie manquante. Ce n'est pas votre rôle. Evitez la surprotection, elle aurait encore plus de mal à se tourner vers les autres.

Je peux inviter ma copine ?

Côté parents

Trop c'est trop ! A peine a-t-elle raccroché le téléphone que voilà son amie Coralie qui sonne à la porte et s'installe pour l'après-midi. Une sortie est prévue en famille ? Il faut inviter Coralie. On refuse ? C'est la soupe à la grimace parce que Mademoiselle s'ennuie et aurait tellement préféré partir en week-end (ou chez sa grand-mère) avec Coralie. On veut bien lui faire plaisir, mais on a aussi besoin de rester un peu entre soi, n'est-ce pas ?

Côté enfant

Pourquoi ses parents sont-ils si égoïstes ? Elle ne demande pas l'impossible, juste de bons moments avec sa meilleure amie, au lieu de tourner en rond dans sa chambre. Que lui proposent-ils à la place pour l'occuper ? « … S'avancer dans ses devoirs », « … lire un peu », « … travailler son piano », « … ranger son capharnaüm », « … dessiner ». Que tout cela est ennuyeux ! Comme si elle n'avait que cela à faire !

L'avis du psy

Voyons le bon côté des choses. Les relations de camaraderie sont un signe de sociabilité et d'intégration réussie dans un groupe. Les parents ne vont tout de même pas faire la fine bouche si leur enfant est très entouré. Tant que celui-ci a des amis, le voilà rassuré par un « public » qui l'apprécie et pour lequel il compte. Etre attendu dans la cour de récréation par un camarade ou par la « bande » est un vrai délice.

A cette période d'élaboration de sa personnalité, le contact avec les autres est enrichissant. L'ami intime sert à se connaître, s'apprécier, voire se mesurer.

Cela dit, en amitié, comme en tout, un certain équilibre est nécessaire. Trop peu d'amis fait souffrir, trop d'amis ou des amis en permanence amène à se poser des questions. L'enfant manque-t-il à ce point d'affection dans son noyau familial ? Son attachement ou son identification excessive à son *alter ego* sont-ils le signe d'un mal-être ?

Qui sont ces enfants qui ont un perpétuel besoin d'être en compagnie ?

• Les plus sociables, généralement curieux et en ébullition incessante, ont un très fort appétit de vivre. Les amitiés sont une toile de fond indispensable à leur vie sociale. Ces enfants sont loyaux vis-à-vis des autres et respectent les règles instaurées dans le groupe. Leur devise fut longtemps fredonnée par Georges Brassens : *Les Copains d'abord.*

• Les enfants uniques, ceux dont les parents sont peu disponibles ou séparés, ont pour leur part des motivations bien différentes. Pour ceux-là, les amis servent avant tout à compléter l'emploi du temps et parfois de manière excessive : il y a un seul élu, mais il est tout le temps là, ou bien il y en a plusieurs, ce qui aboutit finalement au même résultat : une incapacité à rester seul avec soi-même. Cette réaction dénote une souffrance face à la solitude ou au sentiment d'abandon. Généralement, les parents de ces enfants ne se plaignent pas de l'installation de tant d'amis dans le foyer. Parfois même, ils la favorisent.

• A l'inverse, il arrive aussi que des enfants surprotégés par leurs parents, et même trop stimulés par eux, introduisent un ami dans le huis clos familial pour mieux se protéger de leurs parents. Ainsi ne les blessent-ils pas et, par ailleurs, ils se font des compagnons de leur âge.

• Quant aux petits derniers, isolés dans leur fratrie, ils vont rechercher à l'extérieur la complicité dont ils ont besoin. Ils se recomposent leur propre tribu par identification à leurs amis. Les parents ne peuvent qu'approuver.

Ces quelques situations ont un point commun : l'omniprésence des « invités » qui rend difficile le sentiment d'intimité familiale. Or, quelles que soient les motivations de l'enfant, et celles de ses parents, il importe de préserver un certain équilibre.

Il faut un temps pour tout : un temps pour la famille, un temps pour les amis, et un temps pour soi.

La cohésion familiale passe la plupart du temps par au moins deux moments clés dans la journée : le temps des repas et celui du coucher. Ils doivent être préservés et optimisés par une disponibilité, une ouverture et une écoute de chacun.

Ce que vous pouvez faire

Etes-vous vraiment gênés par la présence envahissante d'ami(s) ? Voulez-vous que cela change ?

Si oui, voici quelques pistes.

Profitez d'un changement dans le cours de la vie familiale (vacances, carnet de notes en chute libre, facture de téléphone en hausse) pour faire le point sur la participation de votre enfant à la vie de famille. Donnez-lui l'opportunité d'exprimer ce qui ne va pas : manque-t-il d'écoute à la maison ? Se sent-il seul ? Au contraire, a-t-il besoin de plus d'intimité pour échapper à la présence débordante de la famille ?

Annoncez-lui qu'après mûre réflexion entre parents, vous souhaitez que les choses évoluent progressivement : vous essaierez de mettre en place des temps de repas plus réguliers, vous respecterez davantage son intimité (porte fermée = on n'entre pas dans la chambre). Expliquez-lui l'importance d'être seul avec soi-même (ou en paix) de temps en temps. Il a besoin de laisser vagabonder son esprit, rêver, s'ennuyer, se poser des questions, sans toujours compenser son ennui ou ses manques par la présence d'amis. Comment fera-t-il plus tard, face à ces mêmes difficultés, s'il n'a jamais appris à être seul ?

Les envahisseurs sont à la maison

Posez des limites, autrement dit, donnez un *mode d'emploi* des copains.

Définissez précisément les temps où il peut les recevoir : par exemple, jamais avant d'avoir terminé ses devoirs ; pas davantage en période de contrôle. Cela dit, avant 12 ans, il n'est pas justifié de faire ses devoirs entre amis.

Il a le droit d'inviter ses amis à déjeuner ou à dormir à la maison durant le week-end, mais pas en semaine. S'il a tendance à vous mettre devant le fait accompli en vous imposant son camarade, vous n'êtes naturellement pas obligé(e) d'accepter.

Les larrons en foire investissent tout l'appartement et même votre chambre ? Soyez clair et net : à chacun son territoire, sinon, il y aura des représailles ! Sans culpabiliser, vous avez le droit de demander à l'invité d'aider votre enfant à mettre un peu d'ordre dans tout le fatras qui traîne avant de s'en retourner chez lui.

La question du téléphone

Là aussi, instaurez le couvre-feu : vous ne souhaitez pas être dérangés pendant les repas, ni après. On n'appelle pas après 20 h 30 ou 21 heures. N'oubliez pas le répondeur : pendant le dîner, il préserve la convivialité. Mais, cohérence oblige, cette consigne s'applique aussi à vous, sinon votre enfant aura beau jeu de mettre en avant vos contradictions, « fais ce que je dis, mais ne fais pas ce que je fais ».

Imposez-lui un temps limite : dix ou quinze minutes de conversation téléphonique.

Les pièges à éviter

Recevez-vous des amis tous les week-ends ? Partez-vous systématiquement en vacances avec eux ? Etes-vous suspendu(e) au téléphone à longueur de soirée ? Si oui, votre enfant prend simplement modèle sur vous, alors pourquoi lui en vouloir ?

Plutôt que de déplorer son inconstance parce qu'il s'emballe chaque jour pour une nouvelle fréquentation, vous pouvez y voir sa grande facilité à nouer des liens. Rassurez-vous, plus tard, ses amitiés deviendront certainement plus durables.

Zoom
Sa première boum

« Promis, juré, papa et maman, ils ne seront que quinze ! On rangera tout après et on ne mettra pas la musique trop fort. »

Fiers et confiants, vous êtes ravis de cette « première vraie boum » qui montre qu'à 12 ans, votre grand garçon est presque un ado.

A la dernière minute, toutefois, devant la taille des énergumènes qui commencent à affluer, vous mettez à la hâte des housses sur tous les sièges qui pourraient être abîmés. Tout à coup, la plante que vous avez omis de déplacer dans le coin vous paraît bien fragile. Et puis, vous vous éclipsez en croisant les doigts, comme il vous l'a demandé. De 18 heures à 22 heures, il est le maître des lieux.

Cependant, deux ou trois conseils de vétérans ne vous seront pas inutiles pour éviter la déroute :

• La veille, prenez soin de prévenir les voisins au moyen d'un petit mot les remerciant d'avance de leur compréhension pour le dérangement occasionné.

Pour les préparatifs, prévenez votre rejeton qu'il dispose d'un certain budget à ne pas dépasser, et tant pis si, à 19 h 45, il ne reste plus qu'une bouteille de jus de fruits au fond du frigo. Il peut aussi demander à ses copains d'apporter chacun une boisson.

Ils ont l'air très grands, très mûrs et très responsables, mais soyez-en persuadés, ce n'est qu'une apparence ! Ils raffolent encore des bonbons. Alors, sur le buffet, inutile de leur faire un repas équilibré, tout le monde se jettera sur les pépitos et les langues fluo. Pizza et Coca feront aussi l'affaire. Le tout évidemment dans des assiettes et gobelets en carton.

• Indiquez clairement le taux de décibels à ne pas dépasser.

• Assurez-vous que tous les invités ont prévu un moyen de transport pour le retour. Il n'est pas rare qu'à l'heure fatidique, alors que s'éteignent les lampions et que la plupart des parents ont récupéré leur gamin, deux ou trois esseulés vous avouent être dans l'obligation de dormir chez vous.

• Le lendemain, soyez coulants, il y aura forcément des taches sur la moquette. Armés de bonne volonté, votre enfant et quelques amis demeurés spécialement pour ranger vous ont promis de tout laisser étincelant, mais au bout d'un quart d'heure, ils déclarent forfait, pour eux le résultat n'est pas si mal. Plutôt que d'élever la voix pour les stimuler, encouragez-les à continuer le rangement en les aidant. Une fois tout rangé, votre enfant, heureux, vous sautera au cou et vous dira que c'était le plus beau jour de sa vie… cela valait bien un peu de sacrifices de votre part, non ?

Je ne supporte pas sa meilleure amie

Côté parents

Comment Emilie peut-elle être en pâmoison devant cette fille de 12 ans ? Que peut bien trouver Alexis à son camarade, insipide et impoli par-dessus le marché ?

Tous les parents sont un jour ou l'autre confrontés à ce dilemme : interdire de fréquenter pimbêche et faux jeton, ou bien faire preuve d'une infinie patience, le temps que leur enfant ouvre enfin les yeux.

Le vieil adage « Qui se ressemble s'assemble » serait-il vrai ? Les parents se sentiraient-ils menacés par l'intrus dont on leur rabâche les mérites ? Devraient-ils moins idéaliser leur enfant, somme toute pas si perspicace dans ses amitiés ?

Côté enfant

Emilie s'entête à fréquenter Nina, parce qu'elle est bien plus amusante que sa vieille copine de crèche qui fait du solfège et lit encore la comtesse de Ségur. Nina, elle, écoute de la musique techno, connaît tous les groupes de rapp, s'habille à la dernière mode, se maquille, et fait rire la classe entière. Bref, elle est fascinante !

Quant à Alexis, il trouve que ses parents exagèrent. Son copain préféré a de bonnes raisons de ne jamais dire « bonjour, merci » : il est timide. Mais à côté de cela, il a bien des qualités. Exemple : c'est un as aux rollers et il est surdoué aux jeux vidéo. Il n'y en a pas deux comme lui pour sauver la princesse Zelda, en évitant pièges et chausse-trappes.

L'avis du psy

Les parents ont un peu trop tendance à identifier leur enfant à son ami et s'imaginent qu'à trop le fréquenter, il pourrait bien devenir comme lui. Rien n'est moins sûr. L'enfant peut *justement* être fasciné par quelqu'un de radicalement différent et complémentaire pour se sentir entier. En outre, grâce à son *alter ego*, il espère vivre certaines expériences par procuration. C'est le cas d'Emilie qui s'encanaille à travers Nina.

L'enfant peut aussi élire un camarade avec lequel il a des points communs ou des affinités : vivre seul avec sa mère, avoir un père très sévère, partager la même passion pour les jeux vidéo, les dinosaures ou le foot. Cette complicité les rend plus forts et leur permet de décoller ensemble du giron de la famille.

Par principe, les parents ne devraient pas intervenir dans le choix de l'ami. Accueillir celui-ci revient à accepter que son enfant se détache, grandisse et devienne toujours plus autonome. C'est aussi admettre qu'il ait ses propres goûts et ses coups de cœur. C'est donc *le* respecter.

En cas de mauvaises fréquentations avérées, il faut pourtant intervenir. De manière non pas autoritaire, mais argumentée.

L'exemple de Marine illustre bien l'intérêt d'une intervention raisonnée des parents. A 11 ans, elle était littéralement envoûtée par une élève de sa classe qui paraissait beaucoup plus mûre qu'elle et exerçait sur elle une influence malsaine. La jeune fille s'habillait tout en noir, style « gothique » et mèche fluo, elle écoutait Nirvana. Elle parlait de se suicider comme le chanteur du groupe, Kurt Cobain. Elle avait confié à Marine un tube de comprimés et son journal intime pour que ses parents ne les trouvent pas.

La mère de Marine, inquiète à juste titre, finit par avoir une grande explication avec sa fille durant toute une soirée, en expliquant point par point ses réticences et ses craintes ; en posant des questions : pourquoi cette grande jeune fille, apparemment si forte, avait-elle besoin de prendre des comprimés pour se calmer ?... De ce jour, le charme a été rompu. Marine a pu prendre de la distance. Sa mère a obtenu ce résultat avec facilité et lui a laissé la liberté de faire son expérience, choisir, comparer, se tromper…

Ce que vous pouvez faire

La première chose est de poser des limites (*cf.* : « Je peux inviter ma copine ? ») Cela étant, si vous opposez à votre enfant un veto systématique, vous risquez bien de renforcer son mauvais penchant. S'il ne peut inviter de temps à autre son alter ego, il aura tendance à tricher sur son emploi du temps et à le faire en cachette. Mieux vaut donc avoir l'objet du litige sous la main de temps en temps, pour pouvoir réagir si l'invité dépasse les bornes.

Vous pouvez aussi suggérer que les complices se voient… à l'école ou au collège. Une fois en tête à tête avec votre enfant, n'hésitez pas à exprimer les raisons de vos réticences (impolitesse, insolence, mauvaise influence, etc.). Au nom de quoi devriez-vous tout supporter ?

Face à de réelles mauvaises fréquentations, entretenez l'écoute et le dialogue à tout prix ; encouragez l'esprit critique de votre enfant. Admettez ses remarques et opposez-lui vos propres arguments.

A la place de la bande de copains qui l'entraîne sur la mauvaise pente, proposez-lui une activité régulière qui puisse vraiment le détourner telle que théâtre, vidéo, boxe ou karaté dans un club. On peut s'y affirmer face aux autres de manière bien plus positive, saine, et en outre parfaitement encadrée.

Les pièges à éviter

« Elle est assez grande pour savoir ce qu'elle fait », pensez-vous. Eh bien, ce n'est pas une raison pour supporter ses mauvaises fréquentations ! Entre 6 et 12 ans, un enfant n'est encore qu'un enfant, et ses parents sont censés *l'éduquer,* sans se culpabiliser de faire preuve d'un minimum d'autorité. Après tout, c'est pour son bien.

Si vous-même, dans votre enfance, êtes parvenu(e) à vous tirer de ce même mauvais pas, ne vous identifiez pas trop à votre enfant. Il ne saura peut-être pas échapper à ses fréquentations. Les époques sont différentes. Au collège, les sollicitations sont plus précoces et plus dangereuses qu'autrefois (drogues, vols, mauvais coups, rackets, etc.). De plus, la vigilance collective actuelle n'est plus celle d'il y a trente ans. Quel adulte se sentirait prêt, aujourd'hui, à réprimander un enfant qui se comporte mal dans la rue ?

Inversement, attention à ne pas abuser non plus de votre autorité parentale. Ecoutez les arguments de votre enfant avant de décréter qu'il a de trop mauvaises fréquentations. Faites au moins l'effort d'inviter ses amis pour vous faire une idée. Dans le doute, demandez à votre mari (ou à votre femme), ce qu'il en pense. Il relativisera peut-être vos inquiétudes.

Chapitre 7

La télévision, les loisirs

Un temps pour rêver

A un moment ou à un autre de la journée, l'enfant devrait trouver le temps de se reposer, de rêvasser, de traîner et de faire ce qui lui plaît. Sans contrainte. Il gaspille souvent ces petits moments-là, au hasard des creux de son emploi du temps, entre travail scolaire et activité ludique ou sportive.

Un temps pour se distraire

Les activités extra-scolaires (sport, expression corporelle et artistique, jeux et spectacles) occupent une place importante dans le développement de l'enfant, surtout lorsqu'elles sont récréatives et non contraignantes, c'est-à-dire sans obligation de résultat, ni de performances. Elles sont là pour lui faire plaisir et lui permettre d'exprimer sa sensibilité comme il ne pourrait le faire nulle part ailleurs. Elles sont un vrai sas de liberté, parce qu'elles n'ont pas été imposées par les parents, mais choisies par l'enfant.

Un temps pour réaliser le rêve de ses parents

Les activités artistiques comme la danse ou le piano, qui demandent du travail, des répétitions, occupent une place à part au sein des activités extra-scolaires. Il faut les considérer non comme une simple détente – même si elles épanouissent la personnalité de l'enfant et sa sensibilité artistique –, mais comme un effort que l'enfant doit fournir. Les parents doivent donc mesurer cet effort et comprendre qu'il s'ajoute aux autres déjà demandés en classe ou à la maison. Cela ne signifie pas qu'il faille supprimer ces activités, loin s'en faut, mais il s'agit de les considérer comme des plages de travail venant se superposer aux efforts scolaires. Du même coup, certains parents lâcheront peut-être du lest à certains moments de la journée et supporteront mieux que l'enfant cède à la tentation de se reposer calmement sur son lit ou regarder la télévision.

Il réclame un animal

Côté parents

Tous les six mois, obstinément, votre enfant revient sur son sujet favori : un toutou à la maison. Vous finissez par vous émouvoir d'une telle insistance : c'est bien la première fois qu'un projet lui tient à cœur si longtemps. Alors, faut-il accéder à sa demande malgré vos réticences, ou bien dire non, malgré une telle sincérité ?

Côté enfants

A 10 ans, il rêve encore d'un animal pour le câliner, jouer au maître, s'amuser, se promener avec lui, être aimé et compris de ce compagnon quoi qu'il fasse. A son âge, il veut du réel. Les peluches et les poupées, c'est du passé.

L'avis du psy

En France, championne du monde des animaux de compagnie, on compte 42 millions de bêtes à poils, à écailles ou à plumes. Il naît chaque année un million de chiots pour 750 000 bébés. A Paris, on dénombre plus de chiens que d'enfants scolarisés : 500 000 contre 350 000 ! C'est dire si la demande d'un animal est fréquente…

Dès 6 ans, un enfant sait pourquoi il en veut un et se montre alors très persuasif auprès de ses parents. A cette période de son développement, il a dépassé la phase de sadisme naturel vis-à-vis des animaux. Il a moins besoin de se prouver qu'il est fort et dominant, il devient raisonnable et sait ce qui risque d'arriver lorsqu'on tire sur la queue de Féline ou que l'on crapahute sur le dos de Milou. A cet âge encore, il n'a plus tendance à s'identifier à son fidèle compagnon, il sait mieux le respecter, ne tente plus de le dompter à tout prix et déploie toute sa persuasion ou sa séduction pour que son affection soit payée de retour.

Il commence aussi à mieux contrôler ses émotions, il adore donner le biberon et faire des risettes et s'attendrit devant les bébés ; il s'intéresse donc très naturellement aux animaux avec lesquels il va reproduire ce maternage : donner à manger, toiletter, sortir, dresser, cajoler, tout cela l'enchante.

L'animal possède un rôle très positif dans le développement affectif de l'enfant et l'aide à comprendre des notions parfois délicates, comme le souligne *Famille Magazine* (n° 134, 1999) : « Si l'enfant est amené à prendre quelques mesures punitives contre l'animal, il réalise que sanction ne veut pas dire rejet et désamour, puisqu'il faut punir son compagnon, tout en l'aimant encore. »

Evidemment, comme l'enfant ne peut s'attendre à de réelles gratifications de la part d'un poisson rouge ou d'une tortue, il préfère *a priori* les chats et les chiens, plus démonstratifs. Les hamsters et autres petits rongeurs restent des succédanés valables pour ceux qui ne peuvent adopter un animal trop encombrant. Ils sont parfaits pour les enfants de 10 ans et plus, qui s'intéressent à l'aspect « scientifique » des choses, l'observation des comportements primant sur les échanges affectifs.

Avant de céder, les parents doivent pourtant baliser le terrain et soulever quelques questions concrètes. On sait que, lors des départs en vacances, de nombreux animaux sont abandonnés (400 000 chaque année, dont 100 000 chiens).

Que fera l'enfant si l'on ne peut emmener son compagnon sur le lieu de vacances ? En cas d'agressivité de son animal, acceptera-t-il que l'on s'en sépare ? Admettra-t-il si facilement que l'on castre les mâles ou que l'on stérilise les femelles ?

Par ailleurs, a-t-il bien conscience des contraintes d'une telle présence à la maison ? Un chien demande beaucoup d'attention : le toiletter souvent ; le sortir quotidiennement et par tous les temps ; lui faire faire de l'exercice ; préparer les différents repas ; savoir bien le tenir en laisse.

De plus, il devra apprendre à partager son temps de manière équilibrée entre le travail, les loisirs, les amis puis son chien. De même, il sera amené à accepter des consignes d'hygiène précises.

De leur côté, les parents mesurent parfaitement certaines contraintes (corvées de sortie ou de litière, odeurs dans la maison, griffes du chat sur le canapé) mais sont-ils aussi bien informés du dressage et du coût financier de l'animal ?

Voici quelques éléments de réponses.

L'apprentissage de la propreté d'un chien demande cinq à six mois avec, au début, des sorties régulières, toutes les trois heures environ.

Le dressage est tout aussi délicat. Le chien ne doit jamais dominer l'enfant, situation qui pourrait devenir source d'accidents. Au cours des premières séances de jeu, l'animal testera son jeune compagnon. C'est alors que les parents doivent être particulièrement vigilants et ne tolérer aucun grognement.

Le coût de l'animal n'est pas non plus négligeable

Comme le note *Fémina Hebdo* (n° 44, octobre 1997), il faut compter 1 000 francs pour un chien vacciné, tatoué, stérilisé si l'animal provient de la SPA (Minitel 3615 SPA) et bien davantage s'il s'agit d'un animal de race. La nourriture coûte entre 2 000 et 6 000 francs par an selon la taille du chien. Pour un chat, l'estimation est de 2 000 francs. Le tatouage obligatoire coûte entre 200 et 500 francs. Quant aux visites chez le vétérinaire, la fourchette varie : 200 à 400 francs pour une vaccination complète, 250 francs pour une consultation, 200 à 1 500 francs pour une stérilisation ; 2 000 à 5 000 francs pour une opération de chirurgie.

Ce que vous pouvez faire

Si vous ne voulez pas céder

Expliquez vos raisons à votre enfant : espace trop exigu, peu de disponibilité, investissement trop lourd, problème des vacances, etc. Bref, montrez qu'après avoir pesé le pour et le contre vous ne pouvez pas accepter. Et c'est votre droit ! Evoquez aussi les valeurs de respect et de fidélité. On n'offre pas un animal, on l'adopte, on s'engage donc vraiment vis-à-vis de lui, et si l'on pense ne pas pouvoir tenir, on en tire les conséquences… avant.

Vous êtes disposés à céder, maïs avec des garanties

Demandez à votre enfant de dresser noir sur blanc la liste des contraintes d'un tel animal dans la famille, assortie des obligations qui *lui* incomberont. Il peut y joindre une lettre de motivations. Pourquoi le désire-t-il à ce point ? L'écrit peut constituer entre vous un contrat, que chacun signera. Dites-lui que vous n'hésiterez pas à le lui rappeler, en cas de manquement de sa part.

Demandez-lui également une participation financière symbolique, prise sur son argent de poche ou dans sa tirelire. A cet âge, où ils sont si près de leurs sous, ce geste sera la condition indispensable de son engagement.

Si l'enfant ne semble pas prêt à assumer sa part, ajournez votre décision jusqu'à ce qu'il montre davantage de maturité et de motivations.

Parfois, la demande peut prendre des formes touchantes ; ainsi cette lettre d'Alice, 7 ans, qui mobilise tous les moyens dont elle dispose :

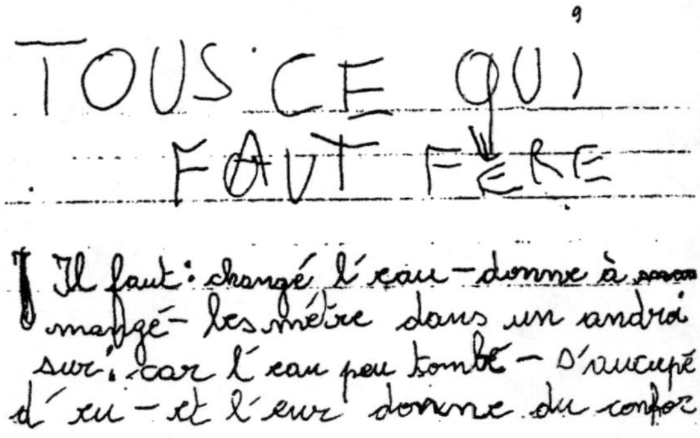
TOUS CE QUI FAUT FÈRE

Il faut : changé l'eau – donne à mangé – les mètre dans un andrai sur. car l'eau peu tombé – s'aucupé d'eu – et l'eur donne du confor

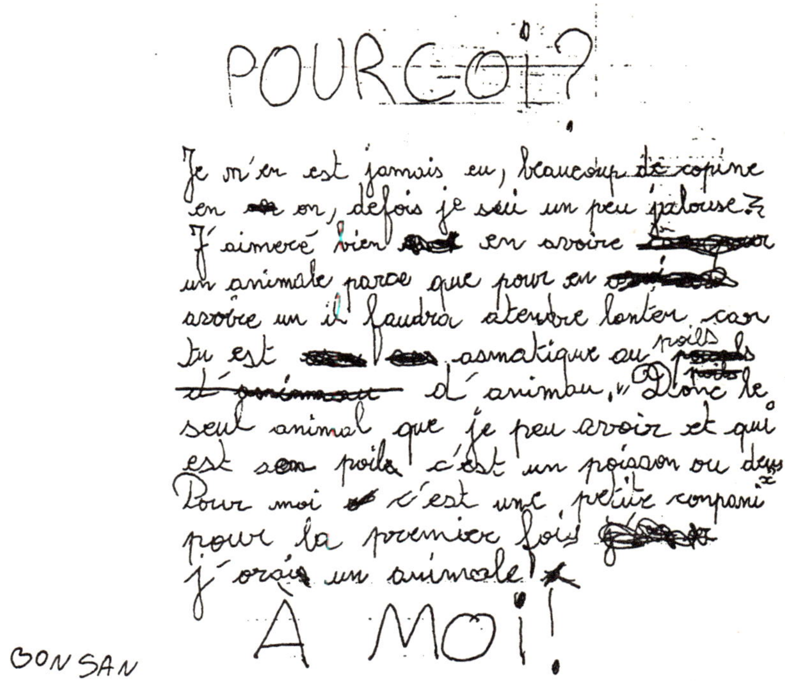
POURQOI ?
Je n'en est jamais eu, beaucoup de copine
en on, defois je suis un peu jalouse.
J'aimeré bien en avoire
un animale parce que pour en
avoire un il faudra atendre lonter car
tu est asmatique au poils
d'animau. Donc le
seul animal que je peu avoir et qui
est son poils c'est un poisson ou deux
Pour moi c'est une petite compani
pour la premier fois
j'orais un animale
À MOI !
BONSAN

Si vous avez cédé

Dès l'arrivée de l'animal, prenez de bonnes habitudes : tout se joue les premiers jours, lorsque Milou ou Féline marquent leur territoire. Ensuite, il sera plus difficile d'intervenir…

Pour des raisons d'hygiène, les vétérinaires recommandent que le nouveau-venu dorme hors du lit, et même hors de la chambre de l'enfant.

Apprenez à votre gamin trop enthousiaste qu'il ne doit pas se laisser lécher la figure et, qu'après l'avoir caressé, il doit éviter de porter ses mains à ses yeux ou à sa bouche, et se les laver régulièrement.

Rappelez-lui que lorsque l'animal dort, on ne le réveille pas. Sinon, gare aux coups de griffes ou de crocs intempestifs.

Votre enfant espère vraiment adopter un animal, mais pas vous. Pourtant, ses raisons sont bonnes, sa motivation solide, mais vous ne savez comment refuser. Une autre solution : le compromis.

Plutôt que d'acheter un chien ou un chat, trop envahissants, pourquoi ne pas tenter l'aventure avec des poissons rouges, une tortue, des oiseaux ou un hamster ? Ils seront plus faciles à « caser » chez un voisin, le cas échéant. Et si cela se passe bien, vous serez peut-être moins réticent(s) à l'idée d'adopter une plus grosse bête.

Les pièges à éviter

Ne cédez pas au petit capricieux de 6 ou 7 ans qui exige ce dalmatien, et dans l'instant. C'est bien la preuve qu'il ne mesure pas l'engagement demandé ! A recaler… jusqu'à plus de maturité.

Si vous avez adopté Milou ou Féline, **ne lui en demandez pas trop : avant 12 ans, il ne sera pas vraiment capable de maîtriser *avec constance* les contraintes qu'impose un animal de compagnie.** Fermez les yeux s'il oublie parfois de changer la litière du chat ou d'aller brosser son chien lorsqu'il perd son poil.

Zoom
Un labrador ou un saint-bernard ?

Comme le conseille la vétérinaire Florence Desachy dans le magazine *Univers Santé* (mars 1996) : « Les chiens de petite taille ne constituent pas toujours le meilleur choix. Un gros labrador peut être beaucoup plus affectueux qu'un petit fox-terrier irritable. De même, un enfant un peu brusque aura besoin d'un chien calme qui répond par la fuite et non par l'agression. Un enfant timide se sentira mieux avec une race vive qui va le stimuler un peu. »

Pour mieux choisir, les parents trouveront des fiches très complètes sur les races à la Société Centrale canine.

A savoir aussi : parmi les races très à la mode, les dalmatiens, tellement mignons lorsqu'ils sont chiots, demandent beaucoup d'attention à l'âge adulte et peuvent même devenir agressifs. Les huskies au regard bleu, un temps très en vogue grâce à Croc-Blanc, ont besoin de plusieurs heures d'exercice par jour, et souffrent hors des climats froids. Les teckels, les terriers et les shar-peis présentent un tempérament plutôt indépendant ou imprévisible ; les bergers allemands et les épagneuls sont assez soumis ; les lévriers, volontiers tendres. Evidemment, il n'échappera à personne, même à un novice, que les bull-terriers, staffordshires et autres pitt-bulls, se rangent dans la catégorie des infréquentables.

Société Centrale canine,
155, avenue Jean-Jaurès, 93535 Aubervilliers Cedex.
Renseignements et informations pour les acquéreurs : 01 49 37 54 01

La télévision ou les livres ?

Côté parents

Jacinthe est hypnotisée par la télévision et bâcle ses devoirs pour regarder *Friends, son* feuilleton télé préféré. Durant le week-end, les promenades en forêt l'ennuient, la visite des musées tourne au drame ; forcément, elle manquerait *ses* derniers clips sur M6. Vous ne savez plus comment lui mettre un livre entre les mains ou tout simplement lui faire prendre l'air.

Côté enfant

Ses parents, comme toujours, lui paraissent rabat-joie et dépassés. Ils n'ont que les « livres », les « musées » ou les « concerts de musique classique » à la bouche, comme s'ils étaient l'essence même du Savoir ! Tout cela, c'est du passé ! Elle a grandi avec la télévision et les ordinateurs, les télécommandes et le zapping, les CD-Roms, le virtuel : voilà ce qu'elle aime.

Ses parents lui imposent *leurs* goûts sans se soucier des siens. Et si on inversait les rôles ? A-t-elle jamais choisi leurs loisirs ? A-t-elle jamais imposé tel ou tel programme télé ?

Elle demande seulement un peu de respect, elle n'a plus 4 ans et sait parfaitement ce qui est bon pour elle ! Une fois les devoirs faits (un peu vite, c'est vrai), ils n'ont plus rien à exiger d'elle, se dit-elle.

L'avis du psy

La télévision fait partie du paysage ludique et culturel de l'enfant qui partage avec ses amis un intérêt pour les mêmes émissions.

Pour la plupart, la télé est devenue inévitable, source de plaisir, de détente et de connaissance à la fois. Ses fonctions peuvent même être étendues à l'infini, il suffit de la connecter à des périphériques comme Internet. Par une seule et même lucarne, le jeune spectateur a la terre à portée d'œil. Partant de là, il ne serait pas raisonnable de la lui interdire, ce serait comme fermer une fenêtre sur le monde. Néanmoins, les craintes des parents face à *une télévision excessive et dévoreuse* sont légitimes. Plus l'enfant y est assujetti, moins il a envie d'agir. *A haute dose,* ses effets indésirables sont bien connus : elle retarde le moment des devoirs, elle empêche les rencontres entre copains, l'excès de passivité à laquelle elle soumet l'enfant rend ce dernier nerveux et hyperactif par moments, elle « éteint » l'imaginaire comme l'esprit critique. L'enfant, hypnotisé par les programmes « purée », ne fait plus d'effort pour penser par lui-même.

Reste le pire aux dires des parents : la télévision empêcherait de lire. Là, soyons justes, leurs craintes ne semblent pas si fondées. S'il est vrai que toutes les études mettent en avant un net recul de la lecture depuis vingt ans, surtout parmi les jeunes générations, il est plus hasardeux, en revanche, d'incriminer la télévision. Christian Baudelot dans son livre *Et pourtant, ils lisent,* (Le Seuil, 1999) montre qu'il n'existerait pas de lien direct entre le temps consacré à lire et le temps passé devant la télévision. (Petite digression, la réussite scolaire ne rimerait pas davantage avec la lecture. On peut lire sans réussir, et réussir sans lire. « La raison essentielle semble tenir à la diminution de la place de la culture littéraire à l'école. L'excellence scolaire, hier littéraire, est aujourd'hui scientifique. »)

Priver un enfant de télévision pour qu'il lise enfin est donc non seulement maladroit mais sans effet. Cela ne fait que transformer la lecture en punition et la télévision en récompense.

La vérité est que l'on ne peut forcer un enfant à lire. Plus on insiste, moins il en a envie. Comme l'affirme le romancier (et professeur de français) Daniel Pennac dans son livre *Comme un roman* (Gallimard, 1992 ; coll. « Folio », 1995) : « Le verbe lire ne supporte pas l'impératif » tout comme d'ailleurs le verbe rêver ou aimer : « lis » « rêve », « aime ». Il ne s'agit pas, hélas, d'appuyer sur un interrupteur pour que cela marche. Les choses sont à la fois beaucoup plus compliquées et plus simples.

L'amour du livre commence tôt dans la petite enfance. Il se construit et s'entretient. Le soir, au cours du rituel du coucher, lumière tamisée et voix basse, le petit ange, émerveillé, écoute l'histoire de Cendrillon ou des Trois Brigands, racontée par ses parents. Chaque fois, il réclame la même histoire, pour mieux l'apprivoiser, ressentir les émotions originelles et entrer dans la peau du héros. Le temps passe, il entre en CP et il apprend à lire... C'est peut-être alors que commence l'éloignement de l'objet magique. Tandis qu'il ânonne ses premiers textes, ses parents cessent de lui raconter des histoires. Peu à peu, le livre devient pour lui un monde de savoir et d'obligations. L'enchantement et la gratuité se perdent au profit du devoir. L'école a déjà modifié son rapport à la lecture. Il lui faut désormais comprendre le sens du texte, rendre des comptes, établir des fiches, analyser, résumer...

C'est à ce moment, vers 7 ou 8 ans, que les parents devraient continuer à lui lire des livres à haute voix. Il est passionné par toutes sortes de textes, mais ne possède pas encore la technique pour les maîtriser.

L'autre erreur des parents vient parfois de leurs exigences excessives. A force de vouloir trop bien faire et surarmer leur enfant pour le bac dès l'école primaire, certains lui imposent persévérance, rythme de lecture et horaires.

Pennac, lui, défend les *droits imprescriptibles du lecteur* : droit de ne pas lire, de sauter des pages, de ne pas finir un livre, de relire, de lire n'importe quoi, de lire n'importe où, de grappiller, de lire à haute voix, etc.

C'est une évidence, pour aimer lire, il faut y trouver du plaisir.

Ce que vous pouvez faire

De 6 à 8 ans, instaurez le principe que l'on n'allume pas la télévision sans en demander l'autorisation. De même, incitez votre enfant à choisir ses programmes à l'avance et non à regarder la télévision « pour la voir ». Cependant, ne choisissez pas à sa place. Vous ne pouvez que proposer.

Quand regarder la télévision et jusqu'à quelle heure ?

Evitez de le laisser planté devant le poste dès le matin car, pour certains enfants, cela est particulièrement démotivant. Mais s'il insiste, faites un essai. S'il est capable d'éteindre au moment précis où vous lui demandez de partir pour l'école, c'est qu'il peut regarder la télévision le matin. Si, au contraire, il traîne et rechigne, c'est qu'il ne le peut pas. Ce n'est pas plus compliqué.

Peut-il la regarder tous les jours après l'école ? Tout dépend du contexte. Si votre enfant est isolé, sans frère ni sœur, sans animal, sans parents disponibles et que les devoirs sont faits, pourquoi lui refuser la télévision ? Mais imposez, au moins, qu'il limite la durée devant le poste au temps de son émission favorite. Les pédiatres estiment qu'une heure par jour est déjà bien suffisant.

Quant à regarder la télévision après dîner, il paraît plus raisonnable de ne l'autoriser que les veilles de jours où il n'a pas classe. Mardi soir, samedi soir, et ce jusqu'à 22 h 30 au plus tard pour notre tranche d'âge.

Veillez aussi à un certain équilibre. Votre enfant ne peut se contenter de la télévision comme unique récréation. Il doit également pouvoir se défouler physiquement, lire ou rêvasser sur son lit sans rien faire, exprimer suffisamment son affectivité et sa sensibilité par la peinture ou le dessin.

Encouragez-le enfin à inviter ses amis ou à se rendre chez eux. A cet âge, l'amitié occupe une place privilégiée. S'il reste seulement devant la télévision, sans échange extérieur, c'est peut-être pour combler un vide de sa pensée que l'enfant ne veut ou ne peut occuper. (Cf. chap. 6 : « Le temps des copains ».)

Et l'ordinateur ? Depuis leur plus jeune âge, certains enfants sont habitués à se tenir en face d'un écran de télévision ; ils baignent dans un univers de boutons, de souris, de télécommandes, et savent intuitivement s'en servir.

Les « produits » qu'on leur propose sont particulièrement adaptés à leur curiosité et à leur manière de penser. Aujourd'hui, grâce aux CD-Roms et à Internet, ils peuvent apprendre en s'amusant, sans être obligés – comme dans un livre – de suivre tout au long de la page le cours imposé du récit (ce qui nécessite une attention soutenue et le respect du cours logique de la pensée).

Avec ces nouveaux médias, ils peuvent choisir leur propre trajet en cliquant ici ou là, sans soucis d'ordre ni de chronologie. Ils butinent au gré de leur inspiration, ou plutôt ils surfent, ce qui leur permet d'échapper à la contrainte et à la règle, voilà pourquoi, l'ordinateur plaît tant aux enfants en difficulté scolaire. Ses possibilités sont en outre inépuisables. Grâce aux CD-Roms, l'enfant peut habiter Perpignan et visiter le Louvre quand il le veut. Il peut écouter une cantate de Bach et se retrouver visuellement plongé dans l'univers du compositeur.

Internet permet d'accéder à une multitude de propositions. Certains fournisseurs d'accès, comme Club Internet, offrent des programmes spécifiques pour les enfants (ID-clic) dans lesquels tous les sites indésirables ont été expurgés (sexualité, violence, politique, etc.), ce qui ne dispense pas forcément les parents d'y jeter un coup d'œil, de temps en temps.

Des forums et des débats sont organisés sur des thèmes qui les passionnent. L'enfant peut encore avoir accès à des dictionnaires et encyclopédies conçus en fonction de son niveau scolaire. Il peut se faire aider dans ses devoirs par de vrais professeurs (moyennant finance, évidemment). Il peut suivre des reportages ou des dossiers thématiques conçus par des partenaires (*Okapi, Phosphore, Le Journal des enfants, Première, Mondial Basket,* etc.). Il peut y puiser des recettes de cuisine, retrouver le texte retranscrit de certaines émissions télévisées, jouer aux échecs ou à des jeux de rôle.

ID-clic n'est pas le seul ; en fait, il existe sur Internet un site « spécial junior » qui recueille les meilleurs sites internationaux, sélectionnés selon leur intérêt et les sujets traités. Chaque site est accompagné d'une appréciation qui permet un gain de temps avant de le consulter en détail.

On comprend que de telles possibilités conduisent aussi à des abus. Certains enfants sont tellement « connectés » que les parents ont du mal à les éloigner de l'écran. Alors, que faire ? Un simple conseil : poser d'emblée des limites, d'autant que tout cela coûte de l'argent et occupe une ligne téléphonique le temps de la consultation. L'accès à ces services dédiés aux juniors revient à moins de 50 francs par mois, auxquels il faut ajouter le prix de la connexion au réseau téléphonique, à savoir celui d'une communication *locale*.

Si votre enfant est obnubilé par la télévision (ou l'ordinateur), instaurez de nouvelles règles. A l'occasion d'un événement précis (mauvaises notes, rentrée scolaire, retour de vacances), prenez un vrai rendez-vous pour lui expliquer que cette situation ne doit plus durer.

Ce n'est pas tant le principe de l'écran qui vous hérisse, mais celui de l'abrutissement, des heures durant, devant le poste. Il doit apprendre à se tourner vers d'autres occupations, pour son équilibre. Et là, tout est possible… proposez-lui de flâner avec vous dans un musée, de se plonger dans un livre passionnant ou, simplement, de laisser vagabonder ses pensées de préadolescent. Voilà une façon comme une autre d'être un acteur de son enfance, plutôt qu'un passif consommateur cathodique.

Les pièges à éviter

Ne diabolisez pas la télévision en l'interdisant purement et simplement ou en choisissant trop souvent les programmes à sa place. Il a grandi, ne l'oubliez pas… Evitez de lui seriner : « Au lieu de regarder ces âneries, tu ferais mieux de prendre un livre. » C'est le meilleur moyen pour que la lecture devienne un pensum.

A propos de la lecture justement, évitez certaines erreurs courantes telles que considérer la BD ou les revues (sport, jeux vidéo, mode) comme « débiles ». La lecture ne se résume pas aux romans.

Zoom
L'attirer au musée !

Visiter les musées, cela ne s'improvise pas du jour au lendemain ! Pour garantir le succès de telles « expéditions », choisissez des thèmes qui intéressent votre enfant, afin que ces sorties ne deviennent pas pour lui synonyme d'ennui ou d'apprentissage scolaire. Les possibilités ne manquent pas : écomusées, Futuroscope, Cité des sciences, palais de la Découverte, Grande Galerie de l'évolution au Muséum national d'histoire naturelle, Antiquités égyptiennes du Louvre, etc.

Certains musées proposent aux juniors des activités et des collections conçues pour eux. Souvent, ils repartent avec un « diplôme », des documents ou des petits souvenirs les remerciant et les encourageant à revenir. Sur place, incitez votre enfant à dessiner des croquis ou à crayonner, laissez-le acheter une carte postale qui ornera son carnet de route ou lui rappellera ce moment. Acceptez surtout que la visite ne dure pas trop longtemps (une heure est souvent le maximum à cet âge). Mieux vaut revenir, si nécessaire, plutôt que de « tout faire » méthodiquement, sans rien rater. Parfois, ces premières expériences peuvent se limiter à un premier contact où l'enfant s'imprégnera d'une atmosphère.

Si, malgré vos tentatives, il continue à entrer à reculons dans ces « temples de la culture », n'insistez pas, vous risqueriez de l'inhiber définitivement. Patientez, son heure viendra peut-être, grâce à une sortie scolaire qu'il aura trouvée passionnante, par exemple. En attendant, consolez-vous en admettant qu'il n'est pas obligé de *tout* aimer et qu'il a ses centres d'intérêt du moment (sport, musique, théâtre, etc.).

Consoles, films et jeux violents

Côté parents

Que votre excité d'enfant s'abrutisse devant la console de jeux vidéo vous désole déjà, mais qu'il prenne plaisir à abattre des ennemis virtuels, là, vous n'êtes *plus du tout* d'accord. Les images hyperréalistes vous choquent, au point que le décalage entre l'effet produit sur lui et celui produit sur vous est saisissant.

Auriez-vous engendré sans le savoir de la graine de Rambo ? Mais, au fait, d'où vient ce jeu-là ? Comment est-il entré à la maison ? En tout cas, il n'est plus question d'accepter chez vous cette violence érigée en principe. Mais pouvez-vous encore faire machine arrière ?

Côté enfant

Pourquoi tant de haine chez ses parents ? Il s'occupe seul dans son coin et n'embête personne. Bien sûr, il y a des cadavres dans ces jeux, mais justement, c'est cela qui est drôle. Il n'y a rien de tel pour s'amuser, pense-t-il. Et puis, quelle mouche les a piqués, ils ont l'air étonné, cela fait pourtant longtemps que ces jeux vidéo (ou ces films violents) encombrent ses placards. Et jusqu'à présent, ils ne s'en sont pas vraiment inquiétés ! D'ailleurs, pourquoi le feraient-ils puisque « c'est pour de faux » ?

L'avis du psy

La violence n'est que l'une des extériorisations possibles de la pulsion agressive que chacun porte en lui depuis sa tendre enfance.

Dès la crèche, un bébé sait mordre, bousculer, crier, frapper.

A l'âge de raison, l'enfant a déjà bien appris à contenir cette pulsion pour l'exprimer de manière plus acceptable socialement. Il est censé connaître les limites à ne pas dépasser, même s'il faut les lui rappeler souvent ; il sait en théorie qui sont les représentants de la loi (parents, enseignants, policiers, etc.) ; il a intégré les règles sociales et éducatives élémentaires permettant de se comporter à l'égard des autres avec respect, politesse et réciprocité, règles qui limitent ou évitent la violence.

Cela dit, certains enfants ne parviennent pas à maîtriser leur agressivité, par simple manque de maturité. C'est le cas de Kevin (8 ans) qui confond encore réel et imaginaire, et se laisse déborder par des images trop violentes, au point de s'en prendre à son petit frère ; c'est Lucas (10 ans) qui n'admet pas que la console vidéo gagne contre lui et veut à tout prix la surpasser, quitte à prolonger la partie indéfiniment pour avoir le dernier mot. C'est enfin Renaud (12 ans) qui n'a jamais eu d'autre défouloir ou exutoire que ces jeux pour exercer son imagination.

Les parents ont ici un vrai rôle éducatif à jouer : ils peuvent encore limiter ou interdire à leur rejeton de 10 ou 12 ans ces jeux qu'ils savent être de véritables bombes à retardement.

En revanche, si leur enfant maîtrise ses instincts belliqueux et libère son agressivité le temps du jeu, sans se laisser déborder par la suite, il n'y a pas de souci majeur à se faire. Car ces jeux, qui leur plaisent tant, ont aussi leurs bons côtés : ils procurent des sensations, ils surprennent et permettent de décharger le trop-plein d'agressivité, un peu comme un footing cérébral. L'important reste que le joueur fasse bien la distinction entre fiction et réalité.

Les jeux non violents (course automobile, échecs, jeux d'arcades, etc.) sont une alternative tout aussi stimulante que les parents peuvent proposer et encourager. L'objectif est de gagner ou d'être le premier (émulation, compétitivité, stratégie, etc.), et non plus de frapper ou de répandre de l'hémoglobine. La pulsion est détournée : le joueur ne comptabilise pas les cadavres mais se concentre sur un score. L'esprit sportif prime sur l'esprit violent ; c'est déjà mieux, non ?

Par ailleurs, dans le domaine du cinéma cette fois, des expériences menées avec des enfants à qui l'on a projeté des images violentes montrent que ces derniers sont apaisés et recadrés s'ils peuvent exprimer leurs émotions à la suite du film, un peu comme cela se fait après une séance de cinéma, à deux. La discussion favorise la démystification des comportements observés, des événements ou de la réalité reconstruits dans le scénario. « A partir du moment où on apprend à l'individu à analyser les documents, où on l'incite à être vigilant et à se poser des questions relatives à la rhétorique de l'image, et aux techniques mises en jeu, le téléspectateur a toutes les chances de contrôler le processus », estime le professeur Marcel Frydman dans son étude *Télévision et Violence* (Editions Médicales internationales, 1993).

Autrement dit, si l'enfant a la possibilité de s'exprimer à la suite d'un film trop violent, il pourra se libérer des émotions négatives emmagasinées en lui. Aux parents alors d'en tenir compte, s'ils voient leur enfant adopter des comportements agités et excessifs.

Ce que vous pouvez faire

Il faut le savoir : il existe des normes d'utilisation pour les jeux vidéo comme pour n'importe quel jouet. Un enfant de 8 ou 10 ans ne doit pas utiliser un jeu agressif réservé aux plus grands. C'est un peu comme si on le laissait voir un film « interdit aux moins de 12 ans ». Les vendeurs peuvent, en ce sens, vous conseiller utilement. Il vous suffit de les rencontrer, ce qui suppose évidemment d'acheter le jeu en question avec votre enfant.

Si celui-ci ressort régulièrement énervé de ses parties de jeux vidéo, c'est qu'il s'y adonne trop longtemps ou s'attaque à des jeux qui ne lui conviennent pas ; la conclusion s'impose d'elle-même : vous avez le droit de restreindre leur usage jusqu'à ce qu'il évolue.

Quant aux films violents, mieux vaut respecter la mention « interdit aux moins de 12 ans », même si votre garçon est un grand gaillard et prétend « en avoir vu d'autres ». Toutefois, il peut aussi rapporter à la maison des vidéos qui lui paraissent visibles mais qui vous horrifient. Que faire alors ? Agir selon vos principes ou en respectant ses choix ? Dans le doute, mieux vaut interdire, cela évite les dérapages. Argumentez : « Je refuse une telle violence à la maison, parce que j'ai peur pour toi. Ces images sont malsaines et tu es trop jeune pour les voir. Tes copains feront ce qu'ils voudront chez eux, mais ici, c'est comme cela ! »

Son frère ou sa sœur plus âgé regarde un film où les personnages se massacrent allègrement (*Léon, Nikita, Seven, Scream, Le Silence des agneaux*...), et lui aussi veut le voir. Votre réponse est simple : « Tu es encore trop jeune, quand tu auras le même âge, tu pourras peut-être le regarder. » (Pour affûter vos arguments, allez au chap. 8 : « Leur donner à chacun la même chose ? »)

La grande sœur vous affirme que la cadette peut voir cette version de *Dracula* et qu'elle n'aura pas peur. Si vous avez des doutes, refusez. L'aînée n'a pas la capacité de juger ce qui est bon ou mauvais pour la plus petite. Elle n'a pas non plus le même degré d'appréciation du danger et des excès de violence, car, par principe, presque par nature, un adolescent va au-delà des limites. Cependant, il sait relativiser ce qu'il voit, mais pense que ses frères et sœurs plus jeunes le savent aussi ; or, avant 10 ans, l'enfant peut encore penser : « Pourquoi le héros aurait-il le droit de se défendre en tuant ses ennemis alors que moi, je ne peux même pas donner des petits coups de poing dans la cour de récré ? »

Vous devez donc maintenir le cap et protéger le cadet.

Les pièges à éviter

Ne manquez pas de fermeté. Si, pour son anniversaire, on a offert à votre enfant un jeu vidéo qui l'énerve trop ou vous semble terriblement violent, n'hésitez pas à le changer ou à le mettre de côté, jusqu'à ce qu'il ait acquis plus de maturité.

N'admettez pas qu'il joue *exclusivement* avec des jeux de cette nature, même s'il vous paraît capable de maîtriser ses pulsions agressives. Ouvrez-le à d'autres thèmes, ludiques et attrayants (compétition sportive, jeux d'arcade, jeux de rôle, découverte du trésor, jeux d'habileté et de dextérité, etc.).

Zoom
Elle raffole des livres qui font peur

N'allez pas imaginer que votre fillette devient de plus en plus bizarre parce qu'elle se délecte, au lit, d'histoires horribles. Dans la collection « Chair de poule », maître du frisson, il se vend en moyenne 130 000 exemplaires par titre, c'est dire !

Terreur sous l'évier raconte les aventures de Cat et de son frère Daniel qui emménagent dans une immense maison, mais dont la vie tourne rapidement au cauchemar. Il y a quelque chose de dégoûtant sous l'évier…

Avec *Souhaits dangereux*, c'est Sam, la maladroite, qui sert de souffre-douleur à Judith Woodstook. Comment empêcher cette peste de lui nuire et de médire sur son compte ?

La collection « Kid Pocket » n'est pas en reste, avec son best-seller *Spooksville*, la ville de la peur. Adam, Sally et Tic-Tac vont y affronter une sorcière tapie au fond d'un cimetière qui adore fabriquer des poupées avec de vrais yeux d'enfants. Un délice !

Dans ces contes mâtinés de suspens, d'extravagance et d'humour, le lecteur ressemble au héros. Plus de fées, ni de rois ou de dragons, mais des gens ordinaires comme lui ou, à la rigueur, des sorcières à l'apparence humaine.

L'écriture présente une caractéristique importante : elle imite exactement celle des séries télévisées : courte, simple, directe, rythmée en séquences brèves.

Emporté dans ces aventures, le lecteur devient le fin limier ou tout au moins son adjoint. A cette période de son développement psychologique, il n'a pas conscience des craintes naturelles qui l'habitent ni de la raison pour laquelle il agit de telle ou telle manière. Dans ces livres, sorcières, méchants, pratiques obscures, formules énigmatiques sont aussi ténébreux que *ses* angoisses profondes. Il y retrouve éclairée la part d'ombre qu'il porte en lui et qui, du coup, devient moins inquiétante puisqu'elle a moins de secrets pour lui.

A la phase de latence succède celle de l'adolescence. L'enfant abandonne ses vieux héros pour basculer dans les *X-Files* avec Mulder et Scully. Les vieilles ficelles d'antan deviennent éculées, il ose parler de ses faiblesses et veut, cette fois, dépasser les limites du corps comme celles de la famille. Il a besoin d'espace et la dimension sidérale vient à point nommé. Ce monde fantastique ne l'effraie pas outre mesure, car il est désormais capable de rationaliser pour se rassurer.

« Je n'aime plus la danse » (ou le piano)

Côté parents

Il y a un mois à peine, Marguerite vous harcelait pour un nouveau collant, des pointes et un justaucorps. Que vous avez achetés, bien entendu. Le premier trimestre passé, elle vous annonce, en toute simplicité, qu'elle en a assez. Et pourtant, vous vous étiez bien mis d'accord.

A présent, que faire ? Céder ou l'obliger à persévérer pour qu'elle n'ait rien à regretter plus tard ?

Côté enfant

C'est vrai que la danse lui plaisait. Mais, maintenant, malgré tous ses efforts et sa bonne volonté, elle s'y sent mal à l'aise. Elle sait bien que le cours a déjà été payé, mais elle n'envisage vraiment pas de passer tous ses mercredis à faire pirouettes et arabesques.

On la traite de capricieuse et de paresseuse, mais avait-elle vraiment la possibilité de refuser cette (nouvelle) année de danse ? Si elle a cédé, c'était un peu pour essayer encore, un peu pour faire plaisir à ses parents.

L'avis du psy

LES PARENTS DOIVENT TENIR BON

Avant l'âge de 8 ou 9 ans, l'enfant n'a pas, le plus souvent, le sens de l'effort ; il privilégie son plaisir et veut tout, tout de suite, sans avoir à s'entraîner ni à répéter régulièrement les mêmes gestes ou les mêmes gammes de musique. Il a donc besoin d'être stimulé en permanence pour avoir envie de travailler.

Néanmoins, il faut se mettre à la place de l'enfant qui grandit et évolue. De façon légitime, il peut changer de motivation en cours d'année. En discutant avec ses camarades, il lui arrive de découvrir d'autres centres d'intérêt, et de se rendre compte à quel point il se fourvoyait pour faire plaisir à ses parents ou pour les imiter, car ils avaient eux-mêmes suivi ce chemin. Il réalise aussi qu'il lui faut prendre son envol, se démarquer de ses années d'enfance, et de cette activité qui l'y retient.

Généralement, ce premier refus amorce le virage de la préadolescence. Il accompagne à la fois un développement physique et une transformation de la personnalité. Conscient de la gêne provoquée, l'enfant va généralement proposer une reconversion vers des activités à la fois semblables et différentes : la gymnastique rythmique, le tennis, le judo ou le karaté peuvent ainsi remplacer la danse ; ou la guitare et le piano…

Ce qui s'exprime n'est pas une rupture, mais une évolution, avant de devenir un jour une révolution adolescente.

Par ailleurs, à 6 ou 8 ans, c'est-à-dire à la fin du complexe d'Œdipe, l'enfant cesse de chercher avant tout à plaire à ses parents, il apprend à se faire plaisir. **Il ne peut donc adhérer durablement à une activité choisie par eux tant qu'il n'en ressent pas, lui-même, la nécessité. Mais cela n'est possible qu'après un temps de rupture, de réflexion, et enfin de dépassement.**

Si l'enfant finit par renoncer à son activité, les parents peuvent se rassurer en se disant que toutes ces années (ou mois) de pratique n'ont pas été totalement perdues. Elles ont joué leur rôle bénéfique, en développant la sensibilité des uns, et permis aux autres d'évacuer leur trop-plein d'énergie. Elles ont éveillé à une certaine culture du corps ou de l'esprit.

Si l'enfant doit absolument poursuivre parce qu'il est près du but, ou qu'il a de mauvaises raisons d'abandonner, les parents devront en ce cas être convaincants, et savoir payer de leur personne (en accompagnant l'enfant aux compétitions ou représentations, en l'aidant à répéter) afin de soutenir son effort.

Lorsqu'il s'agit d'une toute nouvelle activité et qu'il s'y est peu investi, le problème est bien différent. L'erreur est humaine, surtout chez l'enfant ! Avant de trouver son bonheur, il n'est pas rare qu'il essaie deux, trois ou quatre activités. Il ne s'agit pas d'inconstance, mais d'une difficulté toute naturelle à apprécier ce qui lui fait vraiment du bien. Un jour, il peut être intimement convaincu que la natation ou la poterie sont faits pour lui, et s'apercevoir au bout de la deuxième séance qu'il n'en est rien. En ce cas, tout reste à négocier. Peut-être sera-t-il possible de troquer une activité contre une autre dans le club qu'il fréquente ou bien de se faire rembourser les trimestres non suivis ? Dans le cas contraire, et sauf raison valable, les parents peuvent insister pour que leur enfant remplisse son engagement jusqu'à la fin du trimestre ou de l'année payé(e). Après, il aura toute latitude pour changer d'horizon.

Ce que vous pouvez faire

Mieux vaut assurer vos arrières, surtout si votre enfant a du mal à se décider. Plutôt que de le présenter à son activité en septembre, pourquoi ne pas s'y prendre dès le mois de juin, afin qu'il assiste à un ou deux cours qui le mettront dans le bain (contraintes, horaires, ambiance, obligation de résultats, compétition) ?

A partir du moment où son choix est fait, passez avec lui un contrat. Selon que vous paierez à l'année ou au trimestre, il s'engagera à aller jusqu'à terme. Et, sauf raison valable, vous ne céderez pas ; faites-le-lui savoir.

Si, pourtant, il s'obstine dans son refus, demandez-lui d'exprimer ses motivations. Peut-être a-t-il des raisons sérieuses : le prof a changé ; ses camarades ne sont plus là ; le niveau est trop fort ou trop faible (ce qui est démotivant) ; les objectifs sont intimidants (compétition ou spectacle obligatoires) ; les exigences paraissent démesurées à chaque séance ? A vous d'envisager alors une autre solution pour qu'il poursuive néanmoins : changer de cours, de prof, s'y rendre à un rythme moins soutenu. Quoi qu'il en soit, avant de prendre votre décision, demandez un rendez-vous avec son professeur pour en discuter.

Ne cédez pas à la première difficulté venue. Par exemple, s'il refuse d'aller au judo (ou aux échecs), sous prétexte que son professeur lui a fait une réflexion, ou que ses camarades sont plus forts que lui, aidez-le à dépasser cette déconvenue. Sinon, comment réagira-t-il face aux autres « épreuves » de l'existence, autrement plus déroutantes ? Par la fuite ? C'est justement grâce à votre soutien et à votre manière de relativiser les choses qu'il comprendra, qu'au fond, il n'est pas si grave d'être rappelé à l'ordre ou mis en échec. C'est d'ailleurs la règle du jeu. En s'entraînant, il deviendra plus fort. Ce discours, tenu par vous à cette occasion, peut faire office de véritable ligne de conduite pour l'existence.

N'oubliez pas le couplet légitime sur la persévérance et le sens de l'effort. En danse comme en musique ou en arts martiaux, il faut du temps avant de se faire réellement plaisir et d'obtenir des résultats.

Les premières années sont laborieuses, comme pour presque tout dans la vie. Elles exigent de dépasser des frustrations et d'appliquer pour soi-même une discipline ; elles sont, bien sûr, émaillées de moments de découragement. Mais ensuite, quel bonheur ! Votre soutien actif en de pareils moments de doute peut l'aider à surmonter la crise.

Les pièges à éviter

Relativisez. Il n'est pas si dramatique qu'il s'arrête en milieu d'année si cela a un sens. Si vous, comme lui, savez qu'il n'a pas abandonné sur un coup de tête, mais pour de vraies bonnes raisons, alors, la décision était sage.

Ne comblez pas aussitôt le temps libre par une nouvelle activité ; laissez passer un moment et, cette fois, prévenez-le : il essaiera une séance (ou deux), si c'est possible, avant de s'engager pour de bon. C'est bien d'accord ?

Zoom
Il s'ennuie

L'ennui, c'est un peu comme le sommeil, l'enfant en a besoin pour grandir.

Rien ne se passe en apparence, pourtant tout se met en place. Ce moment de calme et d'inaction est un véritable luxe intellectuel pour l'enfant, un tremplin à ses pensées vagabondes et à ses rêveries. C'est grâce à la richesse de l'imaginaire « que se développe la créativité et, par conséquent, les facultés d'adaptation et d'innovation », remarque la psychanalyste Etty Buzyn dans son livre *Papa, maman, laissez-moi le temps de rêver* (Albin Michel, 1995).

Durant ce temps court de réflexion, semblable à un palier de transition, l'enfant peut progresser et assimiler les expériences vécues.

L'ennui est pourtant l'inverse de la stimulation intensive, du gavage d'informations, de la multiplication des activités hors de l'école, de l'autonomie accélérée. Mais ce n'est pas du temps perdu, ni un temps mort, c'est un temps pour rêver ou inventer, un temps pour se ressourcer, se construire et, même, se développer.

Hélas, l'enfant, lui, ne le voit pas de cet œil-là. Il n'aime pas s'ennuyer ni être confronté à ces rendez-vous solitaires avec lui-même. Pendant la période de latence, il les fuit particulièrement pour ne pas avoir à affronter les nombreux « dossiers en instance » qui le tracassent : mauvaises notes, père absent, frère jaloux, exclusion de la bande, peur de grandir, et autres angoisses plus sérieuses pour certains.

Il n'a vraiment pas très envie de se livrer à l'introspection. Alors, il se dérobe, tourne en rond devant sa bibliothèque, se vautre devant la télévision allumée, s'excite sur sa console de jeux, va piller le réfrigérateur ou réclame un copain.

Deux solutions de bon sens : ou bien vous le laissez faire (et vous supportez les piètres solutions qu'il a trouvées pour échapper à lui-même), ou bien vous lui proposez une activité nécessitant peut-être votre aide et votre présence pour le motiver. Dans ce dernier cas, retenez-vous d'intervenir immédiatement, car la frustration de ne rien faire conduit l'enfant à s'ennuyer, donc à se retrouver un peu.

Chapitre 8

La vie de famille

La famille est « un long fleuve » qui charrie son lot de disputes, de mesquineries fraternelles, de revendications et de crises de jalousie. Les parents ne sont pas trop de deux pour poser un cadre strict et « calmer le jeu » face aux débordements des frères et sœurs entre eux. Sans règles imposées, pas de fonctionnement familial possible. Les règles ont la vertu d'apprendre aux enfants à se respecter mutuellement, donc à se respecter eux-mêmes.

Les parents se tromperont souvent, commettront probablement bien des injustices envers l'un ou l'autre de leurs enfants. L'objectif n'est pas d'atteindre la perfection, mais d'être autant que possible disponible et à l'écoute. Il s'agit d'accompagner les enfants, de les éduquer et de leur transmettre des valeurs. C'est au cours de cette tranche d'âge (6-12 ans) que devrait être accompli l'essentiel de cette transmission, car plus tard, à l'adolescence, la tâche sera plus ardue.

Une consolation tout de même : les fréquentes prises de bec et rivalités fraternelles sont souvent le signe d'une bonne vitalité dans la famille, car lorsque tout va mal (maladie, divorce), les enfants se « serrent les coudes » et n'ont pas le cœur à se faire la guerre.

La famille dans tous ses états

Une évidence : dans une famille unie, où la complémentarité et le partage des rôles sont bien respectés, tout est plus facile que dans celle où l'un des deux parents est régulièrement absent, où les disputes conjugales se multiplient, où le divorce menace. Inutile de le nier, dans ce dernier cas, l'enfant est déstabilisé. Ses attitudes et ses repères habituels sont ébranlés ; une faille est venue fragiliser les fondations solides que constituaient ses deux parents.

Pendant un temps, refusant cette réalité trop sombre, il va rêver de réunir le couple et de voir ses parents à nouveau ensemble, heureux et vivant sous le même toit. Par la suite, il comprendra que ce rêve est impossible. Ce moment-là, difficile pour tous, douloureux pour lui, est pourtant un grand pas en avant : c'est le commencement du deuil, c'est-à-dire du renoncement. Ce « travail » peut durer quelques mois et s'accompagner d'agressivité, de difficultés relationnelles, scolaires, de somatisations, etc.

Il faut toutefois relativiser cet intense désarroi de l'enfant car on ne peut lui épargner les soucis de l'existence. La vie, c'est parfois aussi cela, la fin des certitudes, la séparation des parents et le renouveau. Après avoir dans un premier temps provoqué un cataclysme, le parent qui refait sa vie donne à son enfant une chance de se créer une nouvelle famille. Souvent, il vaut mieux une famille recomposée – voire deux –, que des parents qui ne s'entendent pas, ou pas de famille du tout.

Mais qu'est-ce que c'est que ce désordre !

Côté parents

Fanny et Lola n'en finissent pas d'ergoter pour savoir qui débarrassera la table, videra le lave-vaisselle ou sortira la poubelle. Pourtant, elles devraient comprendre que la vie de famille c'est *aussi* cela, et qu'à côté des bons moments, il y a des tâches moins sympathiques, mais indispensables. Vous en savez quelque chose.

Côté enfants

Lola, la plus jeune. Elle croit encore qu'il suffit d'appuyer sur un bouton (la « touche papa-maman ») pour que le pain parvienne découpé, grillé et tartiné dans son assiette du petit-déjeuner. La vaisselle ou le rangement lui paraissent des travaux réservés à un autre âge, qu'elle espère bien atteindre le plus tard possible.

Fanny, la plus grande. Elle est convaincue d'écoper systématiquement des pires corvées alors que sa petite sœur n'aide jamais. D'ailleurs, elle tient ses comptes : pain acheté hier, vaisselle rangée il y a trois jours, grand ménage dans sa chambre la semaine dernière, il ne faut quand même pas exagérer ni trop en demander : « A la maison, c'est toujours moi qui fais tout », s'égosille-t-elle.

L'avis du psy

Dès 6 ans, un enfant sait définitivement classer, ordonner, ranger ; il a appris où se placent les objets familiers (portemanteau, corbeille à papier, panier de linge sale, évier, machine à laver) ; il comprend les consignes.

Conclusion...

Il doit admettre que ranger est une forme de respect envers les autres et qu'en ne mettant pas la main à la pâte, non seulement il se comporte comme un égoïste, mais il provoque les autres et risque bien de se trouver pris à son propre piège. Et si ses frères et sœurs se mettaient à l'imiter ? Et si ses parents se lassaient de toujours ranger derrière lui ?

D'ailleurs, il est facile de constater que **l'enfant est plus volontiers dilettante lorsqu'il sait que quelqu'un passera dans son sillage. Cependant, ce n'est pas parce qu'il est négligent qu'il n'aime pas l'ordre pour autant ! Bien au contraire. Une maison propre le rassure et l'aide à se structurer ;** chaque chose à sa place est un peu comme une limite indiquée par les parents, une discipline régulière qui lui permet de mieux se repérer.

Alors pourquoi certains trublions sont-ils plus réfractaires que d'autres au rangement ?

C'est peut-être une affaire de personnalité. La tendance à disperser, entasser, laisser traîner, égarer, est l'indice d'une organisation mentale particulière ; celle-ci se met en place dès le plus jeune âge : à la crèche, on a déjà vu des tout-petits rangeant sac et doudou dans leur casier, tandis que les doux rêveurs et les Attila éparpillaient tout sur leur passage.

Néanmoins, avant huit ans, l'enfant est rarement très organisé, il ne maîtrise pas encore, comme l'adulte, une pensée logique et rationnelle. Il préférerait croire que la vaisselle ou les vêtements se rangent comme par magie grâce à maman dans le rôle de Mary Poppins ou papa dans celui de Merlin l'Enchanteur. De plus, à cette période, l'enfant adore amasser des bric-à-brac et gadgets en tout genre, pour ses jeux et jardins secrets qu'il ne faudra déranger sous aucun prétexte.

Puis, entre 10 et 12 ans, les choses évoluent encore : sa chambre se transforme progressivement en tanière. Il affiche des posters d'un goût douteux et exhibe des objets kitch ou inutiles. Il entend pourtant que l'on respecte son territoire et fulmine contre l'aspirateur. Joignant le geste à la parole, il inscrit sur sa porte : « Privé », « Sens interdit », « Défense d'entrer », voire « Danger de mort ».

Indépendamment de son tempérament ou de son âge, l'état de désordre excessif peut signaler *au-dehors* ce qui se passe *au-dedans*. L'enfant exprime de manière symbolique un malaise plus profond. **Lorsqu'il ne sait pas ranger les idées dans sa tête, il ne sait pas non plus mettre de l'ordre dans sa chambre.** Il sème donc ses objets pour agacer ses parents (façon élégante de ne pas dire autre chose). Il disperse à tout vent comme on fait des bêtises ou accumule les mauvaises notes. En cas de séparation conjugale, le voilà qui peut s'identifier à son père, et être désordonné comme lui, ou à sa mère, et être très méticuleux comme elle. En agissant de la sorte, il introduit symboliquement le parent manquant dans le foyer principal. Si on le projette dans une famille recomposée, avec beau-père, belle-mère, vraies sœurs, demi-frères et pièces rapportées, il aura du mal à trouver sa place et le signifiera ici encore par sa désorganisation.

A toutes ces bonnes raisons de « s'éparpiller » s'ajoutent les inévitables questionnements existentiels de cet âge et les exigences scolaires. On lui demande d'ordonner ses idées, d'identifier, de classer, de gérer son temps. Très vite, l'enfant peut se sentir saturé et exprimer par son bazar ou sa confusion un relâchement, ô combien nécessaire. Cette soupape évite l'explosion et le désordre devient salutaire.

Ce que vous pouvez faire

Mettre la table ou la débarrasser, acheter du pain ou faire quelques courses, descendre la poubelle, charger le lave-vaisselle, ce sont là des tâches simples que l'on peut facilement confier aux plus grands, pour les responsabiliser.

Les plus jeunes (6 ans) auront des missions faciles et sans

danger : apporter le pain, compléter la table, ranger les affaires personnelles qui traînent, etc.

Et quand bien même il y aurait une personne pour faire le ménage à la maison, elle ne peut être présente en permanence et cela ne dispense en rien d'un minimum de respect pour son travail et pour certains principes de la vie en groupe.

Dans sa chambre, l'enfant est toutefois dans son territoire, tolérez un peu de désordre et des priorités qui lui tiennent à cœur. Il peut vouloir changer la place d'objets qui lui appartiennent ou décider de conserver ses vieux magazines ou cailloux rapportés de promenade. Laissez faire.

S'il partage la chambre avec son frère ou sa sœur, délimitez les responsabilités : « Chacun range son lit et son bureau, pour le reste, vous finissez ensemble. »

Dans les parties communes de la maisonnée, il est légitime d'exiger de tous un minimum d'ordre et de discrétion.

Ne cédez pas trop souvent à la tentation de ramasser vous-même le cartable ou la tasse qui traînent car, à terme, ce n'est pas éducatif. Mieux vaut, hélas ! répéter cent fois la même chose, le tire-au-flanc finira bien par comprendre que c'est à lui de le faire. L'air de rien, en insistant ainsi, vous lui indiquez des valeurs qui lui serviront en toute occasion : respect d'autrui et de soi bien sûr, mais aussi entraide familiale, serviabilité, partage, solidarité ; sens de l'effort, autrement dit, la nécessité d'aller au-delà de la facilité. Cette exigence conduit d'ailleurs plus aisément à l'estime de soi. Si, très tôt, il a appris à mettre la main à la pâte, en retour, il trouvera plus facilement de l'aide auprès de son entourage.

Il n'est pas indispensable d'instaurer un tour de garde, chaque famille trouvera sa recette. En revanche, vous devez simplifier les choses en donnant à chacun des responsabilités bien individualisées.

Nommez un préposé « au pain », au « lave-vaisselle », ou à des tâches plus compliquées (remonter le contenu d'un Caddie, ranger le Monopoly, classer les cassettes et les disques compacts, etc.).

Plutôt que de l'accabler d'un travail monumental (« Range ta chambre »), morcelez les tâches et donnez-lui des consignes courtes (« Ramasse les vêtements qui traînent par terre » ; « Trie le propre et le sale »).

Filles-garçons : il ne doit pas y avoir de différences dans les consignes données à l'un ou à l'autre. Pourquoi faudrait-il « sexuer » des notions d'ordre, de rangement ou de propreté ? Elles les concernent tous, et cela, quelle que soit l'éducation que les parents ont reçue à leur époque.

Trois manières de le(s) aider à passer à l'action sans trop d'hurlements.

• *Le jeu des « erreurs »*

Tout le monde connaît le jeu consistant à trouver les erreurs dans deux dessins presque identiques où le dessinateur a volontairement introduit des différences. On peut y jouer avec son enfant en obtenant de lui, calmement, qu'il range sa chambre.

Cela fait des années que vous répétez inlassablement à votre rejeton comment mettre de l'ordre (« ton cartable sous ton bureau », « tes baskets dans la penderie », « ton bol dans l'évier »). Alors, soyez-en sûrs, il a parfaitement enregistré le message, même s'il vous arrive d'en douter. La preuve : passez derrière lui dans la chambre ou la salle de bains qu'il a dévastées comme une tornade et dites-lui : « Nous allons jouer au jeu des erreurs. D'après toi, qu'est-ce qui ne colle pas dans cette pièce ? Il y a X erreurs à repérer. Maintenant, à toi de remettre les choses en place. Si tu trouves, pas de punition ! » L'enfant comprend très vite et, piqué au jeu, il range sous vos yeux. Enfin, en principe…

• *Le grand nettoyage de printemps*

Vous avez une petite matinée à lui consacrer ? Alors entamez avec lui, pour la première fois, le vrai rangement de sa chambre. Commencez par le bureau. Pourquoi a-t-il placé les cahiers de maths avec le matériel de dessin ? Selon lui, comment devrait-il organiser les matières ? De quoi a-t-il besoin en priorité sous la main ? Où pense-t-il devoir ranger ses affaires de gymnastique ? A-t-il encore besoin de tout ce bric-à-brac vieux de deux ou trois ans ? Ce temps, apparemment perdu à lui apprendre à s'organiser, peut l'aider à mieux conceptualiser et à ordonner, à établir des ponts logiques. Ce sont d'ailleurs des paramètres indispensables pour certaines matières, comme les mathématiques ou la grammaire.

Après deux heures de débroussaillage et de conseils sur la meilleure façon de s'y prendre (en lui laissant adopter sa logique), il aura réellement progressé, même si, une semaine plus tard, la chambre est de nouveau en désordre. Du moins les gros tris auront-ils été effectués et de meilleures habitudes auront-elles été prises.

• *La lettre*

Plutôt que de tempêter chaque dimanche parce que la chambre est sens dessus dessous, que la bibliothèque déborde et que les cassettes vidéo sont dispersées dans tout le salon, écrivez un mot à vos garnements avant d'aller faire votre marché ou de lire tranquillement le journal à une terrasse. Enumérez précisément ce que vous souhaitez : « Mes chéris, soyez gentils de ranger ça, ça et ça. Attention, si ce n'est pas fait à mon retour, tant pis pour vous, je sévirai. [Pas de détails sur la punition, ils imagineront le pire et redoubleront d'ardeur.] Bon courage. Je pense être de retour vers midi. » Le ou les tâcherons en question auront le temps de s'atteler au travail et pourront se référer à la liste écrite noir sur blanc, sans rien oublier. Ce stratagème, comme les deux précédents, fonctionne à condition d'être utilisé avec parcimonie.

Les pièges à éviter

C'est à vous, les parents, de déterminer les tâches qui incombent à chacun, et non à vos enfants. Prenez soin d'être équitables et de ne pas donner trop de responsabilités prématurées (souvent aux aînés) ou minimes (souvent aux benjamins ou aux enfants uniques).

Ne pas en demander trop

Vous pouvez, sans même vous en rendre compte, responsabiliser votre enfant à outrance. Ce n'est pas à la petite fille de 10 ou 12 ans de s'occuper du bébé aussi souvent, de passer régulièrement l'aspirateur, de faire les courses ou de rendre toutes sortes de petits services. Il ne faudrait pas non plus consumer son enfance et ce temps si précieux pour jouer, lire, rêver, se reposer ou voir ses amis.

Attention à ne pas être, non plus, des obsessionnels du rangement vivant dans un « appartement témoin » ! Par des exigences démesurées, vous pouvez transformer votre progéniture en maniaque de l'ordre ou, au contraire, en futur laxiste désordonné (car sans parents sur le dos, on peut enfin mettre la pagaille).

Soyez souple aussi : il est difficile, voire inquiétant, de demander à un enfant de vivre dans un espace trop aseptisé. Un peu de désordre, c'est aussi un peu de vie, et un peu de soi exposé au regard des autres.

Ne pas en demander suffisamment

Vouloir épargner à votre enfant des tâches ménagères parce qu'il est trop petit, fragile, maladroit ou mou, ne sert qu'à l'installer dans un rôle d'assisté ; plus tard, cela risque de le gêner et de renforcer son égoïsme ou sa dépendance. Cette déresponsabilisation peut aboutir à la formation d'une nonchalance qui aura toujours besoin d'une aide pour remédier à ses lacunes et ses carences.

Papa ne fait rien à la maison ? Ce n'est pas une raison pour que le fiston l'imite. Il fait partie d'une nouvelle génération où les garçons valent bien les filles, n'est-ce pas ?

Zoom
Faut-il payer pour les menus services rendus ?

S'il range sa chambre, débarrasse la table ou charge le lave-vaisselle, il participe tout naturellement aux tâches de la vie de famille : en ce cas, il n'y a aucune raison de le rétribuer pour ces services nécessaires. En revanche, s'il lave la voiture, jardine le potager ou garde les petits frères et sœurs à la place d'une baby-sitter, il va au-delà de ce que l'on peut attendre d'un enfant et cela mérite une petite rétribution ou une récompense (place de cinéma, livre, sortie, etc.).

Leur donner à chacun la même chose ?

Côté parents

Argent de poche, vêtements, sorties, tout est prétexte à discussions et à comptes d'apothicaire. Chacun des enfants défend ses arguments pour revendiquer la même chose que son frère ou sa sœur, qui « est toujours favorisé ». Cela en est à un tel point que vous doutez de votre impartialité et sortez de ces difficiles négociations avec mauvaise conscience. C'est la quadrature du cercle : comment satisfaire chacun, en respectant son âge et en évitant les inégalités ?

Côté enfants

Le plus jeune : il ne supporte pas de demander des permissions pour inviter ses amis, téléphoner, sortir ou s'acheter des bricoles au magasin du coin, alors que sa sœur, elle, entre et sort à sa guise, reçoit deux fois plus d'argent de poche, etc. Il y a un « favoritisme » évident. Et puis, son perpétuel air narquois : « Au revoir petit frère, je sors », cela vraiment, il ne le supporte plus !

La plus grande : elle a connu ces restrictions en son temps, il lui paraît donc évident et naturel de bénéficier aujourd'hui de certaines libertés.

Pourtant, son frère ne devrait pas tant se plaindre. C'est toujours elle qui doit faire des concessions, ranger la salle de bains ou la cuisine à sa place, ne pas pouvoir regarder la télé, parce que « môssieu » est planté devant les Minikeums. Elle aurait mille bonnes raisons de lui en vouloir. Pour la même bêtise, elle s'est d'ailleurs fait gronder beaucoup plus que lui. Mais le pompon, ce sont les félicitations qui pleuvent quand ce « minus » rapporte une bonne note (il faut bien l'encourager, prétendent les parents), alors que pour elle, cela est parfaitement naturel.

L'avis du psy

La vie n'est pas un long fleuve tranquille, surtout dans les tribus de plusieurs enfants ; chacun est persuadé que l'autre occupe la meilleure place et revendique les avantages du voisin sans daigner s'attarder sur les siens.

Au nom de quel principe les parents devraient-ils donner à chaque enfant la même chose et au même instant ? Plutôt que de prôner l'égalité à tout prix, ne devraient-ils pas, au contraire, encourager l'équité, c'est-à-dire donner à chacun en fonction de ses besoins du moment ?

Durant la période de latence, les frictions entre frères et sœurs changent de tonalité. Les enfants se disputent moins pour un aspect matériel (la même boîte de feutres ou la même quantité de pâtes à table) que pour des questions d'autonomie. Ils réclament davantage le droit de se coucher plus tard ou d'obtenir plus d'argent de poche, entre autres.

La raison voudrait que l'on considère les potentialités de chacun. Les plus grands sont plus mûrs et plus responsables, ils peuvent donc prétendre à plus de liberté. Ils doivent cependant compter sur leurs parents pour préserver leur statut d'aînés sans que tout soit à renégocier à chaque fois, parce que la classe du dessous – les cadets – n'accepte pas cette règle. Ce principe de base étant respecté, il y aura moins de frictions au quotidien. Cela n'empêche pas les aînés d'être eux aussi entourés, cadrés, et protégés, parfois même contre les plus petits. Quant aux plus petits justement, ils devront faire preuve de patience : ils auront les mêmes droits que les aînés, quand ils auront leur âge. Pour le moment, ils n'y sont pas. En attendant, ils peuvent trouver refuge auprès de leurs parents, pour les protéger des invasions, des injustices, des provocations ou des chantages des plus grands.

Dans certaines situations, il devient indispensable de donner *plus* à un enfant. Si celui-ci est malade, vulnérable, inquiet ; s'il accumule les punitions, se remet à faire pipi au lit ou a du mal à s'endormir, il faut le soutenir activement et lui montrer qu'il a droit à un traitement spécifique. Chaque frère ou sœur, momentanément délaissé, peut le comprendre dans la mesure où la roue tourne.

Ce que vous pouvez faire

Les envies comme les frustrations sont très cycliques chez les enfants. A les entendre, vous devriez donc réaliser la prouesse de répondre au plus près à leur demande, en fonction du moment ou du contexte, ce qui signifie ne pas toujours donner la même chose.

Pour mieux faire face à quelques questions brûlantes

• Les cadeaux. En fonction des occasions, les parents peuvent très bien gâter un enfant tel jour, et son frère une autre fois : c'est une façon de penser à chacun de manière singulière. Dans le même esprit, lorsqu'il s'agit d'un cadeau onéreux, ils peuvent offrir, sans culpabiliser, un ordinateur à l'un, et attendre l'année suivante pour offrir à l'autre sa chaîne stéréo ou les rollers tant attendus.

• L'argent de poche. Même avec un an d'écart entre deux enfants, il est bon de marquer la différence. L'aîné doit naturellement obtenir plus que le cadet qui, lui, recevra un peu plus que le benjamin.

• Sorties. Il semble évident que le périmètre de liberté accordé à l'aîné, ainsi que les lieux fréquentés et les horaires de sorties seront fonction de son degré de responsabilité et d'autonomie. Marion, à 7 ans, ne peut bien sûr se rendre à une soirée tardive comme Nicolas qui en a 12.

• Heures du coucher. Plus on grandit, moins on a besoin de sommeil. Vous pouvez l'expliquer au cadet qui souhaiterait tant veiller comme son frère aîné.

• Les vêtements. Les plus jeunes héritent souvent d'habits déjà portés. On peut comprendre qu'à certains moments, ils réagissent et refusent d'être en permanence dans la peau des autres. Il est donc nécessaire de leur offrir, de temps à autre, des vêtements neufs *rien qu'à eux*. Par ailleurs, il est indispensable de n'acheter qu'en fonction des besoins. Si Etienne change de pointure tous les six mois, il devient nécessaire de lui offrir des chaussures neuves, au nom de quel principe faudrait-il en faire autant pour Manon et Clémentine qui, elles, ne grandissent pas tant ?

• La nourriture. Là encore, même principe, à chacun en fonction de ses besoins. Pourquoi donner une pleine assiette de pâtes à Romain qui n'est pas dans une période de forte croissance sous prétexte que son frère mange comme deux ? De toute façon, il ne finira pas son assiette, il la réclame simplement pour s'assurer qu'on l'apprécie autant que son grand frère. Mieux vaut lui promettre de le resservir.

• La télévision. Deux enfants d'âge différent ne peuvent pas toujours pratiquer les mêmes centres d'intérêt. Tout le monde ne peut suivre le même programme au même moment. La solution consiste donc à enregistrer l'émission tardive que le plus petit visionnera une autre fois dans l'après-midi ; à proposer des tranches horaires prioritaires à chacun ; ou à faire choisir à tour de rôle le film que frères et sœurs regarderont ensemble s'ils le désirent.

• La disponibilité des parents. Chacun essaie de capter par tous les moyens leur attention, une consolation, un temps de câlin, un encouragement, des félicitations. Ce qui provoque nécessairement chez le frère ou la sœur l'idée que lui ou elle aussi, finalement, en aurait bien besoin. D'où les conflits, jalousies et irruptions intempestives qui viennent saboter les moments d'intimité privilégiée. Le parent concerné doit savoir préserver ce qui est commencé et différer la nouvelle demande. Il peut faire remarquer au quémandeur que si son frère ou sa sœur avait fait de même, il ne l'aurait pas admis.

Les parents doivent se rendre à l'évidence : quand ils donnent à chacun la même chose, ils font souvent des insatisfaits, car, pour un enfant, le but du jeu est justement d'avoir *plus* ou, précisément, ce que l'autre n'a pas. Il faut donc oser sortir du système égalitariste et savoir se remettre en question en reconnaissant honnêtement les erreurs passées. On peut l'expliquer ainsi aux frères et sœurs : « Jusqu'à présent, nous avons pensé qu'en vous donnant la même chose, nous vous rendrions plus heureux, nous nous sommes peut-être trompés. Vous n'avez pas la même maturité ni les mêmes besoins... »

Les parents ont également trop souvent tendance à considérer « les enfants » comme un bloc, un peu par facilité, un peu par esprit de famille. Les sorties se font donc groupées (tous à la piscine ou au restaurant) de sorte que les enfants pratiquent les mêmes activités extra-scolaires. Or, l'enfant a besoin de moments de complicité exclusive. Il veut être singularisé, ce qui augmente sa confiance et diminue du même coup sa jalousie. Alors pourquoi pas, de temps en temps, cuisiner avec l'un, aller à la piscine avec l'autre, inscrire la cadette qui le demande à la flûte et l'aînée à la guitare ?

Les pièges à éviter

Il ne faut pas avoir mauvaise conscience si vous refusez à l'un ce que vous avez donné à l'autre. Si les enfants sont convaincus que leur tour viendra et qu'il ne s'agit pas de préférence permanente, ils peuvent admettre vos arguments financiers ou éducatifs du moment.

Zoom
Il imite son frère en tout point

Imiter signifie *faire comme.* Imiter un grand, c'est vouloir devenir grand. L'enfant utilise un modèle choisi et admiré pour trouver sa voie plus facilement, et plus vite. Quand il est « bien dans sa peau », qu'il a sa personnalité propre et qu'il entretient avec son entourage des rapports spontanés et authentiques, l'imitation lui permet de se structurer aisément. Chez les plus vifs, l'imitation devient même un jeu, une manière de séduire, voire une forme d'humour ; l'imitateur prend ainsi de la distance face à son modèle, il relativise ses attitudes et ses comportements. Lorsque l'aîné se met à imiter le plus jeune, sciemment et occasionnellement, il n'y a pas de raison de s'inquiéter. Cette fausse régression lui permet de se resservir quelques « tranches d'enfance », pauses qui l'aident à repartir de plus belle.

En revanche, l'imitation devient un problème lorsqu'elle empêche l'enfant d'être lui-même et de prendre des initiatives en son propre nom.

Chez les timides qui se sentent effacés et qui manquent de confiance en eux, ce subterfuge sert de bouée de secours. C'est une manière d'adopter l'autre, tout en dépréciant sa propre identité.

Face à une telle difficulté, les parents ont parfois leur part de responsabilité. Ostensiblement, ils manifestent leur fierté envers le plus grand, qu'ils désignent comme modèle. Par résignation, celui qui n'est jamais mis en valeur ne peut faire autrement qu'imiter cet aîné, puisqu'il ne saurait prétendre aux mêmes capacités.

Comment aider l'enfant à redevenir lui-même ?

En le valorisant à son tour, lorsqu'il prend des initiatives personnelles. S'il se trompe au début, ce qui est normal, il suffit de lui indiquer comment mieux réussir la prochaine fois. Il doit aussi retrouver sa place et son âge. Il faut donc admettre qu'il est « grand » pour certaines choses mais « petit » pour d'autres. On ne pourra plus espérer de lui les mêmes prouesses qu'envers l'aîné, ni lui dire : « Tu peux rester seul maintenant, tu es grand » ou « Mais ta sœur y arrive, elle ! »

Dans la même logique, il est bon de favoriser câlins et douceurs ; veiller aux horaires du plus jeune qui ne sont pas ceux du grand ; continuer à lui raconter l'histoire du soir ; ne pas trop le laisser participer à certaines discussions (argent, sexualité, violence, etc.) qui méritent un traitement particulier selon l'âge de chacun ; ne pas céder à la facilité de mettre *toujours* tous les enfants « dans le même panier », comme s'ils ne faisaient qu'un (au lieu de dire : « Allez les filles, tout le monde range », préférez : « Lola, tu débarrasses, Charlotte, tu vides le lave-vaisselle, etc. ») ; ne pas utiliser des images « étiquettes » : « Ta sœur, au moins, elle… » Enfin, de ne pas donner au plus grand des responsabilités excessives, car il risque alors de devenir le « parent » du cadet et l'unique modèle auquel pourra s'identifier ce dernier.

Faut-il intervenir dans leurs disputes ?

Côté parents

Alors que tout allait bien, brusquement l'émeute éclate. Le grand se querelle encore avec la petite pour une queue de cerise. « Jamais moyen d'avoir la paix dans cette maison », maugréez-vous.

Insultes par-ci, jurons par-là, coups de pied en catimini, menaces, récriminations, rapportages et lamentations... LA COUPE EST PLEINE. Une nouvelle fois, vous voilà sommé de jouer promptement le gendarme ou l'arbitre, quand ce n'est pas l'infirmier.

Pourquoi subitement tant de violence et de brutalité ? Pourquoi ces mesquineries et ces jalousies ? Et comment leur inculquer des manières plus civilisées ?

Côté enfants

Au milieu des cris et des vociférations, chacun hurle à l'injustice. Et chacun est persuadé d'être dans son bon droit.

Si le premier a donné un coup de poing, c'est parce que l'autre l'y a obligé. Il en a par-dessus la tête de ce « nain » qui empiète sur son territoire, qui lui déplace ses affaires sans lui demander la permission, qui le sollicite sans arrêt, qui ne le quitte pas d'une semelle lorsqu'il reçoit ses copains. Alors là, c'est sûr : « Dehors, minus, on veut la paix. »

Le nain en question veut, quant à lui, qu'on l'écoute, qu'on lui fasse une petite place, qu'on le respecte et qu'on ne l'exclue pas. Est-ce une raison pour lui donner une claque ?

L'avis du psy

Les terribles rivalités fraternelles évoquées dans la Bible et dans les contes de fées hantent souvent l'imaginaire des parents. Caïn et Abel, Cendrillon et ses sœurs laissent planer une ombre menaçante sur la paix familiale. Face aux oppositions criantes de leurs enfants, les parents redoutent un passif qui serait payé au prix fort à l'âge adulte et qui éloignerait peu à peu frères et sœurs.

Qu'ils se tranquillisent car les non-dits et les colères enfouies sont bien plus dangereuses que les étincelles et les explications, si musclées soient-elles. L'agressivité, la jalousie, l'envie et la mise à l'écart sont des attitudes naturelles entre enfants, voire salutaires ; elles ne préjugent en rien des relations futures. La rivalité peut même être stimulante et positive, à condition d'être dépassée et sublimée.

Trois ressorts psychologiques sont à l'origine des principaux conflits fraternels : la divergence d'objectifs, la jalousie et... le désœuvrement.

Premier cas : l'aîné et le cadet ne traversent pas les mêmes étapes psychologiques, au même moment. Si le plus grand se situe dans la phase de latence, il sera en pleine élaboration de sa personnalité. A ce stade de l'enfance, il s'entraîne à prendre davantage d'autonomie et tente au hasard tous les répertoires : insolence, gros mots, chapardage, provocation, défi et confrontation aux limites. Il teste en permanence, mais son souci majeur est que le petit frère ne rôde pas trop dans ses parages et ne le démasque pas durant ce temps si intime de l'élaboration de sa personnalité. Il a besoin de discrétion pour achever de se construire.

Le cadet, quant à lui, admire son frère ou sa sœur. Il aimerait être son ami et son complice, ce qui le fera exister et grandir. Malheureusement, dès qu'il se manifeste et souhaite se rapprocher, l'autre le maintient à l'écart pour conserver la distance vitale. Le malentendu naît vite de cette divergence de positions. Et c'est la guerre !

Deuxième cas : la jalousie associée à l'impression que l'autre est le préféré. A tort ou à raison, l'enfant pense que son frère ou sa sœur « rival(e) » est plus aimé(e) que lui. Entre 7 et 12 ans, il doute particulièrement de ses capacités, manque de confiance en lui, ne se sent pas à la hauteur. Durant cette période de recentrage sur sa personne, toute manifestation d'amour à l'égard de l'autre est comprise comme un manque d'intérêt pour lui. L'enfant se fabrique volontiers des romans et des histoires, il amplifie à souhait la réalité. **C'est l'âge du tout ou rien : « Ou on m'aime et on n'aime que moi, ou c'est l'autre que l'on aime, et alors on ne m'aime plus. »** Le malheureux poursuit jusqu'à la fin son scénario de rejet, probablement par culpabilité. (*Cf. Mais qu'est-ce qu'il a dans la tête, 0-7 ans,* chap. « Les frères, les sœurs », Hachette Littératures, 1998.)

A leur insu, les parents peuvent d'ailleurs manifester une préférence. Eux-mêmes ont été des enfants. Et leur place d'aîné ou de cadet dans leur propre famille peut interférer de manière inconsciente quand ils prennent parti dans les conflits de leurs enfants. Le père ou la mère aura davantage tendance à excuser et à protéger le petit dernier, si lui-même a occupé cette place en son temps. Il s'identifiera plus facilement à lui, au risque de commettre une erreur.

Troisième cas : le désœuvrement. Les parents l'ont bien remarqué, les enfants se disputent « pour tout et pour rien ». Pour savoir qui a les yeux les plus bleus, pour le choix du programme télévisé ou tout simplement pour savoir qui tiendra la télécommande. « En fait, s'ils se disputent, c'est tout simplement parce qu'ils aiment ça, et peu importe le motif des colères », constate la psychologue américaine Nancy Samalin dans son livre *C'est pas juste !* (Flammarion, 1997). Elle anime depuis plusieurs années des ateliers avec des parents pour les aider à résoudre les situations familiales conflictuelles. « Ne perdons pas de vue que l'on peut prendre plaisir à polémiquer, ajoute-t-elle ; pendant ce temps au moins, on ne s'ennuie pas. » Les querelles « pour rien », les enfantillages sont donc des exutoires nécessaires, qui servent à exprimer les ressentiments, et évitent ainsi que la « cocotte » n'explose.

Ce que vous pouvez faire

En cas de petit conflit

Laissez-les trouver un accord entre eux, à l'amiable et sans intervenir ; sinon vous seriez perçus comme étant toujours indispensables. Apprendre à pactiser sans l'aide d'un tiers est une bonne école pour la vie.

En cas de dispute potentiellement dangereuse

Si le conflit s'avère physiquement ou verbalement inacceptable, il vous revient d'intervenir sans hésitation et de séparer les belligérants. Pourquoi se sont-ils disputés ? Parce qu'ils se sont laissé déborder par leur colère et leur agressivité. L'action a pris le dessus sur la parole. Vous devez donc leur dire et leur répéter qu'il existe d'autres moyens de s'exprimer : les mots par exemple. Le plus astucieux doit mettre fin à la dispute, sinon l'on n'en sort pas. Et tant mieux si le plus petit donne l'exemple.

Apprenez à ne pas toujours prendre parti. Les apparences sont souvent trompeuses et la victime n'est pas forcément celle que l'on croit. Celui qui a frappé a souvent été poussé à bout par la « victime innocente » qui a su allumer la mèche.

Contentez-vous de donner la parole à l'un, puis à l'autre, à tour de rôle. Evitez les interrogatoires minutieux à la Sherlock Holmes : c'est le meilleur moyen d'attiser à nouveau la querelle car, dans leur état d'excitation, ils sont bien incapables de se mettre d'accord sur tel ou tel détail. En revanche, une fois qu'ils se sont exprimés, proposez-leur de trouver entre eux une solution à l'amiable. S'ils n'y parviennent pas, c'est vous qui le ferez, mais alors ils ne devront pas se plaindre.

Prévenir plutôt que guérir

Les parents interviennent souvent au plus mauvais moment : au milieu des disputes, dans le feu de l'action et au coup par coup. Les esprits sont échauffés, et peu enclins aux concessions. Il vaut donc mieux intervenir plus tard, poser les règles dans le calme, à un moment où chacun peut entendre l'autre et lui parler. Ainsi, durant la prochaine crise, il suffira de se référer à ce qui a été dit et accepté par tous pour éviter les écarts ou les minimiser.

Les mettre dans la peau de l'autre

Après le conflit, lorsque l'atmosphère est plus sereine, vous pouvez inciter les enfants à rejouer la scène afin qu'ils expriment leurs différends, cette fois en apprenant à se respecter. Puis inversez les rôles et demandez à chaque enfant de se mettre à la place de l'autre. Arthur va imiter Jeanne, qui comprendra à quel point sont désagréables ses hurlements hystériques. Et Jeanne va geindre comme Arthur qui s'apercevra combien il est pénible avec ses jérémiades. La gêne produite par l'un renforce l'agressivité de l'autre... et réciproquement.

Donnez du sens à la scène

Le petit rôde autour de la grande. Il prétexte le besoin d'un livre ou d'une broutille quelconque pour aller dans sa chambre. Il aimerait partager sa complicité et son intimité, mais ne sait le lui exprimer. Il est gauche, maladroit et il fait, précisément, ce qu'il sait ne pas devoir faire. Sa sœur se sent envahie, puis agressée. La tension monte, la bagarre éclate. Si vous avez assisté à la scène, donnez-lui du sens, afin que frère et sœur comprennent ce qui s'est passé. Ensuite, indiquez les mots et l'attitude qu'il aurait fallu employer. Arthur aurait dû dire qu'il voulait jouer un moment avec sa sœur, et Jeanne aurait dû lui répondre qu'elle n'était pas disponible pour l'instant mais essaierait de l'être plus tard.

Il faut leur apprendre à clarifier leurs désirs et à les exprimer sans gêne : « J'aimerais tellement rester avec toi, cela ne te dérange pas ? »

Les pièges à éviter

A votre insu, vous risquez d'exacerber la rancœur entre frères et sœurs, en accusant toujours le même enfant. Or, vous le savez bien, il n'y a pas un ange d'un côté et une brute de l'autre. Chacun est plus ou moins partie prenante dans le conflit.

Dans le même esprit, évitez tout jugement définitif du type : « Tu es toujours aussi insupportable. » Une attitude plus ouverte et moins culpabilisante de votre part incite l'enfant à modifier son comportement et à mettre en application vos conseils : il apprendra à demander un service sans donner d'ordre ; ou à patienter sans vouloir tout, tout de suite.

Les comparaisons ne font qu'exacerber les rivalités. « Si seulement tu étais aussi mignonne [raisonnable, soigneuse, attentionnée] que ton frère... *(soupir).* » Celui qui est ainsi montré en exemple devient une cible privilégiée pour celle qui semble ne pas lui arriver à la cheville. Finalement, il y a deux victimes.

De plus, l'icône proposée en modèle se sent obligée de toujours ressembler à l'image donnée par ses parents, ce qui est un moteur certes, mais aussi un fardeau. L'enfant grondée, elle, se sent découragée puisque la place est déjà prise. Au lieu de mettre les frères et sœurs en compétition par d'éternelles comparaisons, mieux vaudrait encourager la solidarité et les qualités de chacun.

Vous êtes exaspérés parce qu'ils se disputent sans arrêt. Alors consolez-vous avec cette constatation souvent vérifiée : les enfants ne s'offrent le luxe de se disputer que quand tout va bien dans la famille. Sinon, ils se serrent les coudes.

Leur père n'est jamais là

Côté parents

Vivre à la maison, mais garder l'esprit au travail. Partir tôt et rentrer tard. Avoir de fréquents empêchements et être en déplacement professionnel. S'effondrer de fatigue le week-end. Voilà en résumé le portrait du père qui « n'est jamais là ».

Vous avez donc parfois le sentiment d'être seule à faire tourner la maison. L'enfant, lui, n'est pas dupe. Il sait tirer les avantages de la situation et n'hésite pas à jouer sur la corde sensible pour culpabiliser son père ou vous pousser à bout.

Cela, en vertu du principe que « ça passe » (et vous cédez) ou « ça casse » (et vous appelez votre conjoint à la rescousse… répondant ainsi à ses souhaits).

Côté enfant

L'absence chronique de son père à la maison présente des inconvénients : jamais de papa à la sortie de l'école, pas le temps de faire les devoirs ensemble, pas de câlins « qui grattent », pas d'histoires du soir ni de confidences, pas davantage la possibilité de raisonner maman, « qui est trop peureuse et qui craint toujours qu'on se fasse mal ».

Mais, il faut bien le reconnaître aussi, l'absence de son papa présente quelques avantages et non des moindres : il peut « faire ce qu'il veut de sa mère qui cède plus facilement », il peut aussi exister davantage puisque la place est vacante ; de plus, son père lui offre plein de cadeaux pour se racheter de son indisponibilité.

L'avis du psy

A quoi sert un père ?

Sa présence effective s'avère fondamentale dans l'équilibre de l'enfant. Deux métaphores représentent assez bien ce père : il est un peu comme un « tuteur » qui aide le jeune arbre à grandir et le miroir qui renvoie à l'enfant l'image de lui-même. En effet, grâce à une série d'identifications, la personnalité du garçon (mais aussi de la fillette qui se voit grandir en tant que fille dans les yeux de son père) évolue et se construit. Pour être soi-même, il faut pouvoir s'identifier à quelqu'un. Le père en tant que véhiculant une image masculine forte, virile mais aussi sensible, représente un modèle essentiel. Hélas ! beaucoup d'entre eux refusent (plus ou moins consciemment) de servir de modèles ou de tuteurs. Certains ont une si piètre estime d'eux-mêmes qu'ils renoncent d'emblée à ce rôle. En général, ils surestiment les attentes de leur enfant et préfèrent « démissionner » avant de le décevoir. Ce qu'ils savent moins, c'est qu'une présence masculine authentique, même irrégulière, avec ses qualités et ses défauts, est déjà profitable. De plus, se rendre absent aux yeux d'un enfant, c'est un peu « ne pas exister ». Cela donne lieu à une forte culpabilité chez certains enfants qui se reprochent alors d'avoir fait fuir leur père.

Selon le psychanalyste Bernard This, cofondateur avec Françoise Dolto des « Maisons Vertes » et auteur du livre *Neuf mois dans la vie d'un homme* (InterEditions, 1994) : « Pour être père, il faut avoir été fils. » De fait, les pères absents conservent souvent en eux-mêmes l'image de leur propre père fantôme durant leur enfance. Ils perpétuent ainsi, de génération en génération, la faille originelle. Bernard This ajoute aussi : « Pas de père sans une mère, et pas de mère sans un père. L'enfant est le fruit de cette relation. » La mère doit donc consentir à céder au père sa place de plein droit. Certaines sont si possessives qu'elles excluent l'homme de sa fonction, remettant en question chacun de ses faits et gestes comme s'il n'était pas capable de s'occuper de son enfant aussi bien qu'elles. Finalement, beaucoup de ces pères baisseront les bras.

Le père est aussi celui qui indique les limites et la *loi*. Qu'on le veuille ou non, ce rôle lui revient de manière légitime. C'est lui qui rompt la fusion entre la mère et son bébé, et revendique de la sorte la place qu'il entend occuper. C'est lui qui pose le tabou de l'inceste. D'où l'image habituelle du père castrateur, qui dresse les interdits sur la route de l'enfant, qui pose (re)pères et limites. Pour la fillette, s'ajoute une dimension supplémentaire : la séduction. Elle s'identifie à sa mère qui séduit son père. Et lorsque celui-ci est absent, elle se sent un peu orpheline. Elle se reconnaît dans cette femme « souffrante », alors que le garçon, lui, se reconnaît dans son père absent.

Que se passe-t-il quand le père est trop peu disponible ou trop souvent absent ?

L'équilibre de la famille en est profondément modifié.

A court terme, l'enfant confronté à cette absence se sentira fragilisé. Au moment du coucher, et comme pour tous les enfants, vient l'heure des bilans. Le père qui représente la force, la virilité et la protection fait défaut. Du coup, les craintes les plus tenaces resurgissent avant de s'endormir ou pendant les rêves.

A tout moment, l'enfant peut aussi provoquer sa mère afin de la pousser à bout et l'obliger à faire intervenir l'autorité paternelle manquante. Les comportements agités en classe, les conduites à risque (dans la rue, à roller, à vélo, etc.), les vols, les mensonges ou le non-respect des horaires doivent souvent être interprétés comme des appels.

A plus long terme, l'enfant risque de se référer plus tard à ce schéma-là pour construire sa propre famille. Les garçons peuvent à leur tour oublier de remplir cette fonction qu'ils connaissent si mal. Les filles risquent de rechercher toute leur vie ce père manquant. Elles choisiront un partenaire qui lui ressemblera (moralement ou physiquement), ou bien préféreront des hommes beaucoup plus âgés, comme pour se rapprocher de la maturité d'un père qu'elles ont trop peu connu. Ce type de relations sentimentales risque d'être un échec à répétition, puisqu'il s'inscrit dans une quête perpétuelle du père idéal, que ces hommes ne seront jamais.

Mais il faut relativiser car **il y a absence et absence. Certains pères ne peuvent être là par empêchements ; d'autres ne veulent pas être là par volonté.**

Lorsqu'un père, qui a été présent et a tenu sa place dans la famille, devient indisponible pour raison professionnelle ou de santé, l'enfant a déjà reçu cette image nécessaire à son développement psychologique et affectif. Il connaît les limites à respecter et la direction indiquée. L'autorité paternelle plane suffisamment sur la famille, et sa simple évocation permet de redresser au mieux la situation jusqu'au retour du père.

En cas de décès, photos, histoires, souvenirs rappellent son image et le font ainsi exister. Sa représentation valorisante – et surtout pas idéalisée – aide l'enfant de manière positive. Au contraire, le silence et l'oubli, censés lui épargner une souffrance, ravivent autant l'inquiétude que le manque. Le père doit rester dans l'imaginaire de l'enfant, sans que l'on efface les instants heureux partagés ensemble et qui serviront de tremplin pour s'y référer le moment venu.

En cas de séparation, le père peut et doit continuer à assumer son rôle d'éducateur, à condition que son ex-femme lui en laisse sa part légitime.

La situation ne dérape vraiment que lorsque le père est absent des pensées et des préoccupations de toute la famille.

Ce que vous pouvez faire

Du côté du père

Si vous vivez à la maison, mais que vous êtes souvent indisponible, comprenez simplement que votre rôle est essentiel au développement de votre enfant sur le plan social et affectif. Les câlins d'un père et ceux d'une mère sont différents, de même que les limites posées par l'un ou par l'autre. Votre présence n'est donc pas interchangeable. Contrairement à ce que croient encore beaucoup d'hommes, votre rôle ne se limite pas à garantir le confort matériel de la famille. Il vous faut aussi prendre votre part à la constitution de la famille, ce qui signifie partager tous ces petits riens qui tissent l'existence.

Si vous partez à 7 heures et rentrez à 20 heures, les meilleurs jours, tenez-vous au courant de la dernière compétition de karaté, de son 16 en maths ou de ses déboires avec sa copine préférée. Si elle dort déjà quand vous rentrez, placez un mot affectueux sous son oreiller ou dans son cartable. Si elle est encore réveillée, offrez-lui quelques moments de vraie attention, sans répondre au téléphone pendant que vous lui racontez l'histoire du soir ou qu'elle se confie à vous. La qualité vaut mieux que la quantité, à condition de toujours maintenir le contact.

Le téléphone est votre meilleur allié pour suivre votre famille à distance. Appelez du bureau ou pendant vos déplacements : ces clins d'œil attendus remplaceront la caresse du soir ou le conseil complice.

Durant le week-end, rattrapez le temps perdu. Laissez-vous aller : concours de chatouilles, match de foot, volets à repeindre ensemble, expéditions à VTT, échappées à deux pendant que maman s'occupe du petit frère ou de la grande sœur. Pensez aussi aux devoirs et au travail scolaire, non pour sanctionner votre enfant mais pour le valoriser en vous y intéressant. L'école est une part importante de sa vie. En vous y impliquant, vous l'aiderez à reprendre confiance en lui.

Si vous prévoyez d'être encore plus accaparé que d'habitude, mais pendant un temps limité, prévenez-le : « Pendant tant de temps, je serai “invisible” à cause d'un travail à rendre, mais ne t'inquiète pas, ensuite, tout redeviendra comme avant ! »

Du côté de la mère

Si vous êtes débordée par l'absence trop longue de votre mari, ou si la période est particulièrement tumultueuse, pourquoi ne pas prendre une aide ménagère (devoirs, courses, etc.) ? Le sacrifice financier sera compensé par une meilleure qualité relationnelle et une plus grande sérénité familiale.

Face à un enfant trop exigeant, qui profite de la situation, soyez ferme et ne cédez pas. Souvent, les mères culpabilisent et se sentent responsables – à tort – de l'absence du père. Ainsi, elles cèdent au moindre caprice comme pour « réparer » alors qu'il faudrait au contraire davantage de rigueur, de limites et de cadre pour éviter tout risque de dérapage. Le droit d'interdire et d'éduquer appartient à toutes les mères, celles qui élèvent seules leur enfant comme celles qui vivent en couple.

N'oubliez pas non plus de penser à vous : une relation trop fusionnelle avec votre enfant peut devenir malsaine. Ayez vos propres centres d'intérêt et vos ami(e)s hors de la maison, afin que tout ne tourne pas autour de votre duo.

Si vous n'en pouvez plus, si vous sentez les larmes vous monter aux yeux, laissez-vous aller, cela vous soulagera. Ainsi, votre enfant repérera les limites à ne pas dépasser. Il apprendra que vous n'êtes pas disposée à tout supporter (ses provocations, insolences et bêtises), il comprendra que vous n'êtes ni surhumaine ni invulnérable. Finalement, le fait que vous craquiez peut lui éviter les récidives.

Cependant, ne rendez pas votre enfant responsable de cette situation et ne lui dites pas qu'il est une charge pour vous (« je me sacrifie pour toi »). C'est lui (ou elle) qui vous a poussée à bout, mais c'est son père qui fait défaut, tant à vous qu'à votre enfant.

Les pièges à éviter

Du côté du père

Ne minimisez pas votre rôle. Que vous le vouliez ou non, vous êtes essentiel à votre enfant. Il ne vous demande pas d'être parfait et ne vous juge pas (du moins, pas encore). Il ne vous reproche pas non plus vos faiblesses. C'est votre présence qui lui fait sacrément défaut.

N'ayez pas peur de vous montrer tendre par moments, ferme à d'autres. Entre les *pater familias* inflexibles et les papas gâteaux qui oublient de servir de guide, il reste une troisième voie : celle du père qui accompagne et initie, qui éduque sans dresser et soutient sans soumettre.

Du côté de la mère

Laissez une place au père, sans l'assaillir de reproches permanents : « Comme d'habitude, j'ai dû me débrouiller seule »,

« Laisse-moi faire, tu n'y connais rien ! » A force de se faire rabrouer, le père finira par s'exclure ou par espacer ses visites. Quant à l'enfant, il aura une mauvaise image de celui qui incarne l'autorité et la loi, et au travers duquel il s'identifie. Pourtant, vous l'avez un jour choisi pour conjoint. Alors, où est la faille ?

Dans les moments de trop grande solitude, certaines mères sont tentées de céder la place du mari à leur garçon et font croire à celui-ci qu'il est le protecteur, le compagnon, le complice, « l'homme de la maison ». Le risque est de lui donner des responsabilités qui ne sont pas les siennes et, ainsi, le faire grandir trop vite.

A l'âge adulte, le garçon sera tenté de rechercher une compagne à l'image de sa mère, avec laquelle il entretiendra des relations basées sur des rapports ambigus. Tantôt il la choisira fragile comme sa mère et jouera, une nouvelle fois, les secouristes pour la soutenir ; tantôt il préférera une femme généreuse en affection, mais ferme et autoritaire, sur laquelle il pourra se reposer, comme pour renouer avec son enfance.

Zoom
Je suis une « famille » monoparentale

En France, d'après une étude de l'INSEE (« Les familles monoparentales, portrait social ») deux millions de femmes célibataires, veuves ou divorcées élèvent seules leur enfant, mais cette solitude n'a parfois qu'un temps, puisque beaucoup fondent une nouvelle famille au bout de cinq ans (un peu plus pour les veuves).

Dans un cas de séparation sur deux, l'homme perd tout contact avec ses enfants dans les deux ans qui suivent. Une fois sur trois, la pension alimentaire se fait attendre ou ne vient pas du tout.

Voilà pour les chiffres. Mais qu'en est-il des actes ? Comment font ces mères en solo pour s'en sortir avec la difficulté majeure de budgets très serrés ?

Si on le leur demande, les points communs sont l'emploi du temps surchargé, la fatigue et les épuisantes responsabilités.

Beaucoup se sentent condamnées à assumer, même malades. Ce sentiment de fragilité qui les accompagne sans cesse revient comme un leitmotiv : « Il faut assurer coûte que coûte. »

A tant tirer le diable par la queue, elles développent pourtant des ressources et une audace que bien des femmes pourraient leur envier. Nécessité oblige, en milieu professionnel, elles se défendent et dépensent une énergie considérable. Dans la vie, elles ont appris à se faire aider. A rester impassibles aussi devant les sempiternelles remarques sur « le risque de relation fusionnelle trop exclusive entre le fils et sa mère » et sur la menace de « désordres psychologiques » chez leur enfant. Heureusement, les psy sont leurs alliés pour les rassurer. Beaucoup reconnaissent que ce qui importe pour l'enfant – et surtout pour le garçon – est de trouver ce repère masculin indispensable dans son proche entourage (ami, beau-frère, oncle, parrain, instituteur, etc.) à condition que cette présence soit régulière et l'autorité effective. On peut relativiser l'impact du père absent en regardant derrière soi : les veuves de la dernière guerre n'ont pas élevé que des délinquants et, pourtant, elles cumulaient tous les problèmes, dont la solitude et la précarité !

Les femmes sans conjoint sont souvent conscientes du risque de surprotection vis-à-vis de leur enfant et de repli sur soi ; voilà pourquoi nombreuses sont celles qui font l'effort de sortir et de recevoir. Bien sûr, elles connaissent la tentation de la culpabilité ou de la compensation (« elles n'en font jamais assez pour leur petit ») mais, au fil du temps, l'équilibre finit par s'installer.

Certaines mères revendiquent même haut et fort quelques avantages de l'éducation en solo : les inévitables tensions dans le couple pour l'éducation de l'enfant ne se posent plus. La vie quotidienne est certes tumultueuse, mais chaque difficulté surmontée *seule* est une vraie victoire due uniquement à elles-mêmes. Quant aux relations filiales, elles sont deux fois plus intenses, puisque la mère sert à la fois de maman… et de papa !

Papa et maman se disputent

Côté parents

Les disputes sont tellement difficiles à contenir. On a beau se raisonner et se dire qu'Amélie est présente, juste à côté, la tension monte et les nerfs lâchent : il faut que les choses soient dites. Sans doute une brise légère soufflera-t-elle après l'orage…

Côté enfant

Amélie, elle, s'inquiète quand son père et sa mère se disputent trop fort et lâchent « J'en ai assez ! » dans un claquement de porte. Elle se demande si ses parents ne vont pas divorcer pour de bon.

Les statistiques lui donnent d'ailleurs raison. Défilent dans sa tête tous ses camarades de classe dont les parents sont séparés. Elle ne veut pas devenir membre du club.

En attendant, ce qu'elle redoute par-dessus tout est d'être prise à témoin lors des scènes de ménage.

L'avis du psy

Comme le disait Françoise Dolto : **« Dans une maison, les enfants et les chats sont toujours au courant de tout. »**

Une crise, qu'elle soit explosive ou silencieuse, n'échappe jamais à l'enfant. C'est pourquoi il est inutile de nier une mésentente (même ponctuelle). Lorsqu'un enfant sent une rupture dans l'équilibre familial et qu'on ne lui en dit rien, il s'invente des scénarios ou réagit par certains symptômes si les conflits se répètent. Il est alors découragé, voire inhibé ou dépressif. Les mauvaises notes en classe s'enchaînent, de même que les difficultés de concentration, le manque de vitalité, l'absence d'esprit d'initiative, les troubles du sommeil. Parfois, l'enfant s'exprime par des régressions, Lucien se remet à sucer son pouce, Agathe fait pipi au lit, Quentin se bourre de sucreries. Ce stade, traversé antérieurement, leur permet de se retrancher dans une phase connue, familière et rassurante. L'enfant déstabilisé peut encore avoir toutes sortes d'accidents ou de petites maladies liés à des chutes de l'immunité ou de la vigilance : otites, angines, voire bras ou jambe cassés.

Il peut encore affirmer sa colère de manière ostensible : il devient alors revendicatif et agressif à l'école comme à la maison ; il refuse tout, s'obstine, sabote les contrôles scolaires et les fêtes auxquelles il participe ; il crée des disputes incessantes avec ses frères et sœurs. Bref, il détourne sur lui l'attention par des manifestations excessives, comme s'il voulait que ses parents se ressoudent autour de son cas. Le stratagème marche souvent, si bien qu'il devient le psychothérapeute de la famille. Quand l'enfant ne joue pas directement ce rôle, c'est sa maîtresse (ou le directeur de l'école) qui va révéler aux parents la souffrance de l'enfant. Par son attitude, il introduit donc inconsciemment un médiateur dans le conflit conjugal.

Non seulement l'enfant espère sauver le navire, mais il veut aussi se faire pardonner, car il se sent très souvent responsable de la mésentente de ses parents. A tort.

Entre 6 et 8 ans, des vestiges de complexe d'Œdipe peuvent encore le culpabiliser d'avoir tellement souhaité leur séparation. Et si ces derniers se disputent si souvent, c'est forcément à cause de lui, pense-t-il.

De 6 à 12 ans, la culpabilité revêt bien d'autres aspects. Il se reproche d'avoir « usé ses parents », de s'être montré coléreux ou exigeant, jaloux, capricieux, ou tellement différent de ce que l'on attendait de lui : « Si j'avais eu de meilleures notes en classe, papa ne se serait pas mis en colère et maman n'aurait pas eu à me défendre », s'imagine Antony à 10 ans. Il ne se sent pas à la hauteur, et reporte ainsi la faute sur lui-même. Pour le délivrer de sa culpabilité, les parents doivent donc, après la dispute, prendre le temps d'y donner un sens, ce qui produira un effet libérateur sur lui.

Ce que vous pouvez faire

• Première situation : lorsque des difficultés conjugales surviennent dans un couple où respect et amour sont un ciment essentiel et quotidien, de simples mises au point suffiront.

Si vous sentez la dispute imminente, mieux vaut apprendre à fermer les portes, et à rassurer votre enfant d'une petite phrase : « Ne t'inquiète pas si nous nous disputons un peu fort, nous avons besoin de nous expliquer ! » Voilà qui le met plus à l'aise et vous laisse les coudées franches pour la discussion. *Expliquer ce qui se passe ne veut pas dire prendre à témoin.* S'il pose des questions après la bataille, dites-lui que tous les couples qui s'aiment ont besoin de se dire franchement ce qu'ils pensent. C'est un peu la même chose lorsqu'il se chamaille avec son frère ou son meilleur copain. Cela ne porte pas à conséquence. N'entrez pas pour autant dans le détail de votre vie privée, dites simplement que ce sont des histoires d'adultes et que vous n'allez pas vous séparer... En tout cas, il n'a rien à voir avec cette petite dispute.

• Deuxième situation : les explications sont fréquentes et marquent une crise conjugale sérieuse. Il faut alors avoir une discussion avec l'enfant, pour le tenir informé de l'avenir du couple. On peut lui parler très simplement, de manière authentique, en nommant les vraies difficultés : « Papa et moi nous nous entendons de moins en moins bien, tu as dû le remarquer. Nous ne te cacherons pas que nous sommes inquiets et que nous ne savons pas comment cela va se terminer. Mais rassure-toi, tu n'y es pour rien, et quoi qu'il arrive, nous t'aimons toujours. »

• Troisième situation : rien ne va plus, la séparation est imminente. Il ne s'agit plus de « rassurer » l'enfant sur la situation du couple, il faut « assurer » l'avenir. La vie continuera, mais différemment. Chacun doit exprimer son point de vue afin qu'il ne subsiste aucun non-dit ou secret trop lourd à porter. « Tu l'as peut-être deviné, papa et moi, nous ne nous entendons plus et nous allons nous séparer. C'est beaucoup mieux ainsi. Nous aurons tous beaucoup de peine au début, mais nous pensons qu'il vaut mieux une séparation qu'une famille toujours malheureuse. »

N'hésitez pas à recourir aux exemples positifs de familles recomposées qui vous entourent : « Tu vois, dans la famille de Virginie, c'était dur au début, mais maintenant, tout le monde est à nouveau heureux. »

Les pièges à éviter

En dire beaucoup trop

Après une scène de ménage, beaucoup de mères, par lassitude, solitude ou désespoir ont tendance à confier leurs états d'âme à leur enfant ; inconsciemment, elles lui demandent de choisir et de prendre parti. Or, elles devraient lui épargner cette haine et cette envie de faire mal à l'autre conjoint.

Il est tout aussi tentant – mais destructeur – de raconter les frasques du père (ou de la mère), ses faiblesses ou ses désertions. L'image de l'autre parent est ternie, alors que l'enfant s'identifie forcément à l'un de ses parents, victime ou tyran. Il ne faut donc pas se tromper de cible et le fragiliser.

En dire trop peu

La vie de couple n'est pas une « vitrine témoin », sans heurts ni conflits. On ne peut laisser croire à son enfant que la vie conjugale est totalement aseptisée. Les disputes ont parfois du bon et permettent souvent de repartir sur de nouvelles bases, lorsque c'est nécessaire.

Certains parents nient l'évidence, même au bord du gouffre, et cachent leur mésentente aux enfants, cependant concernés au premier chef. Mieux vaut pourtant exprimer les problèmes qu'entretenir un leurre. Cela ne veut pas dire associer les enfants aux disputes, mais plutôt leur expliquer, le moment venu, les problèmes. Si l'on a des réticences à le faire ou des difficultés à trouver les mots justes, pourquoi ne pas consulter ponctuellement un psychologue ?

Zoom
Nous nous séparons

Une séparation n'est jamais facile. Néanmoins, pour parer au plus pressé, certains conseils peuvent aider à franchir ce cap difficile.

• Ne pas hésiter à recourir aussi souvent que nécessaire aux grands-parents et aux parrains-marraines à condition qu'ils ne jettent pas d'huile sur le feu en prenant trop parti pour l'un ou pour l'autre des parents. Dans une séparation, il n'y a pas forcément de coupable, mais il y a toujours des victimes.

• Expliquer à l'enfant que des périodes de déprime et de crises de pleurs sont naturelles pour tout le monde. Un idéal a été cassé, le deuil est nécessaire.

• Papa n'habite plus à la maison, cela n'empêche pas l'enfant de le voir et de lui téléphoner autant qu'il le souhaite.

• Pour tout ce qui le concerne d'important, ses parents se tiendront au courant mutuellement et continueront à dire « NOUS » à son propos.

• Un emploi du temps sera très vite établi ensemble, avec la répartition des week-ends et des vacances ; cela évitera de demander à chaque fois à l'enfant de choisir chez qui il préfère aller, ce qui peinerait l'un ou l'autre des parents et surtout reporterait sur lui la responsabilité du choix alors que cela *leur* incombe.

• La même baby-sitter fonctionnera pour les deux foyers (qui seront proches dans la mesure du possible).

• Il restera dans son école et poursuivra les mêmes activités extra-scolaires.

• En ce qui concerne les fêtes de famille, il semble difficile pour le moment de promettre de se retrouver tous, mais avec le temps, qui sait...?

• Pour information, une bonne adresse, celle du CERAFF (Centre d'études, de recherches, d'accompagnement familial et de formation), 236, rue Marcadet, 75018 Paris. Tél : 01 42 63 05 00.

Une médiatrice et un psychothérapeute aident les enfants aux prises avec le divorce des parents. Par groupes d'âges, quatre séances de deux heures.

Je passe le week-end chez papa

Côté parents

Quelle attitude adopter avec « l'invité » du week-end lorsqu'on est sa belle-mère : copain-copain, deuxième maman, ou, au contraire, faut-il marquer la distance au risque de paraître indifférent(e) ? La partie est d'autant plus délicate que, au balcon, sa propre progéniture observe en catimini ce qui se passe, et s'apprête à bondir à la moindre preuve de favoritisme ou de traitement spécial.

Côté enfant

Chaque fin de semaine, chaque vacance, c'est le même jeu d'observation qui s'engage, entre sourires et grincements de dents. Au début, sa belle-mère faisait preuve d'une infinie patience, elle se montrait gentille et complaisante pour mieux l'apprivoiser. Cela se passait plutôt bien, même s'il n'y mettait pas beaucoup du sien. Mais, à présent, cette belle construction de patience et d'attention se lézarde ; il découvre ses défauts et estime qu'elle est trop exigeante : difficile d'admettre cela de la part d'une « étrangère », n'est-ce pas ?

L'avis du psy

En France, deux millions d'enfants mineurs ne vivent plus avec leurs deux parents. Dans 85 % des cas, l'enfant vit avec sa mère, dans 9 % des cas avec son père, les autres en institution ou chez les grands-parents, voire les oncles ou tantes.

L'enfant voit son père régulièrement (toutes les semaines ou tous les quinze jours) dans 40 % des cas.

Prenons le profil le plus courant, celui de l'enfant qui se rend chez son père et sa nouvelle compagne pendant le week-end ou en vacances. La belle-mère accepte d'autant mieux cette invasion rituelle que les règles familiales sont respectées par l'invité de marque. Or, c'est souvent là que le bât blesse. Une fois les premières politesses passées, les conflits peuvent exploser à cause de n'importe quelle broutille : jalousie entre enfants des deux familles ou, au contraire, complicité mais mauvaise influence de la pièce rapportée, limites constamment enfreintes, etc.

La situation vécue par Pauline montre quelques-uns des pièges fréquemment rencontrés dans une famille recomposée.

Elle insiste pour la énième fois auprès de son beau-fils Jules afin qu'il cesse de semer ses affaires dans toute la maison. Rien que de banal dans une famille traditionnelle. Pourtant, ici, lorsque le conflit explose, les choses prennent des proportions beaucoup plus grandes. Et chacun défend son point de vue.

• Jules : c'est un désordonné notoire chez sa mère et il a du mal à comprendre qu'ici on exige de lui une attitude différente. Après tout, il vient chez son père pour se détendre et non pour qu'on fasse attention à ses moindres faits et gestes. Consciemment ou pas, il tient à maintenir cet « esprit maison » pour au moins trois bonnes raisons. D'abord, parce que c'est sa nature et qu'il n'y peut rien ; ensuite, parce qu'il veut littéralement « em... » son monde et semer la pagaille, ce qui est un peu une manière d'être fidèle à sa mère. Enfin, parce que en résistant de la sorte, il se démarque des enfants de Pauline et montre ainsi qu'elle n'est pas sa mère. Par la même occasion, son agressivité naturelle trouve une issue, et sa belle-mère est la cible toute désignée pour en faire les frais. Il se sent doublement autorisé à agir de la sorte, d'abord par sa mère (la vraie) qui le soutient lorsqu'il lui raconte ses « aventures » du week-end, et par son père qui ne réagit pas nécessairement à ses provocations.

• Pauline : le rôle de belle-mère est reconnu pour être particulièrement ingrat, elle a donc absolument besoin de se sentir soutenue par Michel (le père de Jules). Elle a de son côté plusieurs objectifs en tête. Son nouveau couple doit tenir contre vents et marées ; elle aussi sort d'une phase difficile, après une première séparation. Elle souhaite donc ménager son compagnon, quitte à avaler des couleuvres du fait de son rejeton. Cependant, elle ne veut ni renier ses principes ni laisser bafouer son autorité ; il lui faut préserver *ses* enfants et éviter qu'ils soient déstabilisés par l'invité du week-end. Lorsqu'il n'est plus là, sa famille doit retrouver cohésion et harmonie. Elle aimerait s'entendre avec Jules, mais à condition qu'il fasse des efforts et respecte les règles édictées dans cette maison.

• Michel : il est pris entre deux feux et souhaiterait faire plaisir à tout le monde. Les exigences de Pauline lui semblent légitimes, mais difficiles à supporter par son fils, compte tenu de son éducation. Un peu par lâcheté, un peu par laxisme, il n'ose entreprendre enfin la grande réforme de son éducation. D'autant plus qu'il reste en ce père un vieux fond de culpabilité. Il se sent responsable de cette situation, puisqu'il impose à Jules sa nouvelle femme et ses enfants. Tout cela mérite bien quelque indulgence, d'autant que les mises au point avec son fils ne se sont – jusque-là – jamais révélées très convaincantes.

Ce que vous pouvez faire

A la (vraie) mère

Vous avez un rôle capital à jouer pour éviter certaines souffrances inutiles à votre enfant. Favorisez ces rencontres avec son père, car si les visites sont trop espacées, celui-ci pourrait y renoncer et baisser les bras. Les statistiques dramatiques montrent que c'est trop souvent le cas. A l'inverse, aussi étonnant que cela paraisse, admettez qu'un père – qui, auparavant, ne s'occupait pas de ses enfants – puisse découvrir la paternité après le divorce. Peut-être avait-il du mal à endosser ce rôle du fait d'une femme omniprésente qui jugeait chacun de ses gestes ; avec la liberté retrouvée, il agit comme il l'entend, sans avoir de comptes à rendre. Les visites deviennent alors de vrais moments de complicité attendus et partagés.

De même, si vous envoyez votre enfant chez son père et sa

nouvelle épouse sans arrière-pensée, il aura moins mauvaise conscience de s'y sentir bien et, même, de tirer profit de la situation. Deux maisons, c'est parfois deux fois plus de chances de se sentir en sécurité. C'est aussi pour votre enfant une manière de devenir plus rapidement autonome.

Au père

Certaines mises au point sont nécessaires. Montrez à votre enfant l'importance que revêt pour vous cette nouvelle union. En effet, lorsque votre fils ou votre fille comprend que vous êtes amoureux et constate votre bonheur dans votre nouvelle vie, il lui est plus facile d'adopter votre compagne. Il peut même trouver dans la nouvelle fratrie des complices et des confidents, et cela d'autant plus qu'il est lui-même enfant unique, vivant seul avec sa mère.

Au contraire, si votre enfant détecte la moindre faille dans ce nouveau couple, il peut s'y engouffrer et tout mettre en œuvre pour vous obliger à choisir entre lui et l'intruse, surtout si votre rejeton est une fillette de 6 à 8 ans qui n'a pas encore tout à fait réglé ses comptes avec son complexe d'Œdipe.

A vous d'insister sur le rôle et la place de chacun : « Ta belle-mère n'est pas ta mère, elle n'a pas l'intention d'usurper cette place ; elle ne prendra pas de décision importante à ton sujet sans mon accord. Mais pour toutes les questions de règles de vie à l'intérieur de cette maison, elle peut naturellement te dire ce qu'elle en pense. Si tu n'es pas d'accord viens m'en parler. »

Une autre importante précision : « Ta belle-mère (et ses enfants) ne vont pas te voler *ta* place, je t'aime quoi qu'il arrive. »

Lorsque les choses essentielles ont ainsi été dites, l'enfant s'y retrouve et sait mieux à quoi s'en tenir. Si, au contraire, tout reste flou, malaises et incompréhensions s'accumulent au fil du temps ; c'est pourquoi les droits et devoirs de chacun doivent être régulièrement précisés.

Tant que les habitudes de l'enfant ne remettent pas en question les règles de la maisonnée, on peut les accepter. Jules a le droit de se coucher lumière allumée, de lire un certain temps avant de s'endormir, il peut détester la soupe ou préférer prendre sa douche le matin plutôt que le soir. En revanche, si Jules souhaite se coucher à minuit, regarder la télévision tard le soir, débarquer dans le lit du couple ou refuser de donner un coup de main à la maison, c'est une autre histoire. Vous devez soutenir votre compagne qui proteste et reconnaître l'injustice faite à ses enfants qui, eux, n'auraient pas le droit d'agir de la sorte.

Soyez aussi diplomate envers votre ex-femme, ménagez sa susceptibilité et n'induisez pas chez elle l'idée qu'elle puisse être une mauvaise mère. Si, par exemple, Jules passe quelques jours chez vous puis retourne chez lui vêtu d'un anorak neuf, l'ancien étant trop élimé ou vieillot selon vos propos, sa mère pourrait mal réagir à vos attaques insidieuses. Il vaudrait bien mieux lui téléphoner et lui demander si elle serait d'accord pour qu'on offre à Jules un tel cadeau. Ainsi, les choses se passent plus en douceur.

Veillez aussi à préserver votre intimité dans vos nouveaux rapports de couple. Vous n'êtes pas qu'un père, mais aussi un compagnon. Pauline peut ressentir l'envie de passer un week-end ou des vacances seuls en amoureux, sans que cela doive être mal interprété par Jules.

A la belle-mère

Comprendre un enfant et vous faire accepter de lui alors qu'il n'est pas le vôtre nécessite tact, bon sens et patience. L'affection est parfois récompensée bien des années après. Restez donc aussi naturelle que possible, sinon, vous courez à l'échec, la route étant longue.

Respectez la mère de votre beau-fils ou de votre belle-fille sans médire d'elle en sa présence. Respectez aussi l'enfant sans vouloir reprendre toute son éducation. Si vous essayez de lui inculquer de nouveaux principes (qu'il rapportera soit dit en passant à sa mère), c'est comme si vous lanciez une bombe à retardement. S'il doit faire comme ceci ou comme cela chez vous, relativisez : « Ici, c'est comme ça ; et chez ta mère, tu fais comme tu veux. »

Cet enfant symbolise le lien avec le passé et rappelle, de fait, sa propre mère, mais aussi l'ex-femme de votre compagnon. Parfois, il serait tentant de saisir le prétexte de sa « mauvaise éducation » pour régler vos conflits de couple. Ne vous trompez pas de cible !

Posez-vous honnêtement ces questions : quelle place faites-vous à cet enfant lorsqu'il vient en week-end ? A-t-il *sa* chambre ? Dort-il sur le canapé ? Peut-il avoir un petit territoire à lui ? Peut-il partager des moments de complicité seul avec son père ? Bref, se sent-il accueilli et attendu, ou bien simplement toléré ?

Les pièges à éviter

L'attitude de l'enfant dans sa famille du week-end se révèle parfois totalement incompréhensible de prime abord. Têtu, désobéissant, voire odieux, il peut refuser toute contrainte ou obligation, ce qui met les nerfs de tous à rude épreuve. Peut-être teste-t-il tout simplement l'amour que vous lui portez et veut-il connaître sa place réelle dans la famille ? Paradoxalement, pour le savoir, il va tout faire pour être rejeté. Son but est de saboter et d'observer ce qui se passe. Pour les psy, l'enfant « met à l'épreuve le nouveau cadre familial ». Au lieu de prendre la situation au premier degré, vous devrez vous armer de patience et montrer à l'enfant que, quoi qu'il fasse, il ne sera jamais mis à l'écart. Enfin, rassurez-le quant à la place qui lui est réservée, celui-ci changera peu à peu de comportement.

Par ailleurs, il faut laisser du temps au temps. Certains spécialistes, comme le pédiatre Aldo Naouri, estiment qu'il faut des années à l'enfant pour faire le deuil, accepter la séparation de ses parents et leur nouvelle vie. On ne peut exiger de lui qu'il s'adapte d'emblée et accepte une situation qu'il n'a pas choisie.

Autre piège : savoir arbitrer les conflits entre frères et sœurs qui n'ont pas de liens de sang, ceux que les sociologues appellent bizarrement les quasi-frères et les quasi-sœurs. Instinctivement, on favorise ses propres enfants, mais pour éviter de donner dans le panneau, on peut aussi choisir de favoriser artificiellement ceux de son conjoint, afin de ne pas être accusé de partialité. Dans les deux cas, on blesse les enfants et on crée des victimes. Il faut donc adopter l'attitude la plus naturelle possible, et se reporter au sujet « Faut-il intervenir dans leurs disputes ? » exactement comme s'ils étaient frères et sœurs.

Dernier piège : penser qu'élever l'enfant de l'autre est forcément un problème. L'affection s'installe souvent parce que chacun y met du sien ; cette situation est alors vécue comme une richesse et non comme une difficulté.

Zoom
Maman se remarie

Régulièrement, Jules rend visite à son père et à Pauline. Mais la situation peut encore se compliquer le jour où la mère de Jules se remarie et a un nouveau bébé.

Il va alors probablement connaître des moments de doute et de déprime.

Que ses parents se l'avouent ou pas, la nouvelle famille est toujours la meilleure ; les enfants du nouveau couple sont porteurs d'espoir, tandis que ceux du précédent, malgré tout l'amour qu'on leur porte, appartiennent à un temps révolu.

Chez son père, comme chez sa mère, Jules, à la naissance du bébé, se sentira profondément remis en question ou moins aimé. Il faudra souvent le rassurer ; se dire (et le lui dire) qu'il aurait sans doute éprouvé la même jalousie s'il s'était agi de son frère (ou de sa sœur) à 100 %. Dans toutes les familles, un nouvel enfant bouleverse les équilibres et bouscule les repères, il faudra donc du temps et beaucoup de tendresse pour dépasser cette nouvelle crise en douceur. Il faudra permettre à Jules de s'aménager des moments intimes de confidentialité et de complicité.

Chapitre 9

Les questions sensibles

Entre 7 et 12 ans, l'enfant passe progressivement d'une pensée intuitive – où l'imaginaire prédominait – à une pensée plus logique et concrète. Il est moins dans le pourquoi des choses que dans le comment. Il cherche à comprendre les mécanismes de son existence : ses origines, le passage à l'âge adulte, sa propre mort… La vérité ne lui fera pas peur s'il se sent guidé dans ses explorations et accompagné par ses parents.

A cet âge, il est important de commencer à l'éveiller à la réflexion philosophique, en particulier aux notions morales et religieuses. Il n'est pas encore adolescent, c'est-à-dire qu'il ne s'oppose pas aux valeurs transmises par ses parents, ce qui rend cette période de latence propice à un tel éveil.

Peut-on tout *lui dire ?*

Côté parents

L'existence est parfois ponctuée de nouvelles douloureuses : maladie, chômage ou mésentente conjugale. Que dire exactement à votre enfant de cette souffrance qui vous affecte ? Si jeune, peut-il partager un fardeau aussi lourd, voire comprendre la portée de la nouvelle ? Ne vaut-il pas mieux lui épargner encore un peu les soucis du monde adulte ?

Côté enfant

A cet âge, il est particulièrement curieux et veut tout savoir de ce qui se trame en secret sur la planète « Parents ». Vos préoccupations l'attirent comme un aimant et il entend bien ne pas en être exclu, quitte à écouter derrière les portes. Les questions défilent dans sa tête : « Pourquoi le téléphone n'arrête-t-il pas de sonner en ce moment ? » « Dès que je m'approche, les parents baissent le ton, est-ce que j'ai fait quelque chose de mal ? » « Ils attendent que j'aille dormir pour discuter et pleurer. Vont-ils divorcer ? » « Pourquoi papa passe des nuits blanches ? »

Il est assez intuitif pour pressentir le malaise et « entend » parfaitement les non-dits.

L'avis du psy

Avouer son inquiétude est libérateur pour tout le monde. Mettre des mots sur une situation difficile permet de nommer *l'origine* de l'angoisse et de lui donner un sens. Cela évite que l'enfant se culpabilise à tort ou croit être la cause d'une telle difficulté familiale. Cela coupe net ses spéculations et fantasmes autour d'une réalité imaginée. Ne rien dire, au contraire, c'est le laisser *tout* supposer. Comme le notait Françoise Dolto : « Il est préférable, même pour un enfant, de voir les choses telles qu'elles sont, plutôt que de les voir telles qu'il voudrait qu'elles soient. »

A la période de latence, l'enfant n'est plus un bébé, il est capable d'apprendre encore plus de choses et de mieux les supporter.

Par ailleurs, les parents émettent à leur insu des signes inquiétants ou étranges que l'enfant perçoit évidemment sur le plan conscient ou inconscient. Il est illusoire de penser qu'il sera davantage épargné si l'on se tait. **Le plus délicat n'est donc pas de savoir s'il faut annoncer une mauvaise nouvelle ou révéler un pesant secret de famille, mais de savoir quand le faire et de quelle manière.**

Quelles sont les véritables inquiétudes d'un enfant de cet âge ?

Il traverse une période de maturation psychologique fondamentale qui l'entraîne dans un mouvement dynamique pour grandir et atteindre l'adolescence ; il espère aussi que les repères et habitudes rassurants autour de lui ne vont pas trop bouger, de crainte d'en être perturbé.

Dans ce contexte, la perspective d'un changement – déménagement, mutation professionnelle d'un parent, séparation conjugale, chômage, maladie grave, abandon de son animal, nouvelle école, démarche pour adopter un frère ou une sœur –, créera des difficultés sérieuses et déstabilisantes.

Plus tôt l'enfant en sera informé, plus vite il pourra retrouver son équilibre. En l'absence de paroles rassurantes de la part de ses parents, l'enfant qui « sent tout » risque de se sentir abandonné, de manquer de confiance et se déprécier. Il peut remettre en cause les acquis anciens et le manifester par des régressions : pipi au lit, ongles rongés, boulimie, peur du noir, blocage dans ses acquisitions scolaires pouvant même aller jusqu'à la phobie de l'école, etc. Il peut vouloir encore se confronter aux limites (non-respect des horaires, insolence à l'égard des adultes, etc.) pour provoquer une explication libératrice.

L'exemple de la jeune Maud, vue en consultation, atteste des dégâts causés par certains non-dits. Ses parents ne s'entendaient plus, mais, en surface, tout paraissait calme et sans aspérités. L'onde de choc, invisible mais néanmoins pesante, l'atteignait comme ses frères et sœurs. Elle exprimait son malaise par une forte agressivité en classe. Parfois, Maud montrait une humeur coléreuse, d'autres fois, c'est une envie de mourir ou sa déprime qu'elle affichait. Qu'espérait-elle ? Que ses parents se réconcilient ? Même pas, mais qu'au moins, ils admettent la situation de façon manifeste et, du coup, lui indiquent des limites prévisibles plus rassurantes que ce flou angoissant : « Nous allons sans doute nous séparer, cela sera mieux pour tout le monde. »

Ce que vous pouvez faire

Annoncez la nouvelle en douceur à votre enfant. Prenez alors le temps de vous isoler tranquillement en lui expliquant que vous avez des choses sérieuses à lui dire. Utilisez des formules simples, courtes et rassurantes. Ne trahissez pas votre angoisse par des propos non retenus.

Quelques exemples

• *Le chômage :* « J'ai de graves problèmes à mon travail. [Pause, avec un silence ou une phrase anodine comme « je ne sais pas si tu t'en es rendu compte ? »]. Il est probable que je perde mon emploi assez rapidement. Mais ne t'inquiète pas, je vais chercher à nouveau, j'ai confiance et je trouverai. Bien sûr, je suis inquiet(e), mais j'aurai peut-être de la chance. » Cette scène montre une progression dans l'annonce réaliste, avec des temps de pause permettant à votre interlocuteur d'assimiler la nouvelle et d'en deviner tout seul l'issue. La conclusion se termine sur une note positive et un espoir. L'enfant n'aura pas été dupé, il aura été respecté comme une personne que l'on estime, et on évitera de trop dramatiser la situation.

• *La mort :* « Ton papi est gravement malade, tu le sais, n'est-ce pas ? Nous sommes très inquiets ; il est âgé, c'est dans l'ordre des choses, et si demain on nous annonçait qu'il est décédé, il faudrait l'accepter. Au moins, il ne souffrira plus ! »

• *La mort subite d'un nourrisson ou d'un jeune enfant dans le noyau familial :* les parents ne pensent pas toujours à annoncer à leur enfant les drames qui ont pu avoir lieu quelques années avant sa naissance. Il arrive cependant que certaines manifestations dues à ce décès se fassent jour de manière latente chez les parents : surprotection du « petit dernier », inquiétudes morbides, déprime à la date anniversaire, etc. Dans certains cas, l'enfant qui a perçu ces affects ou ces non-dits peut s'imaginer qu'il aurait pu mourir à la place de l'autre ; les parents peuvent laisser se développer l'idée qu'il est la réincarnation de l'enfant mort juste avant sa propre naissance (s'il porte en second prénom celui de l'enfant disparu). Il faut donc pouvoir le libérer d'un tel fardeau. « Je te crois à présent suffisamment grand (dès 8 ans) pour entendre des choses qui ont été dures pour ton père et moi, pour tes frères aînés, mais que tu n'as pas vécues. Avant toi… » Conclure par une phrase comme : « Toute cette histoire te concerne maintenant, car nous faisons partie de la même famille, mais tu n'es en rien responsable de quoi que ce soit. Tu pourras venir nous en parler quand tu veux, si tu as des questions. Maintenant que nous te l'avons dit, nous pensons que cela ira mieux pour toi. »

• *Une fausse couche :* faut-il en parler aussi ? Oui, car les enfants savent remplir les silences par des fantasmes irrationnels et inquiétants. Ils peuvent s'imaginer, comme le petit Pierre, que le bébé dont maman lui avait parlé autrefois mais qu'il n'a jamais vu naître continue de grandir dans le ventre maternel. Résultat, Pierre, qui ignorait la fausse couche de sa mère, a perpétué la vie de cet enfant à l'intérieur de son propre ventre en développant un dysfonctionnement intestinal chronique. Cette maladie, accompagnée d'une constipation sévère, se manifestait par un abdomen énorme comme s'il « retenait » l'enfant imaginaire. Pierre, qui ne comprenait pas ce qui était arrivé à ce bébé, adoptait alors une attitude de réparation au lieu d'une attitude de compréhension. Cette souffrance l'a même empêché de progresser dans son développement, alors que, paradoxalement, ses parents voulaient « l'épargner » et lui éviter des considérations d'adultes. Si vous êtes confronté(e) à une telle situation, n'hésitez pas à donner à votre enfant des réponses précises et simples. « Tu sais, la nature est plutôt bien faite. Il arrive qu'un fœtus (ou qu'une "graine", en tout cas, ne dites pas "bébé") ne parvienne pas à se développer parce qu'il n'est pas normal. Le plus souvent, il s'en va de lui-même. Il est encore minuscule et passe par où sortent les bébés. Les médecins vérifient ensuite pourquoi cela n'allait pas et s'assurent que tout est redevenu bien normal pour la maman. » L'exemple de Pierre et de bien d'autres montre que ce luxe de détails n'aurait pas été inutile.

Tout ou presque peut donc être révélé à un enfant à condition qu'il soit consolé et que la douleur de ses parents soit contenue. Cela étant, il faut savoir qu'à cet âge, même si l'enfant comprend le vocabulaire, il peut encore faire des erreurs d'interprétation, amplifier à tort certaines situations ou être incapable d'en tirer seul les conséquences.

Il est donc indispensable de s'assurer qu'il a réellement compris la portée des propos tenus, en le vérifiant : « Peux-tu me redire en deux trois phrases ce que tu as compris ? » Ce faisant, il exprimera ses craintes avec ses mots à lui. Dans les jours qui suivent, ses cauchemars, ses comportements ou ses dessins seront un écho de la façon dont il a perçu la gravité de la situation.

Il est normal et sain qu'à la suite de graves révélations, l'enfant réponde par des symptômes. L'inconscient montre qu'il a « accusé réception ». Il reste à soutenir l'enfant pour qu'il admette la situation et parvienne à la dépasser le mieux possible.

Les pièges à éviter

Le souci d'une franchise trop extrême peut lui faire aussi mal que la dissimulation visant à le protéger. Mieux vaut donc doser vos explications sans en dire trop ou pas assez !

Des révélations faites au mauvais moment ne sont pas davantage indiquées. Si l'enfant traverse une mauvaise période, accumule les punitions et les petits tracas avec ses copains, mieux vaut différer l'explication en l'alertant néanmoins : « Vu tous les problèmes que tu as en ce moment, je ne vais pas t'inquiéter avec mes propres soucis. Nous en reparlerons plus tard ; mais si tu nous sens préoccupé et moins disponibles, ne t'inquiète pas, c'est normal. » L'enfant saura indiquer s'il veut en savoir plus.

Zoom
La Vie est belle ?

Dans un monde surmédiatisé, la violence et la misère sautent aux yeux des enfants. Les parents doivent donc expliquer ce qui se passe, les événements les plus souriants comme les plus horribles : guerres, famine, dénuement, camps de concentration (avec la sortie de documentaires ou de films comme *La Liste de Schindler* ou *La Vie est belle*). Les parents doivent aussi des explications à leurs enfants sur certaines unes de magazines qui dévoilent de pulpeuses créatures, ou sur des affaires criminelles comme celle de Dutroux. Toutes ces « images » ou ces informations suscitent de nombreuses questions sur leur propre avenir : peuvent-ils, à leur tour, devenir clochards, faire la guerre, sauter sur une mine antipersonnel, être victimes d'un volcan, d'un tremblement de terre ou... d'un pédophile ?

Les mots des parents sont là pour donner un sens : ils permettent la compréhension de ces événements dramatiques et mettent un peu d'ordre dans le chaos.

Votre enfant veut voir *La Vie est belle* ou le dernier reportage télévisé sur les exactions au Kosovo, alors qu'il n'a que 11 ou 12 ans ? Notre sentiment est qu'à cet âge, il peut supporter de telles révélations. Il est déjà engagé dans une réflexion sur le respect de la vie et la valeur d'un être humain. Il a peut-être participé à des élans de solidarité vis-à-vis des plus démunis, il vous a vu soutenir des associations humanitaires ; tout cela lui indique la voie de la générosité, du partage et de l'entraide. A son âge, fort heureusement, on n'est pas encore indifférent ni blasé. Au contraire, la misère et l'injustice sont choquantes.

Le film *La Vie est belle* aborde un sujet toujours d'actualité. Regardez-le avec lui mais, auparavant, dressez pour lui le contexte historique. Dans ce long métrage de Benigni, la réalité est présentée édulcorée sous forme d'une fable émouvante, qu'il ne doit pourtant pas lire au premier degré. Répondez ensuite à ses questions, même si elles vous embarrassent et s'il demande : « Est-ce que cela peut recommencer ? » La réponse est : « Oui, malheureusement. La preuve, le Rwanda, la Bosnie, le Kosovo…, mais nous devons tout faire pour éviter cela et œuvrer pour la paix. Beaucoup d'hommes et de femmes le font aujourd'hui. Cela dépend donc un peu de chacun. »

Sa petite sœur de 7 ou 8 ans veut, elle aussi, aller voir ce film : que faire ? A cet âge, il est encore trop tôt. Mieux vaut le lui dire. On ne la punit pas, on la protège simplement d'une histoire qu'elle ne pourra pas comprendre aisément ; en revanche, lorsqu'elle aura le même âge que son frère, elle pourra le regarder si elle le souhaite.

D'où venons-nous ?
Où allons-nous ?

Côté parents

Les questions défilent dans la tête de votre Marion, mais les explications naïves d'antan ne lui suffisent plus. Comment, à son âge, peut-elle être à ce point tourmentée par la mort ou la question de sa naissance ? Elle veut tout savoir, sur les étoiles, l'infini, le commencement et la fin des choses. De quoi donner le vertige à toute la famille !

Côté enfant

C'est dans ses rêveries et au moment de se coucher que les interrogations défilent dans sa tête : « A quel âge maman va mourir ? » « Ce qui se passe dans *X-Files,* peut-il vraiment exister ? » « Et l'enfer, on peut le voir ? » « Est-il possible de ressusciter ? » « Qu'est-ce qu'il y avait avant le commencement du monde ? » « Si Dieu est si gentil, pourquoi laisse-t-il les hommes faire la guerre ? » « Est-ce que je suis obligée d'avoir des enfants, moi aussi ? »

Ces questions la taraudent parfois au point de l'empêcher de dormir ou de se concentrer en classe. Elle sait bien à présent que les fées n'existent pas. Alors, qu'y a-t-il à la place ?

L'avis du psy

Entre 7 et 12 ans, l'enfant passe progressivement d'une pensée intuitive, où l'imaginaire prédominait, à une pensée logique et concrète. Cependant, il vagabonde un temps dans un entre-deux, fait de pensée magique et de pensée rationnelle. Lorsque la réalité lui paraît trop dure ou inexplicable, il revient en arrière, et utilise les douces croyances de la petite enfance.

A la période de latence, le premier noyau de l'identité est déjà largement constitué, **l'enfant fabrique alors une seconde enveloppe protectrice : ce que les psychanalystes nomment le « roman familial ». L'enfant réinvente son histoire, il la dramatise et la met en scène.** Tel le Petit Poucet, il s'imagine abandonné par ses parents, ou faisant une fugue à la suite d'une punition. Se souvenant des contes de son enfance, il en prend la trame pour la transposer à son quotidien : l'amour et la haine (mes parents m'aiment ou me détestent), le dénuement (j'ai été privé de dessert hier), le courage et la lâcheté (on m'a puni, je vais me sauver) ; tout cela constitue une image fantasmée de son existence qui crée à la fois de l'aventure et du drame. La réalité est moins morne, et lorsqu'il s'imagine fuguer, le voilà qui devient le héros de l'histoire. Le roman familial est comme un pont qui aide à passer de la petite enfance à la préadolescence.

Cette période s'accompagne de questionnements et d'inquiétudes existentielles, au premier rang desquels on retrouve le thème de son adoption par ses *propres* parents : il s'imagine volontiers avoir été trouvé devant une église, recueilli dans une poubelle, échangé à la maternité,...

Pourquoi invente-t-il de telles fantaisies ?

Dès 6 ou 8 ans, comme tous les enfants de son âge, il commence à inviter et à être reçu chez ses camarades. Les autres parents lui paraissent souvent plus originaux, accueillants, compréhensifs que les siens. Pour lui, ils sont donc plus sympathiques que ses propres parents. C'est bien connu, « chez les autres, c'est toujours mieux ! » Il se met, tout naturellement, à s'imaginer au sein de cette nouvelle famille. Il brode des histoires sur ce thème, et le voilà rêvant que ses parents ne sont pas ses parents et qu'il aurait été adopté ; tout cela évidemment pigmenté d'aventures rocambolesques.

Le thème de la mort également lui tient à cœur, comme chez tous les enfants de son âge. Il se demande si mourir fait souffrir et ce qui se passe juste après. Il veut savoir si son âme ou son esprit peut disparaître aussi. Dès 5 ans, les enfants savent qu'elle est irréversible. Jusqu'à 8 ou 9 ans, ils la vivent encore de manière romanesque : le rideau tombe sur le héros, un peu comme dans les contes de fées ou les rêveries qui les habitent. La télévision et les jeux vidéo les ont familiarisés avec les cadavres en série. Après l'âge de 9 ans, ils acceptent le côté inéluctable (voire dramatique) de la mort, et savent désormais qu'elle fait partie de la condition humaine.

Néanmoins, avant l'adolescence, les enfants restent relativement éloignés des angoisses métaphysiques des adultes : ils ne portent pas encore le fardeau de la culture et des représentations sociales de la mort, ni même de ses tabous ; en outre, ils n'ont pas toujours éprouvé eux-mêmes la souffrance causée par la perte d'êtres chers.

Ce que vous pouvez faire

Votre enfant vous pose des questions embarrassantes sur l'ordre du monde ? Tant qu'il n'aura pas la réponse, il vous interrogera à nouveau jusqu'à obtenir satisfaction ou bien il inventera ses propres réponses. Vous n'avez donc pas le choix, il faut y aller franchement. A cet âge, il sait que toute chose est « animée » d'une causalité, avec un début, un développement et une fin.

La question de ses origines

• Une chose l'intrigue beaucoup : savoir pourquoi il est présent sur terre et dans cette famille précise. Vous pouvez lui répondre que s'il est venu au monde, c'est parce que *vous* l'avez désiré mais que c'est aussi parce *qu'il* l'a bien voulu (Françoise Dolto en avait fait son credo). Par cette question et votre réponse, il se constitue un passé et des racines et devient donc capable de se projeter dans l'avenir. Il prend place au milieu des générations et se responsabilise par la même occasion.

• Il se demande encore si ses parents sont ses vrais parents. Des signes indiquent cette préoccupation chez lui : il vous demande de façon anodine, mais plus fréquente que d'habitude : « Tu m'aimes moins que mon frère » (sous-entendu suis-je vraiment votre enfant ?) ; « tu trouves que je ressemble à papa ? » « Dis mamie, comment était maman quand elle avait mon âge ? »

Dans un premier temps, évoquez les ressemblances physiques communes (dans certaines familles, il y a des « marques de fabrique », tache de naissance localisée à un endroit précis, etc.). Ou bien amusez-vous au petit jeu de ses ressemblances et de ses différences physiques ou de caractère avec chacun de vous. Le voilà qui brodera autour de ses origines.

S'il semble jaloux de son frère, expliquez-lui que chaque enfant dans la famille reçoit des attentions particulières, puisque chacun est différent… bien qu'ayant les mêmes parents.

Si l'idée lui plaît, aidez-le à constituer son propre album photo, qui débute à la maternité, dans les bras de papa, de maman et de toute la famille réunie. Au fur et à mesure, il complétera son album et fera lui-même ses commentaires en marge des photos.

Dans le même élan, offrez-lui une grande affiche d'arbre généalogique, qu'il remplira grâce à vos explications et qu'il affichera sur un mur de sa chambre.

La question de la mort

• Aux questions d'ordre général et métaphysique, vous pouvez légitimement répondre qu'il existe plusieurs façons pour les hommes de comprendre la mort. Pour certains, le moment venu, nous allons tous vers un au-delà, avec un paradis ou un enfer. Selon d'autres, les hommes sont dotés de plusieurs vies, peuvent renaître après leur mort et se réincarner dans un nouveau bébé ou un animal. Pour d'autres enfin, il ne se passe plus rien, et l'homme s'éteint comme une bougie après avoir vécu sa vie. Vous devez bien sûr donner votre point de vue (parfois opposé à celui de l'autre parent), en laissant à l'enfant le temps de se faire une opinion ; celle-ci évoluera en fonction de son développement psychologique et de ses croyances du moment. Mais attention cependant à ne pas trop enjoliver la fin, souligne Marie-France Vigor dans son livre *Profession Parents* (Ramsay, 1991), « c'est-à-dire donner de la mort une image tellement séduisante qu'elle empêche d'apprécier la vie qui la précède : c'est quand on est mort qu'on est le plus heureux, le paradis est la plus belle des récompenses, le bon Dieu rappelle auprès de lui ceux qu'Il aime (l'enfant recevant une telle éducation religieuse n'a alors qu'une alternative : 1) Je suis vivant donc le bon Dieu ne m'aime pas ; 2) S'Il m'aime, je peux mourir bientôt moi aussi). »

• D'autres questions plus précises peuvent le ronger : « Dis, maman, tu peux mourir au même âge que mamie ? » « Quand tu seras mort(e), est-ce que je pourrai garder ton collier de perles (ou hériter de cette maison) ? » Ces interrogations sont normales, très habituelles, nullement indécentes ou morbides. Votre réponse doit être simple : « En général, nous mourons lorsque nous sommes très âgés ou atteints d'une grave maladie. Tu vois, il n'y a donc rien à craindre. Aujourd'hui, on peut vivre très, très vieux. » Voilà maintenant votre inquiet rassuré sur l'essentiel.

• Faut-il lui parler de la mort d'un proche ? La réponse est oui. Mais choisissez votre moment et parlez-en simplement, sans détail macabre (suicide, accident). Le fait d'en parler l'aidera à faire l'indispensable travail de deuil. Si on ne lui disait rien, il pourrait penser qu'on ne vient plus le voir parce qu'on ne l'aime plus ou que l'on se désintéresse de lui. Peut-être même se culpabiliserait-il et penserait que c'est à cause de sa dernière bêtise ou mauvaise pensée (« je n'aime ma marraine que pour les cadeaux »). Parlez ensemble du cher disparu, sans affectation ni idéalisation, exactement comme de son vivant. Evoquez son nom au hasard des photos ou d'une réflexion. C'est ainsi que l'enfant continuera à le faire vivre dans son cœur. Si vous-même êtes encore très affligé(e) par cette disparition, ne vous retenez pas systématiquement de pleurer devant lui, il comprendra qu'il est normal d'avoir du chagrin et se sentira, lui aussi, autorisé à manifester sa peine.

• Peut-il assister à un enterrement ou voir le cercueil ? La réponse est encore oui, à condition qu'il le souhaite.

Les pièges à éviter

Comme le dit le vieil adage, « une question n'est jamais gênante, c'est la réponse à cette question qui peut l'être ».

Si vous semblez trop fuyants ou gênés, si vous faites taire votre enfant, d'autres questions viendront encore encombrer son esprit. Il se demandera : « Ai-je dit une bêtise ? » « S'agit-il d'un secret embarrassant ? » « Est-ce honteux (ou interdit) d'en parler ? » Au contraire, encouragez une telle curiosité et promettez à votre curieux de trouver un temps pour lui répondre, plus tard, si vous êtes trop occupé maintenant.

Il est intolérant

Côté parents

Vous êtes parfois peinés et choqués par les réactions de votre propre enfant : comment peut-il se moquer ou tirer avantage de sa supériorité sur un enfant malade ou défavorisé ? Pourquoi exclut-il de son groupe les « trop gros », les « trop minus », les « trop différents » ? Comment a-t-il pu lancer des piques à Constant, le petit voisin africain, sur sa couleur de peau, alors qu'à la maison vous prônez des valeurs d'égalité, de respect et de droit à la différence ! Parfois, vous vous demandez s'il s'agit bien de votre rejeton et si, dans la cour de récréation, il n'a pas été contaminé par des camarades malveillants ou racistes.

Côté enfant

Les leçons de morale de ses parents ou enseignants lui font bien sentir qu'il est allé un peu trop loin. Mais où est le mal, pense-t-il, puisqu'il ne fait qu'imiter ses camarades ? Il ne pense pas être aussi méchant qu'on veut bien le dire en pareil cas.

L'avis du psy

La *différence* est une évidence biologique, naturelle et incontestable. Il existe des grands, des petits, des gros, des maigres, des borgnes, des manchots, des basanés, des roux, des blancs… Hormis les vrais jumeaux, aucun être humain n'est semblable à un autre. La différence est une chance pour la nature, elle permet l'évolution.

Il ne s'agit donc pas de la nier mais de la reconnaître. Un parent (soi-disant) pétri de bons sentiments, pourrait dire à sa blondinette : « Mais non, Mamadou est exactement comme toi ! » Ce serait la prendre pour ce qu'elle n'est pas. Elle a bien des yeux pour voir, elle sait pertinemment que Mamadou a une peau noire et ne mange pas de porc à la cantine. Elle ne se reconnaît absolument pas dans cette tentative d'identification ; pire, cette attitude du parent la maintient dans un rejet de l'autre puisque son inconscient lui dit : « Non, Mamadou est différent. » Le parent doit au contraire mettre l'accent sur la relativité des êtres et des choses : « Si tu allais au pays de Mamadou, c'est toi que l'on regarderait autrement, parce que à ton tour, tu serais vraiment différente. »

Que signifie cette peur de la différence ? Et pourquoi l'intolérance commence-t-elle si fréquemment à cet âge ?

Ce n'est pas tout à fait un hasard. L'enfant sort du complexe d'Œdipe, il est en pleine consolidation de sa personnalité. Il tente de contrôler les pulsions (agressives, sexuelles, de mort, d'autoconservation, etc.) qui l'agitent et qui lui sont *étrangères*. Parallèlement, son attention n'est plus focalisée sur ses parents uniquement, mais sur tous les autres. Les relations sociales se renforcent et les camarades prennent une importance primordiale. Il souhaite donc se mettre en conformité avec le groupe, du moins tout essayer pour ne pas se faire remarquer.

Décodons ce qui se passe précisément dans sa tête. Les différences perçues chez l'autre, telles que la couleur de peau, un handicap physique ou mental, une bizarrerie, un accent, une coutume locale, interfèrent avec ses convictions et ses références intérieures. Ce mouvement, telle une onde de choc, produit des perturbations dérangeantes. Du coup, pour éviter cette gêne, l'enfant va repousser ces pensées déstabilisantes et, pire, attaquer celui qui les provoque. La meilleure des défenses n'est-elle pas l'attaque ? Au lieu de se dire : « Tiens, grâce à Bouboule, je viens de comprendre que moi j'arrive à contrôler ce que je mange et je suis mieux portant que lui », son inconscient lui signifie : « Tu as peur de devenir comme lui, un jour, et de perdre ta belle insouciance… »

Sartre disait : « L'enfer, c'est les autres. » Les psy diraient : « L'enfer, c'est surtout soi-même. » C'est ce qui est étranger, incontrôlable et méconnaissable en soi. Pour l'enfant qui traverse une période de grand chamboulement psychique, l'Autre qui est différent n'est alors que la représentation de ce qui lui fait peur en lui, et dans lequel il ne se reconnaît pas.

Cet Autre n'est que la projection à l'extérieur d'une manifestation ou d'une crainte interne inacceptable. Vers 8 ou 9 ans, en consultation, il devient plus difficile aux psychanalystes d'accéder à l'inconscient des jeunes patients. Ils ont désormais des mécanismes de protection psychologiques bien en place, tel le *refoulement*.

Les enfants utilisent l'intolérance et le rejet de l'autre à des degrés plus ou moins sévères. Il existe d'autres systèmes de défense : fuite, déni, inhibition, mensonge, exagération, rigidité d'esprit, oublis sélectifs, etc.

Ce que vous pouvez faire

Il est naturel qu'à cet âge, votre enfant puisse avoir, à l'égard d'un camarade différent, des réactions de rejet. Cela n'est pas forcément le signe d'une erreur éducative, mais plutôt de ses peurs inavouées et projetées à l'extérieur. Toutefois, le comprendre ne suffit pas, il faut que votre enfant reçoive une petite leçon d'instruction civique, voire de morale sur le respect de l'autre et la tolérance.

Servez-vous d'ouvrages destinés aux parents comme aux enfants : *Eloge de la différence* d'Albert Jacquart ou *Le Racisme expliqué à ma fille* de Tahar Ben Jelloun. Rappelez-lui que nous vivons dans l'un des rares pays au monde où les droits de l'homme sont véritablement respectés. Dites-lui que les différences ethniques sont naturelles, infinies et qu'il n'y a aucune raison de les considérer *a priori* comme négatives. Sensibilisez-le au fait que tout le monde, et même lui, peut un jour devenir « différent » à la suite d'un accident, d'une grave maladie ou d'un choc psychologique ! Cela ouvre la porte à une vraie leçon sur la relativité des êtres et des sentiments.

Si l'ambiance en classe est désastreuse parce que tout le monde fait des blagues racistes, se moque de son voisin et lui invente des sobriquets ridicules ou humiliants, suggérez au professeur principal de la classe de votre enfant (ou aux parents d'élèves qui le répercuteront à leur tour) cette expérience tentée dans un collège, en classe de sixième, par un enseignant écœuré. Les élèves se sont assis en cercle, et chacun à son tour a dit ce qui n'allait pas, ce qu'il ne supportait pas de l'autre, ce qui lui faisait de la peine. Toutes les humiliations, toutes les hontes, toutes les peurs et difficultés ressenties ont été exprimées et *entendues*. Chaque élève a réalisé qu'il souffrait, mais aussi qu'il pouvait faire souffrir. Chacun est reparti avec l'idée d'essayer de modifier son comportement ou de se mettre plus souvent dans la peau de l'autre.

Les pièges à éviter

Soyez cohérents : s'il rapporte des blagues ostensiblement racistes à la maison et qu'il vous voit en rire, tous vos beaux discours sur la tolérance seront largement relativisés. La blague peut être drôle, en effet, mais montrez-lui qu'elle peut être ressentie comme blessante par les plus concernés. Du moins, apprenez-lui à en éviter certaines, selon les circonstances.

Tabac, drogue, sida : quand lui en parler ?

Côté parents

L'entrée au collège est *aussi* un temps fort pour les parents qui doivent préparer leur enfant au nouveau monde qui l'attend, avec ses promesses, ses dangers et ses tentations. La difficulté est de le mettre en garde sans pour autant lui donner des idées fausses ou susciter une curiosité malsaine qui n'existait pas auparavant chez lui.

Côté enfant

La cigarette, la drogue et le sida, tout le monde en parle. En classe, les profs les ont sensibilisés, comme d'ailleurs pour la violence et le racket. Il se sent très concerné, car voilà que pour la première fois, on s'inquiète vraiment de son avis et de ses réactions. De plus, il voit les choses aux premières loges puisque dans son entourage, certains fument déjà et d'autres ont été sollicités pour prendre de la drogue…

L'avis du psy

Les adultes peuvent se laisser abuser par l'apparente maturité du collégien et estimer toute information ou conseil inutile. Mais à 10 ou 12 ans, ce dernier ne dispose encore que de bribes d'information, décousues, inorganisées, confuses et superficielles. Tout se passe comme s'il détenait quelques pièces d'un grand puzzle dont il ne percevrait ni la portée générale, ni la réelle gravité.

Les parents se doivent donc d'informer leur enfant et de ne pas renoncer à leur rôle d'éducateurs sous prétexte qu'en classe, on abordera le sujet à un moment ou à un autre de l'année. Ils doivent anticiper l'information et ne pas attendre d'être confrontés au problème pour le résoudre. Ce n'est pas quand le préadolescent reviendra avec sa première cigarette qu'il faudra réagir. Il est important que, dès son plus jeune âge, il ait entendu parler en toute sérénité de ces sujets, avant de se sentir impliqué au premier chef.

La France est le pays où, à 12 ans, les jeunes sont les plus gros fumeurs européens de leur génération ; où, à 16 ans, un jeune sur deux fume déjà ; où, à 18 ans, les filles fument autant que les garçons.

Néanmoins, il n'est pas question d'accepter cet état de fait comme une fatalité. Les chiffres montrent aussi qu'on peut faire de la prévention à tous les niveaux, à la maison ou au lycée. Une récente enquête de la Fédération française de cardiologie révèle qu'entre 10 et 15 ans, seul un jeune fumeur sur quatre déclare fumer en présence de ses parents. Un sur deux le fait en cachette. Il faut donc être vigilant.

D'une part, la cigarette et la drogue sont des produits porteurs d'une image de transgression à l'égard des principes parentaux et, d'autre part, un principe d'intégration plus facile à un groupe pour les jeunes ; ils attirent donc naturellement le préadolescent. Par ailleurs, ce dernier pense qu'avec la cigarette, il ressemblera plus facilement à un adulte. La tentation survient souvent chez des jeunes maintenus en état d'enfance par leurs parents ; la cigarette est alors vécue comme une libération, un dépassement des limites ou une opposition, qui fait grandir. Un peu comme les gros mots interdits à la maison lorsqu'il était plus petit : une fois dehors, il en profitait pour se défouler.

A cela s'ajoutent d'autres motivations qui ont leur importance : recherche évidente de plaisir et, pour les filles, tentation d'utiliser la cigarette comme coupe-faim : « Mieux vaut fumer que grignoter », pensent-elles.

Il ne faut pas sous-estimer non plus la dimension d'appel dans les premières cigarettes (et les premiers joints), un peu comme les enfants qui font des bêtises pour attirer sur eux l'attention. La cigarette ou la drogue sont un moyen de dire : « J'ai besoin que tu t'occupes de moi. » Les parents doivent répondre à cette demande tout en marquant limites et interdits. Dans certains cas plus rares, tabac ou drogue font partie d'un comportement plus général de « conduite à risque ». Le jeune agit dans une provocation permanente qui révèle un malaise plus profond. Enfin, pour certains, la prise de drogue joue une fonction de transition entre l'enfance et l'âge adulte.

Ce que vous pouvez faire

ANTICIPEZ. D'une manière générale, dès l'âge de 8 ou 10 ans, parlez à votre enfant de la drogue ou du tabac à l'occasion d'un film, d'un fait divers ou d'une histoire lue de concert. Adaptez simplement le degré d'explication en fonction de son âge, mais le principe fondamental reste le même : « Ces produits sont dangereux... mieux vaut ne jamais commencer... on a toujours le choix de dire non... si on a cédé une fois à la tentation, ce n'est pas grave, mais il faut oser en parler à ses parents... pas de punition, mais une discussion. » Le dialogue et la confiance ne doivent jamais être interrompus.

Faut-il interdire la cigarette ?

Les parents qui répugnent à être trop directifs et préfèrent jouer sur la fibre de la raison doivent en prendre leur parti : dans le domaine du tabac, les interdictions précises et les balises de sécurité sont nettement plus efficaces que les arguments de bon sens. Il n'est que de lire les stupéfiants résultats d'une enquête menée par le Comité français d'éducation pour la santé. Quand les parents opposent à la cigarette un refus absolu, 10 % seulement des enfants transgressent l'interdiction. Quand les parents sont plus permissifs et « préfèrent » que l'enfant ne fume pas, 30 % des enfants... « préfèrent » fumer. Quand les parents sont indifférents et ne se prononcent pas sur la question, 50 % des enfants fument. Enfin, lorsque les enfants sont franchement autorisés à fumer, ils le font dans 90 % des cas.

Peut-on interdire à ses enfants de fumer lorsqu'on est soi-

même fumeur ? Raison de plus, estiment les spécialistes ! Lorsque les parents fument, ils savent très bien de quoi ils parlent et peuvent argumenter qu'ils ont été eux-mêmes piégés. Il est facile de dire à son enfant qu'il faudrait surtout ne pas commencer.

Par curiosité, envie de faire comme ses copains, ou tout simplement par peur de refuser ou de se distinguer, il risque comme beaucoup d'autres d'accepter. (C'est souvent la même chose avec le premier joint ou le premier vrai verre d'alcool.) Alors mettez-le bien en garde contre cette tentation.

Parfois, votre enfant pourra vous demander d'essayer une bouffée, juste pour voir. Pourquoi pas, mieux vaut que cela se passe devant vous, plutôt qu'en cachette avec sa bande, ce qui incite davantage à la récidive. Mais, attention, après, interdiction absolue de recommencer.

Le problème de la drogue

Dès l'âge de 11 ou 12 ans, un enfant peut être sollicité à ce sujet à la sortie du collège, sur un terrain de foot ou dans un square. Vous devez le savoir et le sensibiliser à son tour.

Expliquez-lui que la première proposition sera toujours gratuite. On pourra lui offrir une dose en disant : « Essaie, tu vas voir, c'est super. » Or, commencer à prendre de la drogue comporte toujours un risque, même s'il s'agit d'un « simple » joint. Cela pourrait lui plaire, mais à tort. C'est vrai qu'au début, la drogue donne un sentiment d'euphorie ou de légèreté, mais à terme, elle rend malade. Et de toute façon, elle est punie par la loi. Une fois ce préambule exposé, le dialogue peut commencer : « Penses-tu que tu pourrais être tenté(e) ou influencé(e) ? » Rappelez-lui alors les expériences passées où, malgré vos recommandations, il s'est bourré de bonbons avant de passer à table, il n'est pas rentré à l'heure comme promis, il s'est laissé entraîner à faire une bêtise avec sa bande de copains. L'objectif est de lui faire comprendre qu'il n'est pas à l'abri de la tentation comme il se l'imagine. Moralité, il doit simplement apprendre à dire NON, sans se poser de questions. Pour cela, il lui suffit de répondre : « Merci, cela ne m'intéresse pas. »

Tout au long de son enfance et de sa préadolescence, le dialogue doit être maintenu car, lorsqu'il sera confronté au dilemme du plaisir et de l'interdit, c'est là qu'il devra compter sur vous. Et il ne pourra le faire que s'il y a été préparé de longue date.

Le problème du Sida

Il peut paraître déplacé de parler du sida à un enfant qui n'a aucune sexualité ou pratique toxicomaniaque. Mais cela fait partie de l'éducation et de la prévention des risques. La première forme de protection est avant tout l'information. Cela dit, inutile de trop s'étendre sur le sujet. En effet, à 10 ou 12 ans, un enfant peut se contenter de savoir que le sida est une maladie qui s'attrape par contact sexuel ou par échange de seringue, voire à l'occasion d'une transfusion sanguine (mais cela est devenu rarissime).

A cette occasion, il doit apprendre que les personnes séropositives ou malades du sida ne sont pas des pestiférées. Elles ne transmettent pas le virus par simple contact. Elles doivent être acceptées comme les autres, sans aucune forme d'exclusion. Séances de sensibilisation à l'école, émissions télévisées ou magazines compléteront cette première information.

Les pièges à éviter

Au collège, au contact de ses copains, il apprendra rapidement les « bienfaits » de la cigarette et de la drogue. Autant qu'il soit prévenu par vous.

A propos du tabac, évitez de le noyer d'informations trop rationnelles ou de prévisions apocalyptiques. Il lui suffit de comprendre que la cigarette est nuisible pour la santé. Le risque de cancer est trop lointain pour l'impressionner vraiment. En revanche, les petits problèmes de santé à court terme peuvent avoir prise sur lui, surtout s'il est sportif ou soucieux de son apparence : la cigarette apporte de mauvaises odeurs, jaunit les dents, salit les cheveux, donne une mine de papier mâché, et coupe le souffle.

Oubliez la morale. Ce n'est pas bien ou mal de fumer (ou de se droguer), il est juste dommageable pour sa santé de le faire.

Chapitre 10

Est-ce normal ?

L'âge de raison qui survient autour de la septième année est un tournant crucial pour l'enfant. Pour la première fois, il cesse de prendre ses désirs pour des réalités. En quelques mois, il bascule d'une pensée magique, où tout est possible, à une pensée plus réaliste et où tout devient rationnel et logique. Il sait bien ce qui l'attend : un monde de performances à l'école, d'obligations à la maison et de règles en société où les autres comptent autant que lui.

On comprend qu'il ne vive pas toujours de gaieté de cœur ce passage délicat. Il s'accroche à son meilleur rôle, pense-t-il, celui d'enfant-roi. Ce renoncement de l'enfant qu'il a été va raviver chez lui des pulsions agressives : pulsions de vie, pulsions de mort. Et c'est alors, précisément entre 7 et 12 ans, qu'il va être assailli d'angoisses, de crises existentielles, de peurs multiples, d'agitation motrice irrépressible. Il adopte des comportements exagérés et des mises en scène théâtrales ; il ritualise ces gestes pour mieux contenir ses peurs. Ses pulsions manifestent à l'extérieur le feu qui couve de manière invisible en profondeur.

De tels conflits sont normaux et même nécessaires. Malgré leurs inconvénients apparents, ils témoignent d'une organisation progressive de la pensée de l'enfant. A 13 ans, tous les jalons définitifs de cette pensée seront posés.

Il n'a pas confiance en lui

Côté parents

Au bac à sable déjà, on chapardait à Raphaël tous ses jouets sans qu'il ose protester. Aujourd'hui, rien n'a changé. Avec ses amis, il s'efface et se laisse facilement entraîner. Ce garçon est « trop gentil », pensez-vous. A l'école, bien qu'il connaisse ses leçons, il perd tous ses moyens et bafouille au tableau comme sur sa copie.

Vous aimeriez tant l'aider à être mieux armé dans la vie pour se défendre et savoir, au moins, affirmer ses besoins.

Côté enfant

« Pour vivre heureux, vivons caché », voilà sa devise. Ses parents tiennent absolument à ce qu'il ait un peu plus de personnalité avec ses camarades, mais de quoi se mêlent-ils, on ne s'improvise pas téméraire et encore moins « chef de bande ». D'ailleurs, ça ne l'intéresse pas : il préfère rester seul dans son coin ou suivre les meneurs. Là, il est sûr de « ne pas avoir d'ennui et, de toute façon, il ne s'ennuie pas ». Quant à participer davantage en classe, que l'on n'y songe pas : il a bien trop peur de se tromper et de paraître ridicule.

L'avis du psy

Timide, passif, timoré, craintif, peu entreprenant, replié sur lui-même, taciturne, effacé, « trop sage », les mots ne manquent pas pour qualifier l'enfant solitaire ou « collé aux jupes de sa mère ». Quelles que soient les facettes de sa personnalité, les parents sont souvent inquiets de le voir si démuni dans des situations *a priori* peu impliquantes. Pourtant, ce trait de caractère n'est pas nouveau, mais ils espéraient qu'il lui passerait avec l'âge. Tout petit, leur enfant avait déjà peur des premières séparations. Plus tard, il avait eu du mal à s'adapter à la crèche ou à l'entrée en maternelle. Et depuis, chaque nouvelle rentrée scolaire est devenue synonyme d'inquiétude exagérée.

A cette fragilité naturelle, s'ajoutent les affres de la période de latence. L'enfant bascule dans le monde des grands, tous ses repères changent. Il connaît désormais les angoisses morales si particulières aux 7-12 ans, et qui viennent encore alourdir son cartable. Comme tous les camarades de son âge, il a peur de l'autorité (incarnée par le père, les enseignants ou le gendarme) ; il redoute le jugement que l'on porte sur lui et craint avant tout de ne pas être estimé des autres, d'où ce cruel manque de confiance en lui. A cette période précise, certains traits de personnalité peuvent se mettre en place pour ne pas être mal jugé, donc mal aimé : soin et méticulosité, perfectionnisme ou respect de l'ordre à l'extrême.

Une caractéristique est propre à cet enfant : il a l'impression qu'il n'est pas aimé pour *toujours* et *quoi qu'il fasse,* d'où son insatisfaction permanente.

• Lorsque ses parents sont tendres et savent, à l'occasion, se montrer disponibles, leur humeur changeante et leurs préoccupations personnelles créent chez lui, malgré tout, un climat d'insécurité. A certains moments imprévisibles, son père ou sa mère lui a lancé : « Tu n'es pas gentil, je ne t'aime plus » ; ou bien « Tu m'as déçu, je ne peux plus te faire confiance ». Et lui aura pris ces propos à la lettre. Bien que ses parents le stimulent pour aller vers l'extérieur et s'ouvrir aux autres, il craint de perdre leur amour s'il venait à les décevoir. La nouveauté lui fait donc peur et son esprit d'initiative s'amenuise progressivement : il devient inhibé.

Il arrive parfois qu'un traumatisme dans la famille (divorce, perte d'un être cher, abandon d'un animal, etc.) le déstabilise davantage et le rende plus dépendant encore. Pour conserver l'amour de ses parents, pour savoir ce qu'il « vaut », si « c'est bien » ou si « c'est mal », il devient poli à l'excès, bien sage, très serviable et reste suspendu à leur verdict.

• Lorsque les parents sont eux-mêmes très actifs, les blocages de l'enfant semblent encore moins compréhensibles. Son attitude si timorée détonne dans la famille. L'explication remonte sans doute à la petite enfance, vers le huitième mois (*Mais qu'est-ce qu'il a dans la tête,* tome précédent, chap. « Bébé a peur des inconnus »), où les premières angoisses de séparation n'ont pas été efficacement adoucies et dépassées. L'enfant ne se serait pas senti rassuré au sujet de l'amour et de la confiance que lui portaient ses parents, d'où cette probable inhibition.

• Lorsque ses parents sont surprotecteurs mais aussi trop exigeants, il n'est pas davantage rassuré car leur amour est soumis à condition, il ne se sent apprécié que « s'il est bien sage » ou « s'il a de bonnes notes ». Ces parents-là ne se plaignent pas nécessairement de l'attitude frileuse de leur enfant. Selon les psychologues, les parents y trouvent un bénéfice secondaire. Leur enfant ne fait-il pas ce qu'on lui dit de faire et ne reste-t-il pas dans les jupons de maman ? Hormis quelques agacements d'avoir un fils ou une fillette « collant », ils s'accommodent de la situation au fond et trouvent les inconvénients bien mineurs par rapport aux avantages.

Ce que vous pouvez faire

Face aux situations nouvelles qui intimident votre enfant (ou le terrorisent), prononcez des phrases positives et rassurantes. Exemple : « Allez, Charles, vas-y, même si tu échoues, tu ne me décevras pas. Lance-toi ! Essaie. L'important est de participer, non de gagner. » Votre petit anxieux doit percevoir que, quoi qu'il fasse, il sera toujours aimé de vous.

Dans les situations plus délicates, prenez-le symboliquement par la main. Pour lui servir de propulseur et de tremplin, sans toutefois faire les choses à sa place. S'il n'arrive pas à sauter du plongeoir de trois mètres de haut ou à monter sur scène pour la représentation scolaire de fin d'année, encouragez-le et accompagnez-le du regard jusqu'à ce qu'il se lance enfin…

Avec ses camarades, apprenez-lui à démêler seul les petits

conflits, mais en cas de difficulté insurmontable *pour lui,* soutenez-le quand même. Pour dédramatiser les situations et les rendre moins intimidantes, rien de mieux que les jeux de rôle. Il n'ose pas lever le doigt devant la maîtresse ? Faites semblant d'être la maîtresse, il jouera le rôle de l'élève et mimez devant lui la scène. Puis, dans un second temps, inversez les rôles, c'est à lui de prendre la place de la maîtresse, il comprendra mieux qu'il n'y a aucun enjeu affectif en classe : on lui demande simplement de répondre... Et s'il n'y arrive toujours pas, prenez rendez-vous avec « l'ogresse » en question, pour lui signaler le malaise. Un enfant qui sait sa maîtresse sensible à son problème peut se débloquer. Assurez-vous de l'évolution de la situation en le stimulant : « Le jour où tu auras pu lever le doigt mon chéri, nous fêterons cela dignement... »

Certains sports lui permettront d'aller de l'avant et de sortir de sa réserve habituelle, à condition d'être choisis par lui et non de répondre à votre désir. Ils lui apprendront à mettre de la distance entre lui et l'obstacle. Si l'enfant combat, ce sera dans le cadre du jeu, et l'avis du partenaire ne viendra pas remettre en question son ego. Au judo, au karaté, à l'escrime, on lui enseignera comment chuter, amortir les chocs, saluer son adversaire, évacuer toutes les animosités ; dans les vestiaires, tous les « affronts » seront lavés, chacun sera épuisé, mais heureux. Au cours d'équitation (ou de poney), il sera amené à maîtriser ses peurs et... une monture parfois imprévisible, ce qui le conduira à prendre peu à peu de l'assurance.

Quant aux arts plastiques (atelier de dessin, peinture, poterie, etc.), ils peuvent permettre aux plus timides de s'exprimer, sans avoir nécessairement recours à la parole. Contrairement au travail scolaire ou aux activités sportives, ces moyens d'expression ne prônent pas l'esprit de compétition, mais encouragent la sensibilité artistique. L'attitude attentive de l'animateur pourra aider l'enfant à trouver confiance en lui et à s'épanouir pleinement.

C'est dans sa vie de tous les jours, par l'exemple et le respect de sa personne, que l'enfant se fabrique son armure. Pour l'y aider, voici quelques conseils de fond.

• Il a besoin d'une déclaration d'amour inconditionnelle,

non sujette à négociation ou à chantage affectif du type « Je t'aime quand tu es gentil ». Et pourquoi ne l'aimeriez-vous pas tout le temps ?

• Rien ne vaut la vertu de l'exemple. Vous le conditionnerez d'autant mieux à se défendre qu'il vous entendra le faire pour vous-même : *« Il m'a parlé sur ce ton, mais tu me connais, je ne me suis pas laissé faire. »*

• La vertu du respect est, elle aussi, fondamentale. Celui que l'on doit à son enfant passe par des attitudes toutes simples : une manière de s'adresser à lui, de prendre en considération ses désirs, sans dire systématiquement non, avant même de l'avoir entendu. Si votre enfant est respecté dans son foyer, il le sera davantage à l'extérieur. « La souplesse parentale incite à la souplesse enfantine, affirme le pédopsychiatre américain Stanley Greenspan dans son livre *Enfants difficiles, enfants prometteurs* (Lattès, 1996). La rigidité entraîne la rigidité – qu'il s'agisse d'un comportement rebelle et négatif, ou passif et timoré. La souplesse à l'égard de l'enfant ne peut que favoriser à long terme son assurance et son indépendance. » Greenspan soutient que chaque « enfant difficile » trouve dans ses faiblesses les ingrédients mêmes de sa réussite future, à condition de l'aider à en prendre conscience.

Les pièges à éviter

Plutôt que de lui dire : « Tu es méchant (ou tu es bête) d'avoir fait cela », préférez : « Ce que tu as fait est bête » ; « Ton comportement est méchant », « Lorsque tu es comme cela, je ne suis pas content(e) ». De la sorte, vous punissez ou vous condamnez son acte, mais pas sa personne tout entière. Ne vous moquez pas de sa timidité, encore moins devant les autres.

Ne l'obligez pas, contre son gré, à jouer de la flûte ou du violon devant un parterre de convives. Contentez-vous de l'encourager. Il se lancera peut-être cette fois, peut-être pas.

Vous craignez que sa timidité maladive ne masque une dépression ? Pour ne pas vous tromper de diagnostic, appréciez la qualité de son sommeil, son appétit et ses résultats scolaires. S'ils ne sont pas altérés, vous pouvez être rassuré(e).

Zoom
C'est un fanfaron !

« J'ai mangé douze tartes et un croissant. » « Mon papa a une Bentley, une Rolls-fourgonnette et une Clio. » « Mon poisson rouge a un aileron de requin et des dents devant. » « J'ai lu deux cent cinquante pages de mon livre avant de m'endormir. »

Aussi curieux que cela puisse paraître de prime abord, avoir *trop* confiance en soi est une facette particulière du manque de confiance en soi. Le bât blesse au même endroit. Surestimer ses capacités, se vanter, « la ramener », paraître suffisant, exagérer, crâner, se mettre en avant, commencer et terminer ses phrases par « moi, je », tout cela est une question d'ego.

Les psy en sont persuadés, les fanfarons sont en fait des enfants qui se protègent. Ils donnent à voir de leur personne une image flatteuse et cachent du coup ce monde intérieur qu'ils connaissent si mal, qu'ils explorent rarement et qu'ils redoutent. Les fanfarons font dans le PARAÎTRE, tandis que les inhibés et timorés ne peuvent faire autrement que d'être eux-mêmes, sans fard ni poudre aux yeux.

Que faire lorsque l'on est parent d'un spécimen qui fanfaronne ? Le ramener systématiquement à une nécessaire modestie ? Et ainsi prendre le risque de briser sa personnalité, voire aboutir à ce qu'il manque de confiance en lui ? Ou ne pas intervenir et, alors, laisser ce trait de caractère s'installer au risque de s'amplifier ?

Soyons positifs. Cet enfant se vante sans doute trop, mais il est séducteur, vif, brillant, expressif, agréable en société. Peut-être suffit-il de lui apprendre à respecter les autres, à les écouter, à ne pas les étouffer, à partager (un peu) la scène et à tempérer ses extravagances ? Si les sphères affective, scolaire et la socialisation vont bien, il n'y a pas à s'inquiéter, l'enfant est suffisamment à l'aise pour aller de l'avant. Quelques remarques au bon moment tempéreront ses excès sans risquer outre mesure de tiédir sa personnalité : « Tu ne penses pas que tu exagères ? » « Tu es en train de nous dire que tu es exceptionnel ? »

Toutefois, les fanfaronnades peuvent également signaler une souffrance plus profonde, voire une dépression masquée.

L'enfant compense certaines carences affectives par des vantardises. Il peut pousser le défi même sur le terrain de l'adulte ; il devient alors insolent, outrecuidant, impertinent ; il trouve plaisir à gêner l'autre, ignorant jusqu'au sentiment de culpabilité et de honte. Tout cela inquiète, à juste raison, les psychologues. L'absence de barrière ressentie par cet enfant le pousse à aller de plus en plus loin et à défier sans cesse son entourage. Il n'est pas rare qu'en l'absence de limites parentales, le conseil de discipline de l'école, voire les forces de l'ordre, jouent ce rôle structurant qui a pour effet de rassurer instantanément l'enfant.

Il s'agite sans arrêt

Côté parents

Il règne à la maison un incessant « bruit de fond ». Martin est en ébullition chronique et accapare toute l'attention. A table, il ne tient pas en place ; en classe, il a du mal à se concentrer. Toute cette agitation finit par *vous* épuiser. Ce n'est qu'en vous effondrant, à votre tour, à l'heure du coucher, que vous réalisez à quel point vous avez été stressé(e) par cette animation continue.

Côté enfant

Il ne voit pas où est le problème. Il est dynamique, d'accord, mais bien moins que Stalone ou Indiana Jones, ses héros favoris. Quoique…

Il promet d'être calme puisqu'il le faut mais, sans même s'en apercevoir, entre à nouveau en effervescence. Ses parents devraient lui accorder au moins un bon point : lorsqu'il va se coucher, il dort comme un bébé alors que sa sœur, elle, « sage comme une image », fait son cinéma toute la nuit.

L'avis du psy

Deux évidences bonnes à dire : primo, les garçons sont les plus concernés par cet activisme forcené ; secundo, si ces enfants sont si turbulents, c'est qu'au fond d'eux-mêmes **ils débordent d'énergie vitale**.

Seulement voilà, au lieu de la répartir dans le domaine physique, intellectuel, social ou de l'imaginaire, l'enfant la concentre vers une unique issue : l'action. Du coup, les autres secteurs sont appauvris.

L'entourage a le sentiment d'un manque d'harmonie dans sa personnalité, voire d'une cacophonie, car il transparaît à l'extérieur une écume de mouvements, un tourbillon d'actions. Impossible d'y échapper, tout le monde est concerné : parents, famille, enseignants, baby-sitter. Chacun est polarisé sur ces « 500 000 volts ».

On s'intéresse au petit excité pour le calmer, le raisonner ou le rabrouer. D'ailleurs, c'est peut-être ce qu'il attendait, puisque le voilà flatté, heureux, rassuré. D'où une pérennisation de ce comportement ; celui-ci devient peu à peu un mode relationnel, puisqu'il procure des bénéfices évidents.

Pourtant, l'enfant agit de la sorte parce qu'il ne sait pas faire autrement. Ses actions manquent encore de maîtrise. S'il dérange, bouscule, casse, fait mal, *se* fait mal, c'est qu'il n'a pas encore l'expérience de l'adulte hyperactif. Lui sait malgré tout se montrer efficace, multipliant rôles et compétences : il travaille, bricole, cuisine, invente, produit ; c'est comme s'il possédait un « transformateur » qui recyclerait l'énergie dissipée au service de l'art, du travail et de l'antidéprime.

L'enfant agit parfois par mimétisme (son père, ou sa mère, est lui-même très actif), parfois par compensation (parent très passif).

Au fond, quel est l'intérêt d'une telle agitation ?

Celle-ci aurait au moins trois vertus :

• Lancer un appel à l'aide à son entourage pour être soulagé et lui manifester son tracas intérieur ;

• S'agiter serait aussi un moyen de se défendre contre l'anxiété. Il a été montré expérimentalement que, dans des situations stressantes ou peu sécurisantes, l'enfant réagissait par un excès d'activité. Une alchimie corporelle, très bien huilée, métamorphoserait tensions internes, frustrations et conflits non résolus en énergie motrice. L'inquiétude se dissiperait donc dans l'action ;

• Les adultes le savent aussi : lorsqu'on agit, on a moins le temps de penser à soi. Or, durant la période de latence, l'enfant fuit toute réflexion sur lui-même, il évite de se voir grandir et de se poser des questions sur ses comportements. Tout se passe comme si l'action était un calmant et un anesthésiant de la pensée, une manière d'étouffer les complexes, un moyen d'oublier que l'on est trop petit, trop gros, trop « nul » en classe, trop démuni. Le mouvement est un antidote efficace contre les angoisses typiques de cette période même les plus profondes, telles que l'angoisse de mort, laquelle surgit précisément entre 8 et 10 ans.

Certaines situations fragilisent encore davantage cet enfant et mettent le plus souvent le feu aux poudres : disputes conjugales répétées ; rebuffades incessantes par un aîné qui dicte sa loi au plus petit ; violence ou agressivité paternelles. On constate, parfois aussi, que ses parents sont d'un laxisme inquiétant ; sa mère peut l'élever seule et il est l'enfant unique ; ses frères ou sœurs « modèles » sont calmes, posés, réfléchis et efficaces, il a donc besoin de s'agiter pour se distinguer d'eux et être lui-même.

Dans 10 % des cas seulement, l'hyperactivité est considérée comme pathologique par les médecins. L'enfant est « agité très souvent, en tout lieu et quelle que soit la situation ».

Il fatigue son entourage et présente des difficultés extrêmes de concentration. Cet enfant, et lui seul, a besoin d'un vrai traitement. Outre-Atlantique, les psychiatres prescrivent des amphétamines, qui, curieusement, avant la puberté, ont un effet calmant. Hélas ! l'expérience prouve aussi qu'elles provoquent une accoutumance, d'où la légitime méfiance de l'école française. Celle-ci leur préfère des thérapies plus douces : produits sédatifs, relaxation ou séances de psychomotricité permettant à l'enfant de mieux appréhender son corps dans l'espace et dans le temps.

Ce que vous pouvez faire

Encouragez votre enfant à *donner un sens* à ce symptôme.

Dans un premier temps, aidez-le à comprendre que son agitation est la conséquence d'une tension (ou d'une difficulté) non résolue. Il doit se familiariser avec cette idée.

Dans un second temps, incitez-le à formuler ce qui le gêne. Vous n'avez pas le dictionnaire de ses émotions intérieures, mais vous pouvez le guider : est-ce à cause de sa sœur, de ses camarades, de votre attitude ? Evoquez devant lui l'éventail de ses insatisfactions possibles. Même s'il n'arrive pas à décoder ce qui lui arrive, il remarquera que ses parents sont prêts à l'écouter, et le simple fait de se pencher sur son cas l'aidera à se sentir moins seul dans son malaise.

Les hyperactifs sont des enfants sur lesquels pèsent souvent des exigences disproportionnées par rapport à leurs capacités réelles, d'où cette tension si insupportable. En effet, à la maison comme à l'école, on attend d'eux attention, vigilance, concentration et discipline. Des pauses libératrices leur sont absolument indispensables, elles leur permettent d'évacuer leurs tensions internes. De fait, le choix des activités extra-scolaires est particulièrement important.

Si vous emmenez votre enfant s'extasier devant une exposition de botanique ou de bijoux, il sera vite transformé en « pile électrique ». Pour lui, la sortie doit nécessairement être active voire interactive comme au cirque, au Futuroscope ou au palais de la Découverte, avec des expériences à tenter soi-même et des moments de défoulement autorisés.

Les activités sportives doivent lui offrir la possibilité de se dépenser, mais aussi de se structurer. L'idéal pour se recentrer tout en jouant est l'escrime, le tennis ou le ping-pong, à condition de posséder un niveau suffisant de concentration. Les sports d'équipe, comme le foot ou le rugby, permettent, eux, un défoulement salutaire. Quant à la natation, ses propriétés relaxantes sont propices à un sommeil réparateur.

Pour ses loisirs à la maison, offrez-lui un punching-ball, ou bien un appareil de gymnastique qui lui permette de pratiquer quelques exercices.

Les pièges à éviter

La plupart des enfants de cet âge sont simplement turbulents et non hyperactifs. Avec le temps, ils se calmeront et apprendront à s'exprimer autrement que par une incessante agitation. Alors, patience.

Comme pour les tics ou le bégaiement, toute tentative de contrainte ou d'empêchement du mouvement ne fera qu'amplifier le problème et le réactiver, suscitant même chez l'enfant un véritable malaise physique. Lorsqu'il devient volcanique, envoyez-le dans sa chambre où il pourra décompresser (punching-ball, danse, bagarre contrôlée avec le frère). Souvent, c'est à la même heure que survient le paroxysme de l'agitation, alors prenez les devants.

A table, tolérez qu'il sorte d'un cadre trop strict en alternant bonne conduite et relâche : il doit pouvoir se lever, se balancer sur sa chaise, agiter ses couverts, mais se calmer aussi. Au spectacle ou au cinéma, prenez-le en sandwich entre parents, et non sur le côté où il dérangera son voisin.

En voiture, plutôt que de faire cinq cents kilomètres d'une traite, prévoyez des pauses récréatives, sinon il risque fort de craquer. Et vous aussi par conséquent.

Rien ne va plus !

Côté parents

Est-il normal qu'un enfant se ronge autant les ongles, prétende certains soirs avoir envie de mourir ou soit tétanisé par un minuscule ver de terre ?

Est-il normal que les *crises* s'enchaînent et qu'une manie vienne en remplacer une autre ?

Les enfants traversent-ils tous les mêmes tourments ? Souffrent-ils des mêmes *bizarreries* ?

En tout cas, vous voilà perplexes – voire inquiets – devant le vôtre et vous vous demandez si, cette fois, vous ne devriez pas l'emmener consulter un psychologue.

Côté enfant

« Il n'y peut rien », « c'est plus fort que lui », malgré sa bonne volonté, il n'a aucune prise sur ses agissements. Il aimerait que son entourage fasse preuve d'un peu de bonne volonté et le laisse à ses manies, ses peurs ou ses idées noires, sans lui donner, en plus, mauvaise conscience. Ce n'est vraiment pas malin d'ailleurs : tous ces reproches le peinent ou l'exaspèrent ; alors, il recommence de plus belle pour se calmer ou bien va se cacher dans son coin.

L'avis du psy

Si l'enfant pouvait dire ce qu'il vit, l'attitude de ses parents serait fondamentalement différente : plus compréhensive, moins culpabilisante et franchement plus soulageante.

Des exemples concrets.

• **Il a des tics.** Cette conduite est souvent là pour conjurer une angoisse envahissante. Les désirs non satisfaits, les conflits non résolus, les frustrations accumulées chez l'enfant, produisent de l'énergie qui s'évacue dans ces mouvements compulsifs. Une première lecture intuitive du choix des tics peut s'avérer séduisante à condition d'être confirmée par d'autres éléments de l'histoire de l'enfant. Le vibrion qui toussote ou se racle la gorge extériorise peut-être une agressivité interne face à une situation difficile ; celui qui se lèche les lèvres revient puiser à la zone orale ce plaisir régressif bien connu, si important pendant la prime enfance ; celui qui se ronge les ongles ou se tortille les cheveux s'en prend aux extrémités de son corps comme pour en vérifier les limites et se repositionner face à l'autre ; lorsque ce geste va jusqu'à l'automutilation (se ronger jusqu'au sang, s'arracher les cheveux par touffes), l'enfant s'inflige une punition qui révèle une faille dans son narcissisme et montre à quel point il se déprécie.

Encore une fois, cette tentative d'interprétation du symptôme *au premier degré* est trop simpliste pour être toujours vraie ; seuls des entretiens psychologiques plus approfondis chez le psychothérapeute permettraient d'en trouver le sens véritable. Une chose est sûre, toutefois, leur répétition signifie donc bien quelque chose et traduit en tout cas une souffrance interne, psychique et physique, plus ou moins sévère.

Comment aider l'enfant ?

D'abord en évitant à tout prix de le menacer pour son comportement ou, pire, de s'en moquer. Comprenez qu'« il n'y peut rien » ; ce qui n'empêche pas d'en parler ensemble pour dédramatiser la situation et expliquer le problème à l'entourage s'il y consent. Ces tics – même s'ils rappellent ceux d'un proche de la famille – ne se transmettent pas génétiquement. Ils concernent une grande majorité d'enfants, passent fréquemment inaperçus chez ceux qui savent bien les camoufler et guérissent le plus souvent spontanément, au bout de quelques semaines ou mois. Lorsqu'ils persistent ou semblent entraîner une souffrance, il faut recourir à l'aide d'un psychologue ou d'un psychomotricien ; parfois, des séances de relaxation ou une psychothérapie de soutien viennent à bout de ces symptômes.

Une remarque positive toutefois : un tic extériorisant de manière visible un conflit latent vaut parfois mieux que la répétition de maladies « psychosomatiques » qui jouent la même fonction libératrice.

• **Il a des manies.** Face à son tumulte intérieur, l'enfant a parfois besoin de se rassurer par des manies et des ritualisations qui agissent comme des repères dans sa journée. Le caractère obsédant de ces comportements devient alors un *cadre* rassurant pour lui. Ce cadre dissout les tensions et calme les inquiétudes instantanément, mais, hélas ! les rites doivent être constamment répétés pour agir durablement. Et le cercle vicieux s'installe ainsi.

Pauline, à 9 ans, comptait les marches des escaliers, le nombre de carreaux aux fenêtres de son école, les rayures du papier peint de sa chambre ; et repérait les voitures dont la plaque d'immatriculation était un multiple de six ou de deux. Robin, lui, à 11 ans, était un maniaque de la propreté. Il ne supportait pas un papier qui traîne, ni aucune trace de sauce sur la nappe ; ses pantalons devaient être impeccables et ne posait jamais son cartable par terre. Margot, à 8 ans, vérifiait que personne ne se cachait dans les placards, sous le lit ou dans le casier à chaussures. Elle redoutait les intrus, sorcières et autres trolls malveillants, invisibles pour les autres, mais pas pour elle ; chaque nuit, elle se levait une dizaine de fois avant de dormir pour faire une ronde d'inspection.

Pauline, Robin et Margot sont si occupés par leurs manies qu'ils en *oublient* d'affronter les angoisses qui les tenaillent. Là encore, on peut tenter un premier niveau d'explication : les obsédés de la propreté agissent comme pour se purifier et se laver de leurs mauvaises pensées ; les comptables ordonnent leur existence, ajustent leurs sentiments et y donnent une certaine cohérence ; les vérificateurs chassent les élans agressifs, jalousies, rancœurs accumulées et de la sorte se déculpabilisent plus facilement.

Comment aider l'enfant ?

Quelques signes (surtout s'ils sont associés) doivent inciter à consulter un psychologue ou un pédopsychiatre : sommeil réduit (car il faut bien prendre le temps de tout vérifier, de tout ordonner, de tout nettoyer), résultats scolaires en chute, humeur altérée (l'enfant devient sérieux, voire grave) ; par ailleurs, il n'ose plus sortir de son domicile, de peur que l'on ne repère ses comportements compulsifs et, surtout, qu'on ne les réprime. La vie des proches tourne au cauchemar. Les parents deviennent progressivement esclaves des obsessions de leur enfant, jusqu'au jour où ils finissent par réaliser que tout cela n'est pas très normal.

La psychothérapie va consister à repérer les sources de l'angoisse, à les nommer et à les traiter. Celles-ci ont généralement trait à des questions essentielles comme celle de ses origines (adoption, procréation médicalement assistée, doute sur ses vrais parents), à des peurs tenaces (de se faire agresser ou violer, d'être séquestré, manipulé, séparé de sa famille) ; à des culpabilités en tout genre. Ne le cachons pas, ces névroses sont difficiles et longues à soigner, toutefois elles doivent absolument être prises en charge rapidement, afin que l'enfant puisse être soutenu et soulagé de cette souffrance qui le handicape.

• **Il a des phobies.** A cet âge, celles-ci sont beaucoup moins fréquentes que dans la prime enfance mais, en contrepartie, un peu plus sévères. Ici encore, les phobies sont l'extériorisation visible de l'angoisse refoulée, de la culpabilité ou des pulsions envahissantes ressenties par l'enfant. Elles s'apparentent à un mécanisme de défense psychologique : les craintes inconscientes sont *déplacées* et *matérialisées* par la peur d'un animal, d'un objet ou d'une situation. Ainsi, à 8 ans, Adrien est terrorisé par les fourmis, vers, taupes qui vivent dans des galeries ; quelques entretiens montreront que cette crainte évoque pour lui les méandres inconscients qu'il redoute d'explorer.

Il *traque la petite bête* hors de sa tanière pour mieux se cacher ses démons intérieurs. Sophie, à 11 ans, est dégoûtée par la nourriture *sanguinolente* et *visqueuse,* elle ne supporte pas la viande, le flan et la gélatine. La thérapie révélera que ces aliments sont, pour elle, évocateurs de sa métamorphose en jeune femme (sang des règles, poitrine et hanches qui se développent, etc.). A 12 ans, Manon est paniquée à l'idée d'emprunter un ascenseur ou un passage peu éclairé. Elle l'exprime en consultation avec ses mots : « Là, tout peut m'arriver. » Elle donne un sens à connotation sexuelle à tout ce qui l'effraie. Au fond, elle se réfère à son propre *passage* du monde de l'enfance au monde adulte, chargé d'une valeur érotique à cause du regard des hommes sur sa féminité naissante ; ici encore, on observe un déplacement de la peur.

Comment aider l'enfant ?

Une phobie n'est pas une lubie. L'enfant a besoin d'être rassuré et soulagé grâce à un soutien actif. La règle d'or : l'écouter et ne pas soigner le mal par le mal en le forçant à s'exposer brutalement à ce qui l'inquiète. Au contraire, il faut progresser en douceur avec beaucoup de compréhension. Et laisser l'enfant adopter à sa guise des objets *contraphobiques,* à savoir tout ce qui peut lui permettre de se défendre contre sa peur : cartes de téléphone pour appeler « au secours », parapluie pour se défendre des ennemis potentiels, lampe de poche, etc. Les phobies légères guériront spontanément lorsque la source de l'angoisse aura été mise à nu et démystifiée. En cas de phobie persistante (plus de six mois durant) ou envahissante (c'est-à-dire s'étendant à d'autres domaines), il est nécessaire d'emmener l'enfant consulter un psychologue ou un pédopsychiatre. Comme dans toutes les névroses débutantes, le traitement consistera à rechercher la source du problème, dans les lointains souvenirs de l'enfance. Cette peur pourra alors être reconsidérée, pour être assimilée dans un premier temps, puis dépassée.

• **Il a peur de la mort.** Il n'est pas rare qu'entre 9 et 12 ans, l'enfant redoute les événements annonçant une fin et les situations ayant trait à la mort. Il apprend qu'il n'y a plus que trois épisodes de sa série préférée ? C'est la déprime ! On lui parle de sa grand-mère souffrante ? Il fuit en se rappelant brusquement qu'il a des devoirs à finir, pour éviter d'être confronté à la réalité. Le futile comme le tragique l'inquiètent. Le mot FIN est banni de son vocabulaire. Les psy parlent « d'angoisse de mort ». De nombreux signes montrent sa vulnérabilité, notamment lors du rituel du coucher. Là, le petit inquiet vérifiera que ses parents ne sont pas de sortie, il s'assurera qu'il pourra les réveiller en cas de cauchemars, il réclamera la porte ouverte et la lumière allumée, il se calfeutrera dans son lit, laissant à peine dépasser le bout de son museau, il parlera de sa crainte des voleurs et, dans ses rêves nocturnes, il imaginera les pires horreurs. Un avant-goût ? Ses parents sont ligotés ou trucidés pendant leur sommeil, c'est-à-dire bien incapables de venir le sauver. Cette éventualité l'agite tellement qu'il en perd le sommeil ou ne le trouve pas. Pendant la journée, ces sombres idées le poursuivent, de manière voilée : le long du trottoir, sur le chemin de l'école, il préférera ne pas s'approcher trop près du bord, au cas où... car, au-delà de cette limite, s'ouvre l'infini, l'inconnu, l'absence de contrôle, bref, le monde redouté des plus grands, celui de la vraie vie. Il sait à présent qu'une simple baguette magique ne suffit plus à apaiser ses craintes.

Comment aider l'enfant ?

Les parents ont intérêt à se montrer positifs, plutôt que d'être eux-mêmes affectés par les angoisses naturelles de leur enfant : tout le monde passe par là ! En outre, une telle prise de conscience des réalités de ce monde est le signe manifeste d'une nouvelle maturité, donc d'une évolution psychologique de leur enfant.

Ils doivent le laisser exprimer ses pensées confuses et irrationnelles sans les juger ; ils doivent aussi accepter de le voir rougir et noircir ses cahiers de sang ou de têtes de mort. Les dessins l'aident simplement à faire face au choc de la dure réalité qu'il exprime certes un peu crûment. Ils doivent enfin respecter ses fragilités du moment, sans les dévoiler aux autres.

La période des 7-9 ans est particulièrement délicate, voilà pourquoi il est conseillé d'éviter à l'enfant de voir *seul* des films (ou de lire des histoires) dont le héros serait lui-même confronté au dénuement, à l'abandon ou à la mort (*Ponnette* ; *La vie est belle* ; *Pelle le Conquérant*).

• **Il « compte ses sous »**, autrement dit, il redoute la précarité et dès qu'un moindre manque apparaît, il se sent menacé. Cette peur existait déjà dans la petite enfance, mais vers l'âge de 8 ans, elle va prendre de nouvelles proportions. L'enfant vit dans un monde où il est fréquemment confronté à la précarité (SDF, chômage, pauvreté, catastrophes naturelles, etc.). Tout cela le ramène à sa pauvre existence : « Et si cela m'arrivait ? » se demande-t-il.

Ses propres parents en rajoutent parfois sans le faire exprès : ne lui répètent-ils pas qu'ils doivent « faire attention » ou surveiller les dépenses parce que leur compte en banque est « dans le rouge » ? Mais il n'a aucun repère pour relativiser. Voilà pourquoi le généreux insouciant propose souvent de renflouer leur compte avec son argent de poche, même si, à cet âge précisément, il est « près de ses sous ». Il a besoin, en fait, de se sentir en sécurité. Tout se passe comme si l'opulence, l'aisance financière et le garde-manger fourni le transportaient dans cette douce innocence des contes et légendes de son enfance. Le manque, au contraire, symbolise la fin, la limite, *sa propre limite,* celle qu'il recherche et redoute à la fois. La réalité lui rappelle, hélas ! que chacun peut être confronté au manque, d'où sa peur de manquer vraiment, jusqu'au dénuement le plus total.

Comment aider l'enfant ?

En lui expliquant concrètement que, tous les mois, un ou deux salaires sont versés sur le compte de ses parents, où l'on puise ensuite l'argent nécessaire pour vivre. C'est un peu comme une tirelire, cent fois ou mille fois plus grande qui servirait à toutes les dépenses. Il doit savoir que la famille tout entière et les bons amis sont présents, ils peuvent venir à la rescousse, le cas échéant. Et si nécessaire, qu'il n'aie crainte, on saura réduire le train de vie sans qu'il en souffre trop. Ne pas hésiter à faire de l'explication de texte : « Pas d'argent sur le compte signifie que l'on doit attendre le prochain salaire ou transférer une certaine somme d'un autre compte sur son compte courant... »

• **Il pleure « sans raison ».** Pourtant, tout semble aller bien pour cet enfant (sommeil, appétit, affection, camarades, résultats scolaires, etc.) ; alors, pourquoi ce gros chagrin le soir venu, au moment de dormir, voire au milieu de la cour de récréation ?

Les raisons existent, mais elles sont bien enfouies dans son inconscient. Elles révèlent une prise de conscience d'un événement difficile à supporter et annoncent le commencement d'un renoncement important (un « deuil », au sens où l'entendent les psy). Si les parents sont déroutés et manquent d'explications, c'est que, bien souvent, ces pleurs surviennent « après la bataille », sans lien tangible de cause à effet avec l'événement qui en est à l'origine. Même à cet âge, les raisons de pleurer ne manquent pas.

De 6 à 8 ans, l'enfant vit la fin du fameux complexe d'Œdipe. Il renonce donc à l'amour exclusif pour son parent de sexe opposé. Aux alentours de 8 ans, il se pose la question de ses origines. Jusqu'à 12 ans, le voilà confronté à de nombreux événements qu'il va devoir assimiler « à retardement » : dans les familles séparées, il réalise de manière définitive, cette fois, qu'il ne vivra plus jamais sous le même toit avec ses deux parents réunis.

Il craint aussi d'être moins aimé que ses autres frères ou sœurs, ou bien encore d'être abandonné ou rejeté.

L'avenir l'inquiète : il se demande ce qu'il deviendrait si ses parents mouraient.

Et, d'une manière plus globale, le futur adolescent pleure son enfance insouciante qu'il va perdre à jamais.

Comment aider l'enfant ?

On ne peut ni lui repeindre la vie en rose ni lui épargner tout chagrin. Il reste donc à se montrer à l'écoute, plus tendre et plus disponible, principalement au moment où il s'isole le soir avant de s'endormir. Il faut alors autoriser ces pleurs sans trop lui dévoiler l'inquiétude qu'elles provoquent en retour. Les garçons également vivent cette fragilité passagère ; ils ont bien le droit, eux aussi, d'épancher leur chagrin. La tristesse n'est pas l'apanage des filles.

• **Il est « déprimé ».** Alors que l'adulte dépressif est triste, se sent coupable d'un peu tout et a perdu toute estime de sa personne, l'enfant, lui, est plutôt habité par un sentiment d'ennui, d'une absence de motivation et change souvent d'humeur (il passe des rires aux pleurs, il est irritable). Plus il est jeune, et moins les symptômes sont faciles à reconnaître. Il faut donc l'interrogatoire minutieux d'un spécialiste pour poser un diagnostic précis.

Souvent, la scolarité est touchée en premier : l'enfant ne veut plus aller en classe, ses résultats sont en chute, il manque de concentration, de mémoire et d'imagination dans ses réflexions ou ses jeux ; il peut présenter des troubles psychosomatiques (mal au ventre, mal de tête, fatigue permanente, nausées) ou encore avoir des troubles du sommeil ou de l'appétit ; ses relations avec l'entourage sont perturbées car son comportement agité alterne fréquemment avec des périodes de repli : il n'a plus envie de jouer avec les autres, ni de sortir, ou même d'appeler ses camarades au téléphone ; il évite de soutenir le regard de ses interlocuteurs ; il peut aussi se montrer agressif, voire être attiré par la petite délinquance.

Autrefois, pour atteindre l'enfant, les psychiatres soignaient la mère, rendue coupable de ce fait. On sait aujourd'hui que de nombreuses causes – souvent intriquées – sont déterminantes dans la maladie dépressive : fragilité génétique parfois, mais aussi accumulation de conflits non résolus (problèmes de divorce, de deuil, d'argent, etc.). Quelques enfants ont du mal à affronter la nouveauté en général ; ils y répondent par de l'inhibition ou une attitude de retrait.

Cependant, il est très fréquent que l'enfant dépressif renonce à exprimer son mal-être, car il pense, à tort ou à raison, que personne ne le comprendra vraiment. Il lui arrive aussi de minimiser ce qu'il ressent, de se dévaloriser et de ne surtout pas vouloir affecter ses parents, eux-mêmes absorbés par leurs propres soucis.

Comment aider l'enfant ?

On estime que la dépression des 7-12 ans représente 2,5 % des dépressions de la population générale, les garçons étant légèrement plus touchés que les filles avant la puberté. On sait aussi qu'une telle maladie fragilise durablement l'enfant si elle ne fait pas l'objet suffisamment *à temps* d'un soutien efficace : on constate des rechutes, trois fois sur quatre, dans les cinq années qui suivent, et l'on s'aperçoit que les enfants qui ont connu un épisode dépressif consomment ultérieurement plus de médicaments, de tabac, d'alcool ou de drogues, à cause de l'état de dépendance probable dans lequel cette maladie les a plongés. Ils auront par la suite davantage de difficultés à établir des relations personnelles ou professionnelles stables.

Les solutions existent et ne doivent pas se limiter à de simples conseils éducatifs. L'enfant doit suivre une vraie cure de psychothérapie psychanalytique ou familiale. Un traitement antidépresseur sera prescrit en plus, en cas de dépression sévère, mais en prenant des précautions extrêmes. En effet, les médicaments s'avèrent efficaces, mais ne sont pas sans risques chez l'enfant, dont le système nerveux est encore en cours d'élaboration. Par ailleurs, les médecins s'interrogent toujours sur leur mode d'emploi : comme il n'existe pas de médicaments spécifiques pour l'enfant, faut-il utiliser des antidépresseurs réservés à l'adulte mais à des doses moindres ? Ou bien préférer les nouvelles molécules, certes mieux tolérées, mais sur lesquelles on sait encore peu de chose ?

• **Il ne parle pas.** Dans certaines familles, parole, langage et récits ne sont livrés qu'au compte-gouttes. On ne parle que lorsque l'on a quelque chose à dire, et pas question, naturellement, d'exprimer ses sentiments ou ses idées. Dans ce climat, qui s'inquiète de demander à l'enfant comment s'est passée sa journée à l'école, ou ce qu'il a éprouvé en telle ou telle circonstance ? Inversement, dans d'autres familles, la parole coule à flots, mais pas forcément pour y exprimer l'essentiel. On commente tout, mais pas toujours ce qui permet de donner du sens à la vie et aux sentiments. Dans ces deux types de famille, très logiquement, l'enfant s'enferme dans le silence, il a du mal à se connaître et se dévalorise puisque personne ne s'intéresse vraiment à lui.

Comment aider l'enfant ?

En lui permettant de s'exprimer d'une manière ou d'une autre, par le théâtre, le dessin, le sport, etc. Et, de toute façon, par l'intérêt sincère et *manifeste* de sa famille pour ce qui lui arrive.

Ce que vous pouvez faire

Un enfant qui affiche un comportement *bizarre* n'est pas nécessairement un enfant malade. C'est, en fait, la valeur qu'accordent ses parents à cette bizarrerie qui lui donnera tout son sens. Si elle est ignorée, l'enfant continuera à l'adopter, alors qu'elle est peut-être étrange, en effet. Le silence familial évite de se poser des questions, mais le trouble sévit et s'amplifie de jour en jour. Au contraire, si les parents dramatisent, l'enfant peut se vivre comme malade (ou anormal ?) alors qu'il ne l'est pas. Il s'agit donc de repérer la situation, sans la minimiser ni l'exagérer, en tenant compte des changements observés par rapport aux habitudes antérieures.

Une bizarrerie doit toujours être replacée dans son contexte. Elle est rarement isolée et survient à un moment précis de l'histoire de l'enfant. Une maladie, un redoublement, une séparation, la perte de son animal préféré, peuvent déclencher, après coup, une prise de conscience ou un sentiment de culpabilité. Lorsque l'on parle suffisamment dans la famille et depuis toujours, si on donne un sens aux silences et aux attentes des enfants, cela allège les symptômes (tics, obsessions, phobies, manies, bégaiement, etc.) ou du moins les rend plus acceptables pour tous. Il est important d'échanger ses interrogations avec d'autres parents, confrontés aux mêmes difficultés, ou de s'en remettre au pédiatre.

Si le problème de l'enfant dure plus de quelques mois, s'il rend la vie de la maisonnée infernale ou prend des proportions remarquées par l'entourage, il reste toujours la solution d'une consultation chez le psychologue ou le pédopsychiatre. Après tout, ils sont précisément là pour cela.

Les pièges à éviter

On ne le répétera jamais assez : ne tomber ni dans la banalisation, ni dans la dramatisation.

Il ne faut pas céder non plus à la tentation de trop couver son enfant en le surprotégeant, car c'est une manière très efficace de nier la pathologie et, paradoxalement, peut l'entretenir.

Si l'enfant en arrive à de tels extrêmes, c'est qu'il souffre et ne peut s'exprimer autrement *qu'en souffrant*. Il faut donc le soulager en se faisant aider par un professionnel. Même si les parents sont réticents à l'égard d'une telle démarche, ils doivent comprendre qu'elle devient indispensable pour éviter une aggravation probable.

Dix choses et plus... à ne pas dire et à ne pas faire

Emportés par la colère, l'exaspération ou la crainte, certains parents cèdent à la tentation d'utiliser des phrases à l'emporte-pièce comme des missiles de guerre. Si elles sont prononcées trop souvent, un peu comme des leitmotiv, l'enfant risque, à la longue, d'être enfermé dans une attitude ou un jugement définitif, freinant son équilibre, voire menaçant son développement affectif.

1. **Attention, tu vas te faire mal !** (Variante : *tu sais bien que tu n'y arriveras pas !*)

L'enfant entend résonner dans sa tête cette petite phrase banale depuis son plus jeune âge ; ses parents surprotecteurs et anxieux lui prédisent en permanence des catastrophes. Que redoutent-ils donc tant ? Qu'il se fasse mal évidemment, puisqu'ils projettent sur lui leurs peurs et leurs angoisses, en dépit du danger bien relatif. Dans le même élan, ces « parents poules » souhaitent éviter à leur « petit » des échecs inutiles, comme si ces derniers n'avaient aucune valeur éducative. Or, ce n'est qu'après des essais et des erreurs que l'enfant apprend par lui-même et devient autonome. Ainsi, tant qu'il ne se sera pas lancé seul à vélo, il ne saura pas s'y prendre pour le diriger et ne pas tomber. Le prix à payer pour une telle liberté passe par quelques chutes et d'éventuelles égratignures. Et, malgré les bons sentiments qui les animent, les parents doivent admettre que leur expérience n'est pas toujours transmissible. L'enfant doit à son tour la vivre et en tirer les leçons.

Il faut donc accepter ces étapes négatives ou douloureuses qui l'aident à grandir.

Il vaudrait mieux dire : « Tu risques de te faire du mal. » La formule reste conditionnelle : l'enfant est prévenu, il est responsabilisé. Il est implicitement admis qu'il pourrait faire mieux et étonner ses parents positivement. On peut également exprimer ce que l'on ressent : « J'ai peur que tu ne… » « J'espère que tu pourras… » Cela incite l'enfant qui veut réussir à plus d'attention.

2. **Tu es in-sup-por-table !** (Ou : *tu es un petit monstre !*)

Le parent craque, c'est net, et le fait savoir au provocateur en lui disant qu'il ne le supporte plus, lui, alors que c'est plutôt son attitude qui est insupportable. L'enfant est atteint au plus profond de lui-même, il est blessé par ce jugement sur sa personne tout entière, ce qui peut le rendre plus agressif encore.

Il vaudrait mieux dire : « Je ne supporte plus cela, tu as dépassé les limites. » En pareille circonstance, il faut savoir anticiper avant que cela ne dégénère et dire à temps « ça suffit ! » Cette attitude est bien plus efficace et rassurante pour l'enfant que le laxisme d'un parent qui redoute d'user de son autorité, mais finit un peu plus tard par craquer.

3. **Tu es méchant, tu veux me rendre folle** (Ou : *Tu veux me tuer ?*)

Ici, non seulement le parent sous-entend : « Tu es insupportable », mais en plus : « Tu veux me faire du mal. » On est en plein chantage affectif, ce qui est doublement perturbant. L'enfant se sent à la fois rejeté par ce qu'il est (« méchant », lui dit-on) et culpabilisé (il voudrait « rendre folle sa mère »). D'une certaine manière, le parent fait passer à son enfant l'idée qu'il ne l'aimerait que gentil et assujetti à son désir. Pour se sentir toujours aimé, il ne devrait donc jamais sortir de la ligne de conduite tracée par son parent. Ce chantage systématique est nocif, il l'oblige à renoncer à son propre *moi* pour se plier à celui de sa mère.

Il vaudrait mieux dire : « Ce que tu as fait est méchant » ou « Je n'aime pas ton comportement. »

Dans les deux cas, ce n'est pas l'enfant dans son entier qui est rejeté, mais une partie seulement. Autre solution : inverser la tonalité de la demande : « Essaie d'être plus gentil, c'est tellement plus agréable. » Ou bien encore : « Je suis étonnée de te voir faire cette chose si méchante [ou si bête], cela ne te ressemble pas. » Dans tous les cas, la mère doit cesser de penser que son enfant fait tout en référence à elle, pour elle ou contre elle. Celui-ci peut commettre une erreur ou faire une bêtise, sans véritable intention de la décevoir ou de lui faire de la peine.

4. **Si tu n'es pas sage, tu iras en pension** (Variante : *Si tu continues, je défais ta valise et tu ne pars plus en vacances avec nous demain*).

Pourquoi prononcer une menace que l'on sait, pertinemment, ne pas pouvoir tenir ? A trop brandir une punition qui ne vient jamais, le parent finit par perdre en crédibilité et l'enfant agit à sa guise, sans peur de l'autorité. Il vaudrait mieux dire (en adoptant le ton persuasif adéquat) : « Si tu n'es pas sage, je vais vraiment me fâcher. » Il y a fort à parier que le trublion « recevra le message cinq sur cinq ». Et, s'il dépasse malgré tout les limites, il ne reste plus qu'à mettre en application la punition promise, ce qu'il attend très probablement.

5. **Tu devrais prendre modèle sur ta sœur** (Variante : *« Ta sœur, elle, au moins... »*)

Ce genre de phrase, assenée l'air de rien, pose deux problèmes : primo, c'est à l'enfant de choisir ses modèles, et non aux parents de les imposer, car, après tout, il a le droit d'idéaliser qui il veut. Secundo : en donnant perpétuellement sa sœur en exemple, le parent ne fait que « mettre de l'huile sur le feu » et attiser rancœur et jalousie fraternelles au détriment des deux enfants. Mais, surtout, l'enfant peut penser que tout effort est inutile, puisque, comme le disent ses parents, sa sœur est l'enfant prodige, elle est donc imbattable sur son terrain. Alors, à quoi bon essayer ? Il vaudrait mieux dire : « Fais un effort, montre-toi agréable et sois un peu plus serviable » ou « Travaille davantage ». Ici pas de comparaison, on se contente de dire à l'intéressé ce que l'on attend de lui. Si l'on veut à tout prix évoquer le modèle à suivre, il faut préférer une formule moins impliquante : « Tout le monde a des qualités particulières, ta sœur, par exemple, est très serviable, toi aussi tu as tes propres atouts, alors montre-les. »

6. **Avec toi, c'est toujours la même chose** (Variante : *On ne peut jamais te faire confiance ; tu es en retard comme d'habitude*).

« Toujours », « jamais », « comme d'habitude » : ce sont des adverbes excessifs car un enfant ne fait pas toujours la même chose. Pour obtenir une friandise ou se coucher plus tard le soir, il ne hurle pas systématiquement, il sait aussi être séducteur, poli ou persuasif. Par ailleurs, ces adverbes sont inscrits dans une durée illimitée. Ils ne laissent aucune alternative à l'enfant, autrement dit, ils ne lui laissent pas la possibilité de changer. Tout se passe comme si on lui collait une étiquette indélébile, une sorte de rôle dans lequel il serait cantonné une fois pour toutes. D'ailleurs, estime-t-il à juste titre, lorsqu'il fait des efforts, personne ne s'en aperçoit puisqu'on persiste à lui répéter la même litanie. Alors à quoi bon tenter de mieux faire ! Il vaudrait mieux dire : « Tu m'avais promis d'être à l'heure [ou de ranger ton fatras]. La prochaine fois, je compte sur toi. » Dans ce cas, le reproche est formulé de manière ouverte, sans notion de durée indéfinie. Autre possibilité, user de l'avertissement : « Si tu recommences, tu seras puni. » Le parent rappelle la règle à l'enfant. A bon entendeur !

7. **Tu es moche, tu es nul, tu es incapable...**

Répéter inlassablement à son enfant qu'il est ceci ou cela revient à opérer un martèlement psychologique, voire du harcèlement moral. C'est une autre manière de lui donner une identité définitive, plus dangereuse, sans doute, que la première. Ce genre de jugement finit par laisser des traces profondes chez l'enfant et peut engendrer un réel manque de confiance, dont il aura du mal à se débarrasser plus tard. Si le parent agit de la sorte, ce n'est pas par malice, mais bien souvent parce qu'il a, lui-même, été victime de pareilles dépréciations de la part de ses propres parents. Au fond, il a une si piètre image de lui-même qu'il a du mal à imaginer avoir un enfant paré de certaines qualités. Or, celles-ci existent forcément (puisque tout le monde a des qualités et des défauts) mais, lui, il n'a jamais appris à repérer les qualités. Il vaudrait mieux dire le contraire : « Tu es si jolie coiffée comme cela » (ou habillée avec cette robe) ; « Persévère, tu en es parfaitement capable »…

8. **On en a assez de toi !!!**

Cette sentence tombe pour signifier à l'enfant excité qu'il a dépassé les bornes. Prononcée exceptionnellement, elle atteint redoutablement son but. L'énergumène « sonné » cesse son cinéma. Tout le problème se pose quand elle est dite de plus en plus souvent. Si l'on décode bien le sens de cette phrase, elle signifie plusieurs choses : avant tout, c'est une fin de non-recevoir, il n'y a plus ni dialogue, ni compromis possibles. C'est aussi une absence d'écoute de l'enfant et de son mal-être. Enfin, ce genre de parole réactive instantanément l'angoisse d'abandon ancrée chez tous les jeunes de cet âge. Il se sent alors exclu et rejeté, ce qui est bien triste, même s'il a tout fait pour mettre à bout ses parents. Chez les préadolescents, attention à ne pas répondre aux habituelles provocations par des menaces trop violentes telles que : « Tu veux t'en aller, eh bien, bon débarras ! » Les premières fugues commencent dès 9 ou 10 ans…

Il vaudrait mieux dire : « Là, nous n'en pouvons plus, alors nous te conseillons d'arrêter. Sinon… ! »

9. **Mais non, tu n'as pas peur !**

Un adulte a parfois du mal à se remémorer ses propres craintes d'enfant. Dommage ! S'il le faisait, il pourrait compatir à celles de son rejeton et ne pas les considérer systématiquement comme des enfantillages. Il comprendrait que l'on puisse être effrayé(e) devant un couloir plongé dans le noir ou à l'idée de mettre la tête sous l'eau. Hélas ! le parent « amnésique » est souvent prêt à minimiser ces peurs et à déposséder l'enfant de ses émotions en les niant. Pourquoi le fait-il donc ? Par sadisme ? Non, par simple sentiment de déception. Il ne veut pas admettre que son fils ou sa fillette puisse être effrayé par des craintes si puériles. L'adulte pourrait se consoler en se disant que celles-ci n'ont qu'un temps, et être ravi que son enfant extériorise ses peurs en toute confiance (alors qu'il pourrait les dissimuler, même si c'est au prix de grands efforts). Si son protecteur lui répond : « Mais non, tu n'as pas peur ! » le voici encore plus désemparé. Le risque est, qu'à l'avenir, l'enfant hésite à se confier.

Il vaudrait mieux dire : « Ne t'inquiète plus, je suis là, ça va bien se passer maintenant. » Ou bien : « Moi aussi, quand j'étais petit, j'avais les mêmes craintes, et en grandissant elles se sont envolées. » Ou enfin : « Beaucoup d'enfants sont comme toi, mais, tu verras, cela passe… »

10. **Tu veux toujours faire l'intéressant** (Variante : *Garde ton cinéma pour les autres.*)

Deux mots importants dans cette phrase : « toujours » et « intéressant ». Le premier a déjà été abordé plus haut, alors évoquons le second. S'il se sent obligé de se faire remarquer par des bêtises ou des pitreries, c'est, qu'à son goût, on ne lui accorde pas assez d'attention ou de temps. Cet enfant est « en demande », il a besoin de capter les regards, d'être rassuré, aimé, ou contenu dans des limites à cet instant précis. Voilà pourquoi le cabotin profite souvent de la galerie pour obliger les regards à converger vers lui. Il vaudrait mieux lui consacrer trois minutes de qualité que dix minutes de remontrances ou de colère pour le calmer. De toute façon, si l'enfant n'obtient pas l'attention dont il a besoin, il risque, à un moment ou à un autre, d'aller crescendo dans ses interventions. On peut aussi lui promettre de passer un moment avec lui, mais un peu plus tard : « Ce soir nous recevons des invités, nous ne sommes pas disponibles, mais demain, promis ! »

11. **C'est pour ton bien**

Mettons-nous, encore une fois, à la place de l'enfant. Comment réagirions-nous si l'on nous répétait à longueur de journée : « Mais c'est pour ton bien ! » Le problème survient, comme d'habitude, dans l'excès, lorsque le parent finit par savoir mieux que son enfant, et en toutes occasions, ce dont il a besoin : « Je te connais comme si je t'avais fait (ou mieux que toi-même) », aime-t-il répéter ; pire : « Je lis dans tes pensées. »

L'enfant, ainsi rendu transparent, perd le droit d'émettre son propre avis. Or, dès l'âge de raison, il sait assez bien ce qui lui convient et ce qui est bon pour lui. Il a le droit de ne pas aimer les haricots ou la salade, « même s'ils sont pleins de vitamines ». Il peut préférer se promener bras nus, même si sa mère a froid, ou lire et rêvasser, plutôt que de faire la promenade santé en forêt imposée par ses parents. Il vaudrait parfois mieux… ne rien dire. Ou alors mettre l'enfant devant le fait accompli, sans lui seriner que c'est pour son bien. S'il doit vous suivre en forêt, il suffit de lui dire : « Je sais que tu n'en as pas envie, mais tu viens quand même, un point, c'est tout ! » Ce genre d'attitude déterminée passera d'autant mieux que l'on aura pris le temps d'écouter ses réticences. Mais attention quand même à ne pas abuser d'une telle autorité. Le récalcitrant a droit, aussi, à la paresse, voire au mauvais goût. Il n'est pas obligé d'être excellent et performant en tout point.

12, 13, 14, etc.

Tu es encore un vrai bébé

Je ne comprends pas que tu aies des soucis à ton âge

Je ne t'aime plus

Tu n'es plus mon fils (ou ma fille)

Pense au mal que tu nous fais

Et dire que je ne vis que pour toi !

On a honte de toi

Mais qu'est-ce qu'on va faire de toi !

Si tu ne travailles pas à l'école, tu deviendras balayeur

La liste des petites phrases « assassines » est infinie.

L'emmener chez un psy

Le code de déontologie des psychologues a été élaboré dès 1961 par la Société française de psychologie. En voici les principaux articles :

1.0 - Dans l'exercice de sa profession, le psychologue s'interdit tout acte ou toute parole portant atteinte à la dignité de la personne humaine.

2.0 - Comme tous ceux qui sont susceptibles, à l'occasion de leur activité professionnelle, d'être mis au courant des secrets concernant les personnes physiques ou morales, le psychologue est soumis à la règle du secret professionnel.

3.0 - Le psychologue doit s'interdire tout acte ou toute parole susceptible de nuire aux personnes physiques ou morales dont il s'occupe professionnellement. Chaque fois qu'il le peut, il les aide dans les limites de sa compétence pratique.

3.1 - *A fortiori,* le psychologue ne doit pas employer ses moyens professionnels pour s'assurer des avantages personnels nuisibles à autrui.

3.2 - Le psychologue doit se garder de restreindre l'autonomie d'autrui, et en particulier ses possibilités d'information, sa liberté de jugement et de décision.

5.0 - Le psychologue doit assurer son autonomie dans l'usage de ses techniques.

7.0 - Le psychologue condamne l'utilisation des notions de « normal » et de « pathologique » à des fins répressives dans le domaine politique et social, dans quelque pays que ce soit.

Quand faut-il faire appel à un psychologue ?

Il serait facile de répondre à cette question : lorsque l'enfant souffre. Le problème est, qu'à cet âge, la souffrance n'est pas toujours évidente. Elle s'exprime toutefois par des signes indirects bien connus des psychologues : angoisses multiples, troubles du sommeil, difficultés de concentration en classe, énurésie, problèmes relationnels (agressivité ou timidité maladive), dépression, symptômes divers (vols, langage ordurier ou insolent, prise de risques, tics, bégaiement, manies, phobies, refuge excessif dans les jeux vidéo, etc.).

La décision de consulter est toujours le fruit d'une longue maturation. C'est souvent sur le conseil d'un ami, d'un parent, d'un médecin ou d'un enseignant que l'on se résout à cette démarche. Le plus dur est fait, mais qui consulter ? Comment être sûr de tomber sur un psychologue sérieux et fiable ?

Bon nombre d'*a priori* dissuasifs peuvent émerger alors dans l'esprit de certains parents : « Mon enfant n'est pas fou. Ne risque-t-il pas d'aller encore plus mal ensuite si l'on fouille trop en profondeur ? » « Va-t-on nous radiographier de l'intérieur et peut-être nous culpabiliser ? » « Exigera-t-on des changements révolutionnaires dans notre façon d'éduquer nos enfants ? » Sans compter le temps et l'effort financier que représente une thérapie !

Toutes ces réticences, les psy les connaissent bien. Mais que les parents se rassurent : un psychologue n'est pas là pour modifier la structure familiale, bien au contraire. C'est par rapport au mode de fonctionnement de la famille qu'il propose une issue destinée à soulager le symptôme. Ainsi, deux enfants qui font « pipi au lit » ne recevront-ils pas les mêmes recommandations. Dans le cas de Pauline, par exemple, la thérapie sera active ; ce sera à la fillette de prendre en charge complètement son symptôme et de se responsabiliser ; pour Marc, en revanche, on conseillera au père de se rendre disponible plus régulièrement, afin que celui-ci « contienne » son enfant et lui évite de « fuir ».

Où s'adresser ?

Les psychologues exercent dans des centres médico-psychologiques et pédagogiques (CMPP) aux côtés d'autres professionnels (pédopsychiatres, orthophonistes, psychomotriciens, assistantes sociales, psychopédagogues). On les consulte également dans les écoles (psychologues scolaires) et dans certains services hospitaliers. La consultation est alors gratuite en milieu scolaire et remboursée par la Sécurité sociale à l'hôpital. Enfin, on peut faire appel à eux, en ville, dans les cabinets privés. La consultation est alors payante et non remboursée, mais la prise en charge est, dit-on, plus personnalisée.

Remerciements

Les auteurs remercient Nicole Vallée pour sa relecture attentive ainsi qu'Agnès Fernier, psychologue, pour ses précieuses recherches.

Bibliographie

ARBISIO-LESOURD Christine
L'Enfant de la période de latence
Dunod, coll. « Psychismes », 1997

BUZYN Etty
Papa, maman, laissez-moi le temps de rêver
Albin Michel, 1995

CHEMAMA Roland (dir.)
Dictionnaire de la psychanalyse
Larousse, 1993

DOLTO Françoise
Les Etapes majeures de l'enfance
Gallimard, 1994

DUMAS Didier
Sans père et sans parole. La place du père dans l'équilibre de l'enfant
Hachette Littératures, 1999

DUVAL Ph. et ESTIVIL M.-Th. (dir.)
Annuaire de la psychologie
Hommes et Perspectives, 4e éd.

Enfance & Psy
« Filles et garçons »
Erès, n° 3, 1998

Famille Magazine
« Le guide des relations parents-enfants »
Hors série, n° 21

Famille Magazine
« Le guide pratique des parents d'élèves »
Hors série, n° 16

FREUD Sigmund
Trois essais sur la sexualité
Gallimard, 1962

LEBOVICI Serge, DIATKINE René, SOULÉ Michel
Nouveau traité de psychiatrie de l'enfant et de l'adolescent
PUF, 1997

NAOURI Aldo
Une place pour le père
Le Seuil, 1992

NASIO J.-D.
L'Enseignement des sept concepts cruciaux de la psychanalyse
Payot, coll. « Petite Bibliothèque Payot », 1992

PUYUELO Rémy
L'Anxiété de l'enfant ou le bonheur difficile
Privat, 1991

TAISNE Geneviève de
Vous devriez l'emmener chez le psy
Fleurus, 1997

Index

Cet ouvrage a été composé par
I.G.S. - Charente Photogravure à L'Isle-d'Espagnac (16)

Impression réalisée sur CAMERON par
BRODARD ET TAUPIN
La Flèche

pour le compte des Éditions Hachette Littératures
en juin 2001

Imprimé en France
Dépôt légal : 16583, juin 2001
N° d'impression : 8144
23-59-5436-04/3
ISBN : 2-01-235436-X